SOCIAL POLICY FOR SOCIAL WORK

华东政法大学社会工作译库

社会工作中的社会政策

〔英〕罗伯特·亚当斯 —— 著

张海 ———— 译

Robert Adams

社会科学文献出版社
SOCIAL SCIENCES ACADEMIC PRESS (CHINA)

献给 Yasmeen

序

在社会建设和社会治理现代化的大背景下，伴随着司法体系的转型，尤其是恢复性司法理念被普遍接受和实践，我国司法社会工作在法律和社会工作两大领域的共同驱动下，实现了快速发展，已形成戒毒社会工作、社区矫正社会工作和青少年社会工作三个制度化的专业方向。在实践模式上，上海的司法社工模式和北京的司法管理模式分别代表着当前我国司法社会工作的两大类型，各具特色。面对新形势，如何推动司法社会工作高质量发展，如何发展中国特色社会主义司法社会工作模式，以及如何培养高水平的司法社会工作人才，这些都是国家与社会给我们提出的新课题。

作为后发国家，我们可以在借鉴国外发达国家成熟做法和有益经验的基础上，探索出符合中国实际、具有中国特色、体现社会发展规律的司法社会工作模式。相较于其他领域，目前我国司法社会工作相关的教材、论著还显不足，对国外经验的译介也较为分散，缺乏系统性。鉴于此，本丛书旨在为此领域的发展尽绵薄之力，推动相关知识的系统化和普及。

华东政法大学于2005年开设社会工作本科专业，并于2014年获批为社会工作硕士专业学位（MSW）授权点。作为政法类大学的社会工作专业，我们一直秉持学校"法科一流、多科融合"的学科发展定位，以人才培养为中轴，学术研究和社会服务双轮驱动，聚焦于司法社会工作和社会治理法治化等议题。经过我们的持续努力，专业建设取得了一定的成绩。2018 年获批进入"上海市属高校应用型本科试点专业建设名单"，2021 年成为"国家级一流本科专业建设点"；社会工作系教师共同编写的教材《司法社会工作概论》在业内具有一定的影响力；"司法社会工作"课程被评为"上海市重点课程""上海高校课程思政领航计划课程"；我们还与专业实务单位合作开发了"未成年人司法保护服务实践"等多门复合型司法社会工作类课程。

为响应国家和社会发展对司法社会工作人才的需求，我们在校内外专家论证的基础上，择选一批国外司法社会工作领域的论著进行翻译。我们期望通过对"他山之石"的学习借鉴，提升符合我国国情的司法社会工作人才培养、科学研究和实务操作水平。本丛书的出版，也是我们进行国家级一流本科专业建设、上海市属高校应用型本科试点专业建设的系列成果之一。

华东政法大学社会发展学院院长　李峰教授

目　录

第三部分　问题

附　录

引　言

本书意在为社会工作者，这一特别专业的群体提供相关社会政策领域的知识。对于此类书籍，可采取若干种写作方法。例如，可在每一章中从历史角度阐述某一政策领域的内容，并在第一章对社会政策的历史进行总体介绍；或者，本书可聚焦社会政策的演绎和对社会政策理论的系统审视；又或者，本书可对每一领域进行逐一讨论，详细列出法律规定和程序，具体说明相关从业者什么可以做，或什么应该做。

但从实操层面来说，要想在有限的篇幅内完成本书，以上的方法均不可行。限于篇幅，书中无法关注到每个领域的细节，至于历史角度，根本不可能在引言部分展现福利政策的完整历史（始于20世纪40年代）或更近时期的历史。更重要的是，两种方法都不一定能切中社会工作问题的核心。对整体福利理论以及每个政策领域理论和视角进行系统性审视的写法同样面临篇幅不够的难题，且可能会产生一个严重的问题，即与实践缺乏明显的关联性。最后，罗列法律规定和程序的写法需要占用远超于本书许可的篇幅，且由于每个政策领域的资料内容过于庞杂，根本无法添加任何评注。此外，单纯地罗列和描述法律规定无法激发读者反思，并形成更加具有批判性的实践。对此，更好的方式是根据欧盟和联合国关于儿童权利、妇女权利和人权的宣言来对实践进行评估。

回到英国的社会政策，除了在相对短的篇幅里能传达的东西很有限之外，还有一个更加迫切的难题，即如何与社会工作实际关联起来。

在写作的过程中我不断问自己这个问题。最后我决定在每章中把以上每个方法都用上一点儿，即在合适的地方阐述历史、理论或法律的内容，并以此完成写作。因此，本书不是史书，却有历史的内容；不是理论综述，却提及理论、视角和方法；虽没有涵盖所有截然不同的政策，但也尽力对其中大部分进行了讨论。

本书讨论的核心是传统公认的主要福利政策领域（包括就业、社会保障、健康、住房和社会服务），外加刑事司法制度。相关的讨论参考了与社会工作直接相关的文献，包括权威评论、精选研究以及其他反思性文章。希望该写作策略能够鼓励读者形成质疑和批判性的实践。

本书共分为三个部分。第一部分由第一章组成，总体介绍了社会政策与社会工作，为下文提供背景。第二部分由第二章至第七章组成，阐述了社会政策中与社会工作相关的特定领域的内容。第三部分由第八章至第十二章组成，审视了社会政策在应用于社会工作中所出现的主要问题。章节的布局意在进一步探讨社会政策的背景与性质，关注特定政策领域的问题，为在社会工作中形成批判性实践提供指导。每章结尾处包含章节总结和进一步阅读的建议。

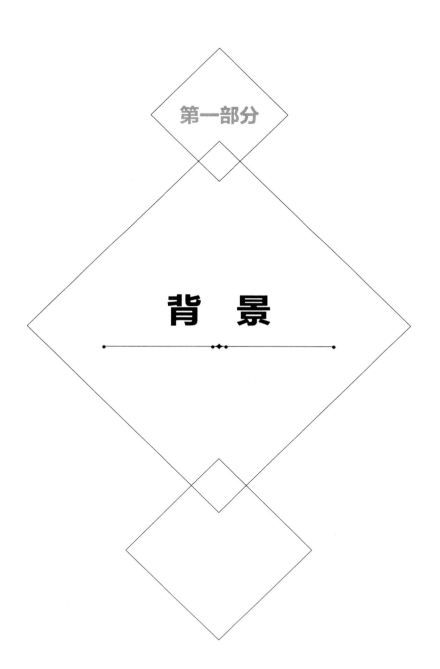

第一部分

背　景

第一章 改变对社会政策和社会工作的看法

有一种观点认为，政策是一种有组织的、连贯的、精心制定的战略，用来指导形成一个易于应用的、直接明确的实践计划，这个观点听上去是有吸引力的，却是错误的。正如一位经验丰富的社会政策研究者所说：

> 这种观点产生于制定和规划政策过程中一种基于理性和逻辑的方法。这种观点似乎很有吸引力，但在社会政策领域，政策往往是复杂和混乱的，是在充满竞争力量和紧张局势的动态环境中产生的。（Spurgeon，2000：191）

政策制定者和政治家们正是在充满争论、观点分歧和妥协中，根据过往需要执行的各种计划，在最后一刻做出艰难决定，制定了赋予社会服务和缓刑部门权力的法规，供超负荷工作的管理者和从业者参照实施。

这些法规赋予了从业者法定的职责、权力、责任和职能。1970 年《地方政府社会服务法》（Local Authority Social Services Act 1970）通过要求地方政府设立并运作社会服务部门，来为社会工作者建立工作架构。在这一架构下，社会工作者的具体职责是由特定的立法来确立的。1993 年《缓刑服务法》（Probation Services Act 1993）规定，地方法院管辖区域内的缓刑委员会有资格任命负责在刑事司法体系中执行特定职能的缓刑官（见第七章）。不足为奇的是，法律制定过程中的冲突和交涉导致了从业者在履职过程中往往充满进退两难、不确定性和矛盾。

社会工作不仅仅是执行法律

路易斯·布隆-库珀（Louis Blom-Cooper）在他负责的关于贾斯敏·贝克福德（Jasmine Beckford）之死调查报告的导言中写道：

> 我们坚定地认为，社会工作实际上只能根据从业者的必要职能来定义。这些职能是社会工作从业者的用人单位在特定法律框架下形成的。（Blom-Cooper，1985：12）

换句话说，这相当于主张社会工作的从业者只是法律的执行者。他们只需要知道在哪里可以找到法律即可，为什么还要操心社会政策呢？这种社会工作的法律模式将在本章结束时再次讨论。

> 强调在法定框架下工作的必要性，与认为对社会工作者来说真正重要的是利用他们的专业知识来帮助服务对象的观点相左。（Brayne and Martin，1999：15）

但是，正如我们在本章末尾讨论的那样，社会工作和法律之间的关系比这种观点所认为的更复杂、更充满问题。像心理学和社会学一样，社会政策提供了对于人们境遇的更宽广的内容范畴，有时提出了重要的研究议题，有时激起了理论上的争论。所有这些因素促使我们作为从业者拥有批判性反思的能力成为可能，有助于我们专业知识的发展，并帮助我们践行个人和职业价值观，激活我们道德层面的工作伦理，协助我们判断想要什么样的社会，以及我们相信社会政策和社会工作者应该为此做出什么贡献。

似乎这还不够复杂，在社会工作者的法定职责之外，还有一些社会工作者参与具有治疗性的或以社区为基础的工作，这些工作还没有得到法律的直接支持，如一些具有批判性的从业者鼓励和倡导为服务对象赋权的愿望。

因此，法律对于社会工作者是必要的，他们必须遵守并在必要时执行法律。但是社会工作者的职责不仅仅是执行法律，也不能将社会工作者与帮助人们解决问题的律师简单地等同起来。社会工作者在实践中需要运用一系列的社会科学观点和研究。在这一过程中，社会政策有助于批判性实践者对实务环境的把握。许多年前，保罗·哈尔莫斯（Paul Halmos）写道，专业需要涉及人们所处环境中，"个人"和"政治"层面所体现的紧张、冲突、悖论与矛盾（Halmos，1978）。社会政策和社会工作应分担这些紧张和困境。

使用本书

本章构成本书的第一部分。它包含了关于社会政策和社会工作之间联系的总体概况。作为一名学生或执业社会工作者，你可能不想从这里开始，而是直接去看第二部分的某个章节。你可以把这些内容看作对具体领域政策的更宏大图示。或者，你也可以查阅第三部分，寻找一个贯穿其他章节的议题。不过，在某个阶段，回到本章三个主要标题中讨论的问题会有所帮助：哪些不断变化的环境会影响社会政策和社会工作；什么是社会政策、社会工作、社会保障和其他带有"社会"的学科；社会政策与社会工作有什么关系。在解决这些问题之前，我们通过提出一个前导性的问题，即社会工作者如何在实践中使用社会政策，来证明所有从业人员都需要对社会政策有与时俱进的知晓和批判性的理解。

社会工作者在实践中如何运用社会政策？

案例

K女士是一位离异的亚裔单身母亲，感染风寒使得关节炎病情恶化，行动不便。她和患有学习障碍的 16 岁的儿子住在租来的房子里。根据 K 女士的情况，她有权享受住房津贴，但是由于仍然和前夫住在一起，她的申请迟迟没有得到回复。因此，她打电话给社会服务机构抱怨此事。

接案的社会工作者去看望 K 女士时，发现房子里没有食物和暖气。她的儿子也因涉嫌向商店橱窗扔石头而被警方警告，害怕得不敢出门。但他向社会工作者否认了这一罪行，并称是一群男孩不断骚扰他，对他大喊"Paki"，所以他更喜欢待在家里。社工询问 K 女士她的前夫是否支付抚养费，K 女士没有回答，但她的儿子插嘴说，他的父亲是白人，拥有三家商店，开着一辆奔驰；他的父亲称他是个游手好闲的乞丐，而且什么也没给他们。社会工作者意识到此案涉及住房、社会保障和少年司法等政策，K 女士可能需要卫生保健和社区照顾服务，并且缺少谋生手段。此外，还存在种族主义、歧视、贫困及家庭和儿童抚养等问题。因此，当下至关重要的是，社会工作者应该有信心利用相关政策领域的最新知识和理解，也包括批判性研究的观点，为 K 女士及其儿子改变目前所处的困境提供信息。社会政策虽然不提供解决方案，但可能会给我们一种视角或一个背景，去帮助我们理解和解释正在发生的事情。

虽然不是每个案例都这么复杂，但是正如安妮·布雷欣（Anne Brechin）在介绍批判性实践的重要章节中所指出的，从业者必须掌握他们所处理的案件的政策背景，进而更好地回应那些影响许多人复杂生活处境的限制和不确定性（Brechin，2000：25）。这是本书的目的所在。

我们如何跟上时代？

• 作为社会工作者，我们需要及时了解政策和政策变化的情况，这些通常会影响到服务对象正经历的各种事情。例如，当案主去政府部门寻求福利或服务时，政策已经发生了变化。社会工作者需要及时了解这一点，并积极主动地与服务对象合作。这应是事先开展的工作而不是作为一种事后应对而开展的工作。

- 书籍，以及有关社会政策和社会工作期刊上的文章是很好的信息更新来源。另一个来源是提供信息的各类组织，其中一些组织的信息在本书末尾的附录三中有详细介绍。

- 随手一份资讯快捷的日报，或者一份不错的周日报纸，并将近期的剪报归档，对于跟上这个时代是有帮助的。同样地，面对专业的快速发展变化，订阅一份有关社会工作的核心期刊和像《社区照顾》（*Community Care*）这样的周刊是有益的。

哪些不断变化的环境会影响社会政策和社会工作?

自 20 世纪 70 年代以来，社会政策和社会工作都显现出福利国家和福利服务中断的迹象。这种迹象如果说还构不成实质性破坏，至少也削弱了社会政策以及源自这些政策的健康服务、社会工作和社会照顾的实践。这些政策和服务实践是在 40 年代确立的，并在 50 ~ 60 年代，随着重大社会、经济和政治变革演变而来。

与此同时，随着有关福利政策和专业的措辞与概念逐渐受到严格审查，关于什么是福利、谁应该享有福利、某些服务是否应该免费以及如果应该免费，应该在什么基础上决定免费的争论已经扩大。虽然从 20 世纪 70 年代末开始，新右派的政治家们就在质疑将国家提供卫生和社会服务视为所有人的权利这一理念，但事实上，接受服务的人们已经组织起来表达集体偏好并挑战既定的概念、政策和服务。国家与公民、群体及其福利、专业人员与"案主"或"服务使用者"、服务管理人员和执行者之间的传统权力关系也受到彻底挑战。儿童和父母现在也参加个案评估，也就是说，服务对象可就社会政策及照顾事务专员的工作管理水平提出他们自己的看法。

令学术界、研究人员和实践者担忧的是，自 20 世纪 70 年代以来，社会政策的重心已经转向政治权利，并且发现社会工作身份和生存面临各种不利。不可否认的是，变化正在发生，但对于这些变化中哪个是最重要的没有达成共识，而且也几乎不可能预测到这些变化会持续多久。

理念背景：对价值观和目标没有达成共识

毫无疑问，福利服务在 20 世纪发生了巨大的变化，但是这些变化在多大程度上影响了福利服务体系构建和生产中涉及的理念和价值观没有形成定论。关于这一问题的讨论，利用了大量且还在迅速增加的研究证据，以及源于个人观点、经验和信仰等更为主观的证据。福利的主题——人们的生活——可能会受到独立的批判性分析，但也容易产生基于个人见解的价值判断和假设。更复杂的是，研究个人经验与个人偏见没有简单的二分法可以使用。当定性研究方法被实验研究的拥护者以不满足开展大量重复研究的基本条件理由攻击时，即便社会研究的批判性观点证实了所谓科学研究的内在本质问题，社会科学家仍会效仿使用。

福利革命：幻想还是现实？

这个问题的另一种提问方式是探索 20 世纪发生在社会服务领域的巨大变化，就其对人们的影响而言，具有多大的革命性。在第一次世界大战之前，社会服务处于萌芽状态，在第二次世界大战爆发后的十年里，福利国家被构想并建立起来。1948 年《国家救助法》（National Assistance Act 1948）取代了 19 世纪的《济贫法》（Poor Law），并建立了为成年人提供社会服务的基础。1948 年《儿童法》（Children Act 1948）首次承认地方政府有责任为缺乏正常家庭生活的儿童提供综合性的照顾服务。在第二次世界大战后的 40 年里，社会服务的方方面面都前所未有地成为立法的目标，其中许多立法为社会服务机构创造了新的权利、义务和责任。

在 20 世纪的最后几十年，可以说发生了第二次社会政策革命，因为许多福利服务被重组并向私有化方向发展，这为购买和提供服务创造了市场。不仅如此，地方政府也经历了转型，不仅是通过建立集权化的地方政府，还包括通过对涉及公共、私营和志愿部门的复杂安排，实现了从地方政府管理向地方治理的转型。

这些变化是否显著提高了特定群体的生活质量？总的来说，那些已经拥有财富并且有较高收入的人，获益匪浅。20 世纪的福利政策并没有使许多生活境况较差的人的生活条件发生改变。本书第二章至第七章提供的证据表明，失业、住房紧张、健康保健和社区照顾不足、低收入和与贫困相关的问题仍然严重地影响到肢体和智力残疾者、老年人、精神障碍患者、单身父母、就业能力不足的群体、贫困家庭的儿童以及生活在落后城市和边远农村等福利服务远远不足的地区的家庭。取决于他们在多大程度上试图自助，穷人仍然可能被视为同情和怀疑的混合体。对乞丐、孤儿、失德怀孕少女、疯子、被认为能力较弱的残疾人或被认为无用的老年人的刻板看法仍然被偏见所支配，人们不会根据他们所处的现实环境和他们真正的经历来了解他们。福利服务不可否认的变化，以及对如何组织、管理和提供这些服务的关注，转移了人们对贫困、单亲、精神健康问题、老龄化或反对群体多样性的社会的关注。尽管根据阶级、年龄、性别、种族、残疾或是其他社会分工，一个社会的群体差异和多样性是存在的。

21 世纪初的贫富差距问题同 20 世纪相比，几乎没有改观。高达 1/3 的英国人仍然生活在贫困之中，许多儿童，特别是随单身父母一起生活的儿童，仍然面临着住房条件差、长期贫困，以及教育、保健和托育服务不足的问题。

人口背景

有些变化较少地涉及主观判断和个人价值，而更多地受到客观衡量标准的影响。例如，英国的人口总体上有所增加，但一些地区，特别是市中心的贫民区和一些农村地区的人口已经减少；特别是那些经济活跃度高、比较富裕的人群生育人口在减少。1901年，只有3800多万人生活在英国，到1961年，有将近5300万人，而到1997年，这个数字又增加了12%，达到5900万人。然而，在这一阶段的后期，北爱尔兰人口增加了17%，英格兰增加了13%，威尔士增加了11%，而苏格兰人口实际下降了1%（Office for National Statistics，1999：30）。

在20世纪，家庭照顾的负担已经发生了很大的变化，更多的人需要依赖家庭照顾，而劳动力人口的比例更低。1961年，大约12%的英国人口是65岁及以上，4%超过75岁，而到1997年，这两个数据分别上升到16%和7%（Office for National Statistics，1999：31）。

即使是在人口统计学的背景下，也存在虚假数据。例如，人们常说从20世纪60年代加勒比和亚洲国家的移民潮开始，英国就成为一个多种族社会。但事实是在整个英国的历史上，移民人口在英国人口增长中就占据了很高的比重。在19世纪中期，100多万爱尔兰人因马铃薯饥荒和贫困问题而到别处寻找家园，同时几乎同样多的人死于家中。19世纪后期，犹太人和其他来自中欧和东欧的人在曼彻斯特、赫尔和利兹等城镇定居。20世纪30年代和40年代，英国再次为犹太人提供了避难所。从20世纪70年代开始，乌干达的亚裔和来自越南的所谓的"船民"（boat people）在英国定居下来。自20世纪90年代以来，难民和寻求庇护的人则主要来自中欧、南欧、东欧和中东。

国际环境：全球化和分权福利

在 20 世纪 80~90 年代的罗马尼亚和前南斯拉夫的社会政治动荡期间，英国人前往这些国家，将孤儿或被遗弃的儿童带回来收养。但不同国家在收养、儿童权利和父母责任方面的概念、政策和做法有很大差异。2001 年 1 月，艾伦·基尔肖和朱迪思·基尔肖夫妇（Alan and Judith Kilshaw）从一家互联网收养机构购买了美国阿肯色州一对六个月大的双胞胎女儿，并将她们带到英格兰北部的家中收养。这引发了争议。虽然在美国买卖儿童是非法的，但领养程序通常比英国要简单，而且在阿肯色州如果有关地方政府和法院对收养安排没有异议，并且养父母已经在该州居住了至少 30 天的情况下，那么就可以通过特定机构获得私人收养的资格。

分权

这些案例表明，在权力下放后的英格兰、北爱尔兰、苏格兰和威尔士，社会政策和社会工作不能脱离欧盟（European Union，EU）其他国家的福利政策和立法（Cannan et al., 1992），也不能脱离作为世界大国的美国和其他较发达或欠发达国家提供的更广泛的社会、政治、经济和政策背景。因为这些对英国社会政策的影响是呈现同心圆结构的：宏观（全球）、中观（欧洲）和微观（地方）。在宏观，即全球层面，既定和现行的国际标准数量呈增长趋势。在微观层面，权力下放的影响可能意味着，随着英国的四个地区——英格兰、苏格兰、北爱尔兰和威尔士——通过政策和实践行动表达各自身份的势头不断增强，英国正处于分裂的过程中。

欧洲

在全球实体和国家实体之间，即中观层面，欧盟在英国社会政策中发挥着越来越大的影响力。欧盟政府及其颁布的有关法律给英国的中央和地方政府又增加了一层职责、权力、责任和角色。

这包括了大量与《马斯特里赫特条约》中有关欧洲单一市场（Single European Market）和"社会"一章中的法律法规，这些法律法规涵盖就业保护和促进平等的许多领域。

尽管都是与英国邻近的西欧国家，但历史、文化、政治和经济因素造成了英国与其邻国之间的显著差异（Adams et al.，2000）。然而，有证据表明这些国家的福利政策和福利支出水平有所趋同，"由左翼政府执政的福利支出水平较低的地中海国家增加了福利供给，而北部政府却紧缩了支出"（George and Taylor-Gooby，1996：x）。

1951年欧洲煤与钢铁共同体（European Coal and Steel Community，ECSC）、1957年欧洲原子能共同体（European Atomic Energy Community，Euratom）以及1957年欧洲经济共同体（European Economic Community，EEC）的建立，开启了欧洲社会、经济、金融和政治的融合进程，这使得在1994年，欧洲共同体（European Community，EC）被欧盟取代。① 欧盟由执行委员会、欧洲议会、部长理事会以及法院来运行与管理。欧洲议会的民选议员以类似于以威斯敏斯特议会的方式来讨论各项议题，但是欧洲议会的权力远不如威斯敏斯特议会。相比之下，法院的声明对成员国更具有约束力。

从某种意义上说，欧盟是作为一个超国家实体来运行的，其自身的政治结构能够制定政策和法律，并在各个成员国推行。然而，总体而言成员国在大多数政策领域拥有主权，并保留对内政事务做出决定的权利（Kegley and Wittkopf，1997：163）。

20世纪80年代末在苏联解体前，英国和西欧其他国家经历了一段重大调整时期。随着一些解体后的共产主义国家谈判加入欧盟，欧盟实现扩张。这种扩张加剧了关于货币、经济和政策进一

---

① 1993年11月1日，《马斯特里赫特条约》正式生效，欧盟正式成立。——译者注

步一体化是否可取的争论。尽管在英国有相当一批保守派政治家以损害国家主权为由，坚持反对更紧密的政治和政策一体化，理由是这将损害国家主权。但对英国来说，强大的经济和商业压力要求英国与布鲁塞尔更紧密地协调一致，并对干预主义的经济和社会政策、人民社会权利和需求的升级进行保护（通过 1991 年①《马斯特里赫特条约》的"社会"一章）以及最低工资和最长每周工作时间立法〔通过《欧洲共同体工作时间指令》（EC Working Time Directive）〕施加改革压力。还有一种意识形态观点认为，孤立主义和民族主义与进步的民主和社会政策不一致，这些政策旨在超越分歧，最大限度地实现平等，并实现货币和金融联盟。

国际主义和民族主义的压力使欧洲国家团结在一起，从某种意义上说，也瓦解了它们独特、独立的身份。在一些国家，正如英国对地方政府的支持所显示的那样，有一些争取次国家身份、自主和政府的政治与社会运动。

美国

从历史上看，在撒切尔政府执政初期英国的经济和社会政策受到了美国发展的极大影响。在 20 世纪 80 年代，致力于自由市场原则的美国经济学家米尔顿·弗里德曼（Milton Friedman）的观点，被保守党政治家们用来证明撒切尔政府的货币政策是正确的，其目标之一是降低公共部门在提供卫生和社会服务方面的作用，并鼓励私人和自愿提供者扩大贡献。美国总统罗纳德·里根（Ronald Reagan）和英国首相玛格丽特·撒切尔（Margaret Thatcher）之间的观点趋同，从而促进了两国政治上的亲近，即形成所谓的"特殊关系"。

全球化

全球化是公认的经济和社会制度特征，也是社会政策和福利

---

① 应为 1993 年。——译者注

服务供给的特征（Mishra，1999）。如约克曼（Björkman）和阿尔滕斯泰特（Altenstetter）观察到，在卫生政策中"政策理念的传播是真正全球性的"，而且"有相当多的证据表明，为了获得有益的结果，国与国之间会借用/复制改革蓝本，或至少对改革提案贴标签或再贴标签"（Björkman and Altenstetter，1997：1）。然而，他们同意梅纳德（Maynard）的观点：

> 显而易见的是，在所有的医疗保健制度中，政策的形成过程反映的是潮流和各种信念，而不是知识基础。当"重组"医疗保健制度体系以追求完美（公平、效率和成本控制）时，医生不愿被日常实践中的各种事实"搞糊涂"，如同"政策制定者"不愿以证据为基础那样。（Maynard，1995：49，引自 Björkman & Altenstetter，1997：1）

这些观察适用于社会照顾、社会服务和社会工作领域，其中许多服务附属于医疗保健或构成医疗保健的一部分。

正是因为全球财富、收入、政治和经济权力的不平等现象大量且持续存在，社会政策理念跨越国界的重要性不言而喻，但讽刺的是目前在全球范围内没有设立专门负责改善相关服务的法定机构。与之最接近的机构是联合国，一个以国家个体为其成员的政府间组织（Intergovernmental Organization，IGO）。相比之下，有些非政府组织（Nongovernmental Organization，NGOs）的成员包括团体和个人。1909 年，有 176 个非政府组织和 37 个政府间组织，现在总数分别增加到 4830 个和 272 个（Kegley and Wittkopf，1997：146）。

联合国

联合国是最被熟知的政府间组织，承担着广泛的经济和社会责任，只有瑞士等少数国家没有加入。它源于国际联盟（the League of Nations）的一项今日看来多少有些可悲的倡议，其主要目的是保证集体安全，避免重蹈第一次世界大战的覆辙。联合国成立于国际联盟解体后的 1946 年。① 联合国的宗旨包括：维护国际和平与安全；基于权利平等和人民自决原则发展国家间的友好关系；解决经济、社会、文化和人道主义问题；通过国际合作促进各国对人权和基本自由的尊重，并协调各国的行动以实现这些目标（Kegley and Wittkopf, 1997: 148-149）。其颁布的法律包括《世界人权宣言》（1948 年）、《欧洲保护人权和基本自由公约》（1950 年）、《关于难民地位的公约》（1951 年）、《消除一切形式种族歧视国际公约》（1965 年）、《消除对妇女一切形式歧视公约》（1967 年）②、《美洲人权公约》（1969 年）、《消除基于宗教或信仰原因的一切形式的不容忍和歧视宣言》（1981 年）、《禁止酷刑和其他残忍、不人道或有辱人格的待遇或处罚公约》（1984 年）、《儿童权利公约》（1989 年）、《消除对妇女的政治、经济、社会、文化和公民歧视公约》（1991 年）、《关于难民赔偿的国际法原则宣言》（1992 年）。此外，联合国还主办会议，旨在提高国际社会对影响社会政策的许多问题的认识，包括老龄化（1982 年）、犯罪预防和矫正（1985 年）、药物滥用（1987 年、1992 年）、儿童保护（1990 年）、住房（1996 年）和社会发展（1995 年）（Kegley and Wittkopf, 1997: 160）。

任何国际上的国家联盟都是为了推动成员国间的合作。联合国的主要弱点是其制定的决议缺乏法律效力，也缺乏政治和组织架构来使联合国实现任何意义上的全球治理。因此，成员国和非成员国都很容易通过背弃它来削弱其权力。

国际环境的复杂性

无论未来欧洲和美国之间的政治存在什么样的不确定性，英

① 联合国成立于 1945 年。国际联盟于 1946 年 4 月宣告解散。——译者注
② 《消除对妇女一切形式歧视公约》于 1979 年 12 月 18 日通过，并于 1981 年 9 月起生效。——译者注

国的社会政策都很可能会继续受到其他国家，特别是欧洲和美国，以及联合国等国际组织的影响。

儿童权利领域的立法和政策显示了在微观、中观和宏观层面的、令人意想不到的复杂性。在微观层面，英国政府于 1989 年通过了《儿童法》，于 1998 年通过了《人权法》（Human Rights Act）。在中观层面，欧洲人权法院做出了一些裁决，例如 1998 年的 A 诉英国案，该案认定法律未能保护儿童免受不人道或有辱人格的待遇，因此英国违反了 1950 年颁布的《欧洲保护人权和基本自由公约》第 3 条。在宏观层面，有上文提到的联合国《儿童权利公约》。需要注意的是，对这些不同法令的解释有时可能不一致，从而也可能会产生冲突。

组织背景：州政府和地方政府之间的紧张关系

在 20 世纪初，中央政府和地方政府对个人社会服务的责任发生了很大变化，这些变化在 20 世纪下半叶发展得更加迅速。值得注意的是，对于成年人服务的立法（包括那些接受社区照顾的人、老年人、残疾人、有精神健康问题的人以及儿童和家庭），增加了州和地方政府的权力、职责和责任，以确保能够提供广泛而全面的服务。

20 世纪末，中央政府和地方政府之间的关系也发生了变化，中央政府为提供高质量的卫生和福利服务制定了越来越具体的标准，并通过卫生部社会服务监察局（Social Services Inspectorate，SSI）进行检查和监督。

传统地方政府也从传统的包揽社会服务的组织、管理、供给和输送，转变为公共、志愿、私营和非正式部门的联合治理方式。地方政府以专员和购买者的身份成为推动者，其他机构作为提供者供给越来越多的服务，特别是针对成年人以及家庭和儿童照顾等重要领域。

1995～1998 年，地方政府通过改组（见第九章）建立了统一领导的地方政府，当时人们担心较小的，统一的政府机构可能会没有能力提供与较大的政府机构同等范围的服务，从而不利于那些需要社会服务的人。克雷格和曼索普（Craig & Manthorpe 1999a，1999b）在对政府机构重组的评估中指出，当时的保守党政府主张单一的地方政府，倾向于采用"小即是美"的论点，强调增加公民参与的机会，通过当选的地方议员参与影响规划、资源和服务供给的决策。在 1997 年 4 月地方政府改组之前，多塞特郡（Dorset）的社会服务局局长罗宾·塞凯拉（Robin SeQueira）指出，较小的、统一的地方政府可能会期望民选议员更多地参与社会服务的日常运作。从专业人士和服务对象的角度来看，这可能是一件喜忧参半的事情（SeQueira，1997：8）。

中央政府不仅在工作内容方面对地方政府所做的工作进行管控，而且控制其从国家财政中获得资源的方式。中央政府对地方政府的控制因更严格的金融管制而得到加强。各种资金安排，比如那些与经济复苏相关的资金安排，都需要得到中央政府的批准。地方政府的资金供应受到上限标准的限制，因而限制了地方政府的选择。地方政府在财政上很脆弱，因为中央政府可以在地方税率和市政税之外扣留资金，从而对适当服务供给的属性和水平进行约束。

历史背景

关于应提供什么福利、国家应提供多少福利，以及志愿、私营和非正式部门应提供多少福利的争论焦点不断变化，反映了植根于政治、经济和社会发展趋势的规范价值在发生更广泛转变。从 20 世纪 40 年代到 2000 年，在政治和福利政策方面出现了三个重要的分水岭：20 世纪 40 年代掀起了福利国家立法的浪潮，80 年代在撒切尔主义下福利国家部分解体，以及从 1997 年起"新工党"将这些思想部分整合为所谓的"第三条道路"。

虽然前两个时期代表了政治和社会政策的转折点，如果脱离在这之前的事件，将这两个时期视为革命性的或者是全新的起点，那将是一个错误。历史学家和社会政策分析家强调快速的变化，这些变化往往会作为一种标志将一个时代与其之前的时代分开。然而，他们经常能够指出使这些快速变化发生的连续性因素，这些看似矛盾的关于变化和连续性的主题都是理解政治与社会政策变化所必需的。

贝弗里奇：福利国家的诞生

社会工作和社会服务都是 20 世纪福利国家社会政策中最重要和最有影响力的创新。"福利国家"这个词给人的印象是，一个慷慨的国家制定了一项宏大的计划或一整套福利法律体系。然而，在某些方面，福利国家从来就不是一个同质的实体，而是一系列源自复杂决策过程的法律规定，其反映的是政治家和其他参与立法的人的一系列信念。福利国家从来都不是一个事先商定好的将得到普遍共识的一系列措施固化为法律的计划，这一计划不仅满足了一系列带有一致标准的目标，也可根据其评估成功与否。

直到 20 世纪 40 年代，"福利国家"一词才被广泛使用。对它最积极的描述是：

> 社会组织体系限制自由市场运行主要有三种方式：指定某些群体，如儿童或工厂工人，他们的权利得到保障，他们的福利受到社区的保护；通过提供医疗保健或教育等服务，使任何公民都不会被剥夺获得这些服务的机会；以及通过转移支付，在公民有特殊需要时，如生育，或因疾病或失业等原因中断收入时，能够维持收入。（Fraser，1984：xxi）

福利国家是一组完全不同、有时有些混乱的组合，包括法律法规、措施、政策、实践及它们对个人和群体的影响。例如，根据马歇尔的说法，福利国家的社会保障条款旨在向每个人提供最低限度的保障，而国民医疗服务体系的建立则旨在提供最佳水平的服务（Marshall，1970：92）。

第二次世界大战期间出生的人经历了福利国家概念盛行的那半个世纪。但除此之外，关于福利国家的诞生、成熟和解体，并没有一致的意见。福利国家并不是从第二次世界大战的困顿和不幸中诞生的，虽然这场战争无疑起到了推动的作用，形成和突出暴露了某些社会缺陷，并推动了相关法律的通过。但还是有许多历史因素推动了福利国家的产生，其中有些因素与传统和国力有关。这些因素的缘起并不能完全定位在 20 世纪。

尽管有上述评论，但《贝弗里奇报告》（the Beveridge Report，1942）仍然无疑是 20 世纪最有影响力的社会政策文件之一。在战争结束之前，威廉·贝弗里奇爵士已经阐明了他对充分就业社会的理想（1944 年）。贝弗里奇的政治派别是中间偏左的，但具有自由主义而非马克思主义的倾向，他在许多方面与托尼·布莱尔（Tony Blair）就社会问题的诊断进行了简单的对话。他的观点不是革命性的，而是综合了当时自由主义者的许多现存信仰和趋势。他的想法出现在英国战时历史时期，当时大多数人都想建立一个新的社会。

一些社会政策以实用主义和微小的渐进变化来推进。相比之下，无论是 20 世纪 40 年代福利国家的建立，还是 80~90 年代福利国家的解体，都是卫生、社会保障和福利服务领域一系列社会政策变化的巧合。激进式改革的勇气在战争期间通过数百万人的普遍的、非人性的经历获得了动力。这种勇气部分是"再也不要这样"的伤感。人们普遍感到遗憾的是，第一次世界大战既不是通向乌托邦社会的大门，也不是结束所有战争的战争。部分原因还在于，一些人有更广泛的抱负。这种理想主义在赫顿出版社（Hutton Press）1941 年 1 月 4 日出版的《图片邮报》（*Picture Post*）

杂志上表现得最为明显，该杂志不仅在英国出售，还向海外发行。目录中的章节标题表明了它的范围：英国计划、这就是问题所在、为所有人工作、社会保障、新英国必须被规划、家园规划、人人共享的土地、教育计划、全民健康、真正的医疗服务、退休。顺便提一下，这是小说家兼剧作家 J. B. 普里斯特利（J. B. Priestley）的最后一部作品。《图片邮报》的社论将这种现象的原因归结为战争：

> 我们的新英国计划不是与战争无关的东西，也不是战争之后的东西。这是我们战争目标的重要组成部分。这的确是我们最积极的战争目标。新英国是我们奋斗的目标。我们想要的土地，我们认为美好的生活，将对受压迫的欧洲人民和友好的美国人民产生巨大的吸引力。我们在这个过程中所做的只是草拟一个计划。我们试图勾勒出一个比我们当下拥有的英国更公平、更愉快、更幸福、更美丽的英国——但这个英国是建立在我们现在的英国基础上的。我们没有想象过离开南威尔士或泰恩赛德，或者我们混乱的教育体系。我们只是试图展示它们是如何被重建的——或者至少开始去展示它。我们相信，只要有诚意，一个新的、更好的英国可以在未来十年内实现……我们相信，在这场战争之后，某些事情将成为所有政党共同的焦点。例如，每个英国人——男人、女人或孩子——都应该保证有足够的且种类合适的食物来保证身体健康。我们必须改革我们的教育体系，这将是一个共识——这样每个孩子都可以得到最充分的教育。我们国家的医疗服务必须重组和发展，以促进健康，而不仅仅是与疾病做斗争，这将是一个共识。（*Picture Post*，4. 1. 41：4）

总的来说，这种乐观主义于 1945 年在立法领域变成现实。1944 年《教育法》（Education Act 1944）是开端。这一时期随着战争时期领导人温斯顿·丘吉尔落选，工党政府在 1945 年开始执政，并颁布了一系列法规，如 1946 年《国民医疗服务法》（National Health Service Act 1946）、1947 年《福利服务法》（Welfare Services Act 1947）、1948 年《儿童法》、1948 年《刑事司法法》（Criminal Justice Act 1948）、1948 年《国家救助法》（National Assistance Act 1948）。

撒切尔主义与新右派：福利国家的终结？

德里克·弗雷泽（Derek Fraser）在对福利国家演变历史的权威研究的著作第二版中，增加了一个简短的附言，标题是"福利国家的衰落 1973~1983？"（Fraser，1984：250-253）。显然，英国福利国家的原则和政策用了一个多世纪才在 20 世纪 40 年代末的立法中得到体现，但在 20 世纪末，用了不到四分之一的时间就被废除。40 年代福利国家诞生并被撒切尔政府摧毁的假设不应该被不加批判地接受。40 年代的一系列立法是否已经"具体化"（被视为事实）为"福利国家"？撒切尔政府应该承担废除福利国家的所有责任吗？毫无疑问，在前一届工党政府执政期间（1974 年至 1979 年），这种破坏的基础已经奠定，而布莱尔政府（1997 年以后）拒绝了许多新左派的思想，从而完成了这项任务。顺便说一句，"新左派"一词被一些人用来指代马克思主义者、黑人权力和激进的女权主义理论家、反精神病学的追随者和批判性的社会政策分析家（Page and Silburn，1999：100-101）。

福利国家的批评者。20 世纪 60 年代后，"新自由主义"经济学家和经济事务研究所（Institute of Economic Affairs，IEA）施加压力，要求减少福利国家提供的垄断性服务，因为这种垄断显然剥夺了人们的自由选择，并抨击了 40 年代和 50 年代的福利共识。也有左派的批评家，如彼得·汤森（Peter Townsend），认为福利国家还没有达到消除贫困和财富再分配的目标（Fraser，1984：251）。新右派希望发展选择性福利，作为摆脱"福利危机"的途径，而左派则希望加强普遍性福利。

撒切尔政府自 1979 年执政以来，在实施货币主义政策和削减公共支出方面的势头因之前工党政府的政策而增强。在整个 20 世纪 70 年代，有一个显著的情况：

> 在教育、住房和卫生等主要领域的资本支出大幅下降……［a］警察工资增加，警察在破坏罢工和组建准军事小组方面的权力得以扩大。即使是在撒切尔主义——货币主义——的大本营，也有可能认为当前的做法只是前几届政府发起的趋势的加强版。（Taylor-Gooby，1981：19）

然而，毫无疑问的是，玛格丽特·撒切尔的保守党政府前所未有地对这些新右派的政策高度关注。

具有讽刺意味的是，作为保守派重新强调维多利亚王朝中期自助概念的一部分，撒切尔夫人的社会政策强调志愿和非正式部门作用的扩大，这使福利多元主义的倡导者从中受益。他们热衷于探索将自愿和非正式活动作为"集中式社会服务的参与性替代方案"的可行性（Hadley and Hatch，1981：170-175）。同样具有讽刺意味的是，兴起于 20 世纪 80 年代，由保守党主导的公共服务和行政机构的大规模私有化，以及地方政府服务和卫生及社会服务关键领域（如社区照顾）的市场化，在 1997 年以后居然被布莱尔政府所接受。工党的重心已然发生了很大变化，从原来的将服务于工会事业作为首务，视自身为以实业家、企业家、企业经理、专业人士以及许多以中产阶级为具体代表的资本的敌人。

新工党和"第三条道路"

新工党在 1997 年和 2001 年的两次大选中取得了压倒性的胜利，这让大多数时事评论员感到意外。这反映了工党成功地摆脱了单纯代表工人阶级利益的阶级基础，摆脱了与某些工人运动部门，尤其是那些大规模生产企业的固有联系，以及对左翼社会主义的承诺。托尼·布莱尔和一群新工党同僚重新制定了政策，目的是在工党的传统支持者中赢得大量被称为"富人"的人的支持，而不仅仅是赢得"穷人"的支持。因此，工党吸引了许多无法支持左翼工党的议题但又对保守党政治感到不满的中产阶级选民。

新工党声称在保守主义和社会主义的"极端"之间提供了一条道路，超越了传统的"旧"工党的对抗政治，即由工人阶级支持的工会和由社会主义者与马克思主义者描述的统治资本家、工业和商业企业家之间的对抗。布莱尔政府试图采取艰难的平衡行动，在不疏远工党的传统工人阶级支持者的同时，寻求所谓的"英国中产阶级"的支持，否则这些人可能会拥护保守党或自由民主党。

作为工党在野时期的领导者，约翰·史密斯（John Smith）在1992 年《贝弗里奇报告》（Beveridge，1942）发表 50 周年之际成立社会公正委员会（Commision on Social Justice，CSJ）的时候，就已经准备好了充分的理由。社会公正委员会在主席戈登·博瑞（Gordon Borrie）的领导下，于 1994 年给出了报告。

《博瑞报告》

1994 年，工党领袖约翰·史密斯去世后不久，社会公正委员会发表了一份报告。值得注意的是，该报告的封面上有托尼·布莱尔的如下颂词："这份报告成为所有希望为我们的国家开辟新道路的人的必备读物。"作为史密斯的继任者，托尼·布莱尔领导工党在 1997 年 5 月的选举中获胜。

博瑞身处的时代是在新旧工党过渡的时期。社会公正委员会的成员证明了新工党有能力将志愿部门的理论家、实用主义者、激进分子、研究人员和活动家纳入协商进程。博瑞侧重于如何从所谓的福利依赖文化转向支持真正有需要的人，同时发展自助文化以及国家与志愿、私营和非正规部门在服务供给中的伙伴关系。

新工党领导下的社会福利改革

布莱尔的第三条道路包含了大量的前工党政策，用来保留工党的传统选票，也足以吸引那些本来可能投给自由民主党或保守党的选票。尽管在大选后不久，在参加新一届议会会议开幕时，女王在演讲中遵循了工党的宣言，没有提及社会服务，但社会服务的深远改革仍前景在望。与对社会服务的态度形成鲜明对比的是，女王对例如打击青少年犯罪的计划和措施的细节高度重视（Douglas，1997：11）。1998 年 3 月的绿皮书为福利国家的全面改革提供了一整套建议（Secretary of State for Social Security and Minister for Welfare Reform，1998），同年 11 月又发表了白皮书（Secretary of State for Health，1998）。1998 年，工党政府发表了一份咨询文件（Ministerial Group on the Family，1998），旨在补充社会服务供给方面的建议，杰克·斯特劳（Jack Straw）称这是历史上第一份关于家庭的咨询文件，这是政府对家庭作为社会基础地位的肯定（Ministerial Group on the Family，1998）。咨询文件承诺为家庭提供更好的经济支援，提供更好的育儿和防止家庭破裂的意见，以及为有问题的家庭提供更好的服务。这份咨询文件出台的部分原因是认为一个更强大的家庭将拥有更强的独立性，从而使得国家不需要再花高昂的费用去提供服务。在更深层次上，尽管布莱尔政府严格控制中央政府部门公务员的职责，但撒切尔政府基于合同的市场逻辑，在传统上由公务员主导的中央政府部门继续维持，因此，卫生部社会关怀小组（Social Care Group of the Department of Health）的既定目标是：

> 提高英格兰社会服务的质量、可靠性和效率……［作为］卫生部三个关键业务领域之一，需要与国民医疗服务执行机构（NHS Executive）和公共卫生小组（Public Health Group）合作。（DH/SSI，1999，The Work of the Social Care Group，DH at http：//www. doh. gov. uk，26. 5. 00）

这个情况更为复杂，因为卫生部关注的个人社会服务的部分，与各社会服务机构及其实践有着密切联系，在其研究和拨款职能方面也与大学的社会政策和社会工作系有着密切的联系。这种正式的伙伴关系和非正式互动的文化是从 20 世纪 70 年代初在卫生和社会事务部（Department of Health and Social Security，DHSS）的社会工作服务中开始建立起来的，并且是与那些在伦敦各地区、北爱尔兰、苏格兰和威尔士等地从事实务和学术研究的人员及卫生署公务人员的三角互动紧密结合的。

解决社会服务质量的不足："质量保障"

自 20 世纪 80 年代初以来，中央政府在审计署（Audit Commission）和社会服务监察局的协助下，加强了社会服务的质量保证程序，社会服务监察局是由卫生和社会事务部的社会工作处发展而来的。这些安排反映了公众和政府对一系列社会服务丑闻的回应，表现在要求加强对社会服务工作人员——包括社会工作者，他们当时的公众形象很差——的问责和控制（Franklin，1999）。在威尔士，威尔士社会服务监察局为社会服务部门制定了绩效指标（Performance Indicator，PI），其中纳入了绩效指标、联合审查检查和定期监测（Social Service Inspectorate，2000a）。

卫生大臣于 1998 年 9 月 21 日在英国发起了一项为期三年、共计 3.75 亿英镑的"质量保障"（Quality Protects，QP）方案，目的是改变儿童的社会服务。预计地方政府将在 2002 年之前证明它们成功地实现了具体的关键绩效目标，改善了贫困儿童和被照顾儿童（地方政府直接负责的儿童）的福利。此外，必须制订管理行动计划（Management Actions Plans，MAPs）来说明如何使儿童社会服务变得现代化，并向卫生部报告进展情况。1999 年 10 月，在儿童社会服务质量保护的框架下，发布了新的子目标。1998 年 3 月宣布了让英国政府皇家学校督学（HM Inspectors of Schools）去检查日托和儿童看护机构，目标是到 2002 年将频繁出现的虐待和忽视儿童现象减少 10%（见第六章）。

这些质量保障措施与 20 世纪 90 年代初实施的 1990 年《国民医疗服务和社区照顾法》（National Health Service and Community Care Act 1990）所建立的契约文化相吻合，其口号是以"最佳价值"推广"最佳实践"。通过成立一个新的最佳价值检查团（Best Value Inspectorate）来监督和检查所有地方服务。同时，政府及时干预以处理服务绩效中任何严重或持续的失败。此外，废除了强制竞争性招标（Compulsory Competitive Tending，CCT）制度，还制定了新的国家绩效指标来判断服务的效率、成本和质量。

1998 年 11 月发布的《白皮书》（DH，1998a）提出了在英格兰重组社会服务机构的政府建议，1999 年发表了关于监管英格兰私人和志愿医疗保健服务，以及监管和检查威尔士医疗保健和社会关怀服务的咨询文件。此后，大量相关的出版物问世。1999 年《地方政府法》（Local Government Act 1999）引入了"最佳价值"原则，通过要求制定更明确的目标细化衡量绩效和成效的具体标准——包括服务对象在内的社区公民参与的服务质量评估，资源使用效率评估——来完善对地方政府的问责制度。

1999 年 4 月，卫生部（Department of Health，1999e）发布了一份咨询文件《社会服务绩效评估的新方法》（A New Approach to Social Services Performance）。这表明政府打算比以前更积极主动地评估社会服务部门的绩效，并提出了 46 项绩效指标来实现这一目标。正如其他地方的绩效评估一样，这种绩效指标的标准被批评者视为忽视了购买"最佳价值"服务和服务质量最大化之间的矛盾。此外，与实践直接相关的绩效指标往往侧重于服务的数量方面，而不是质量方面。例如在服务研究监测，以及服务对象和护理人员的看法需要被考虑时，服务质量是至关重要的。在服务质量评估方面，典型的绩效指标包括被照顾儿童安置的稳定性以及儿童是否在儿童保护登记册上重新登记。除此之外，服务数量评估还忽视了与教育、培训和监督员工及资源链接服务相关的问题。

在卫生部部长约翰·赫顿（John Hutton）推出新的绩效评估表后，有 17 个地方政府在 1999 年 11 月被评为"不合格"，之后他们都接受了特别的整改措施要求和绩效指标。

1999 年，工党政府向议会提交了《照顾标准法》（Care Standards Bill），随后与该法差别很大的 1984 年《户籍法》（Registered Homes Act 1984）被全部废除。《照顾标准法》提议对社区之家、自愿收养协会、地方政府的寄养和收养服务以及所有寄宿学校和接受儿童继续教育学院的福利服务进行管理。在英格兰和威尔士实行的 2000 年《照顾标准法》为社会照顾服务以及私人和志愿照顾服务创建了新的独立监管机构。这个英格兰机构后来被称为全国照顾标准委员会（National Care Standards Commission，NCSC）。而在威尔士，该机构是威尔士国民议会的一个分支。与此同时，新成立的、独立的委员会负责：英格兰和威尔士的社会工作者注册；社会照顾标准的制定；社会工作者教育和培训的规范；管理一份持续更新的、被认为不适合同弱势成年人工作的人员名单；改革居家和寄宿的规定，以及日托、抚养、收养和托育服务的规定。

在某种程度上，1997 年后的福利改革是工党政府更加关注的成果，除了社会服务，工党政府还关心如何减少与老龄化和残疾相关的慢性病的国家福利巨额开支。此外，社会服务也出现了危机，"危机"一词可能指的是长期问题（如缺乏资源和资金）所带来的缓慢而隐蔽的影响（见第十章）。或者，正如 20 世纪 70 年代初对玛丽亚·科尔维尔（Maria Colwell）遭受虐待并导致死亡的调查以及随后发生的丑闻和调查浪潮那样，可以说在社会工作和福利服务的供给方面存在越来越大的信誉危机。从那些对社会工作者不再抱有幻想、对护士不耐烦、认为医生对工作条件的抱怨不合理的政客的角度来看，这是一场危机。从那些认为自己被低估、培训不足和薪酬过低的专业人士的角度来看，这是一场危机。从那些常常感觉自己没有享受到足够服务的患者、服务对象和服务使用者的角度来看，也可能会感到危机。

首相声称截至 2000 年取得的主要成就不是在个人社会服务方面，而是在就业、社会保障和教育领域：

> 工党政府的新政已经帮助城市地区创造了近 10 万个新的就业机会。工薪家庭税收抵免（Working Families Tax Credit，WFTC）和最低工资政策正在为数百万低收入者提供工作。学校教育大幅提高了居民的识字和算术水平，特别是在贫困地区。（Social Exclusion Unit，2000b：5）

与之相关的主题之一是通过设立社会排斥部（Social Exclusion Unit，SEU）解决社会排斥问题的倡议（见第八章）。1998 年 9 月，社会排斥部发表了一份报告，建议需要根据 18 个交叉地区的政策发展，制定一个关于社区更新的国家战略，其中有两个目标：

> 缩小最贫困的居民区和英格兰其他地区之间的差距；在所有最糟糕的社区，减少长期失业人数，有更少的犯罪、更好的健康以及提高更好的教育水平。（Social Exclusion Unit，2000d：5）

同时，成立了 18 个政策行动小组（Policy Action Teams，PATs）（见表 1-1），每个小组都有一名部长级负责人，也吸收了一系列"外部专家和在贫困地区工作的人，以确保建议是以证据为基础并经过现实检验的"（Social Exclusion Unit，2000d：5）。18 个政策行动小组的报告得到了认可（Social Exclusion Unit，2000d），并被纳入 2000 年初公布的一份咨询报告（Social Exclusion Unit，2000b）（见第十二章）。而且报告的摘要在 2000 年初得以出版（Social Exclusion Unit，2000c），对这些报告的答复将被纳入国家战略，并于当年晚些时候公布了。在 2000 年的磋商过程中，一些涉及 18 个政策行动小组的领域，特别是少数民族问题（Social Exclusion Unit，2000a），得到了特别关注。

表 1-1　政策行动小组

1. 就业	10. 艺术和体育
2. 技能	11. 学校社会服务
3. 商业	12. 青年人
4. 社区管理	13. 购物
5. 住房管理	14. 金融服务
6. 社区管理员	15. 信息技术
7. 闲置住房	16. 课程学习
8. 反社会行为	17. 本地联结
9. 社区自助	18. 更好的资讯

在布莱尔政府 2001 年开始第二个任期时，鉴于有足够证据表明贫困问题长期存在（见第二章），布莱尔政府没有回避相关批评，并声称第二个任期的优先事项是提高公共服务质量，特别是在教育和卫生服务方面。

什么是社会政策、社会管理、社会保障、社会服务、社会照顾和社会工作？

本章的大部分内容都在使用带有"社会"（social）的术语，现在是时候具体说明它们的含义了。也许这本书的主题可以用一句话来定义：社会工作是政治，政策是地方性的。这种概括包含了一些真理，但忽略了一些重要的区别。"社会政策"和"社会工作"这两个术语看似简单，但涉及多个学科、研究领域和非常复杂的实践。对于它们是什么并没有达成共识，对于从什么角度来看待它们也没有达成一致，更没有唯一的首选方法来研究、教授或实践它们。不同政治信仰的人都参与对社会政策和社会工作的讨论，因此，它们经常成为激烈辩论、争议和冲突的对象也就不足为奇了。自 19 世纪以来，在调查研究、理论建构、政治活动、政策和法律规定，以及专业实务中，越来越多的术语被使用。这些术语都与社会视角有关，然而，它们的意思经常被混淆。

社会政策

该术语用于研究那些影响人们社会处境的政策发展、实施和影响。社会政策可以被定义为社会科学中的一门学科、一个研究领域或"现实世界中的社会行动"（Alcock et al., 1998：7）。社会政策不是一成不变的学科。自 20 世纪 70 年代以来，从社会管理研究向政策研究的转变反映了自由主义视角的确立，其发展重点和政治背景源于费边主义和社会民主，而不是右翼或社会主义左翼。

社会管理

20 世纪 60 年代，伦敦经济学院的凯瑟琳·斯莱克（Kathleen Slack）（伦敦经济学院的第一任主任是威廉·贝弗里奇，40 年代，他的《贝弗里奇报告》为福利国家奠定了基础）承认，界定当时被称为社会政策的社会管理的含义存在困难。她提出了"社会管理"一词的两种常见用法——作为一个研究主题和作为一个"旨在解决社会问题、促进社会福利或实施社会政策"的过程（Slack，1966：9）。她认为，这一过程的推进主要"通过使用不同的方法或技巧来达成一项决定，促进一些行动或建立一个先例"（Slack，1966：9-10）。

社会保障

该术语用于描述为有经济需要的人提供支持而做的各种安排，详见第二章。

社会服务

凯瑟琳·斯莱克就"社会服务"含义的模糊（这些服务究竟是包括社区的所有服务，还是只包括儿童和家庭服务、精神健康服务以及老年人的服务的问题）发表了评论（Slack，1966：11）。在这个过程中，她强调理查德·蒂特马斯（Richard Titmuss）的著作阐释了最广泛的观点。蒂特马斯在 1955 年提出了一个值得注意的趋势，在过去的 50 年里，越来越多的领域被纳入社会服务的定义。社会服务被定义为"为某些'需求'而进行集体供给"（Titmuss，1976a：40），这与其以前被限定在公共救济、卫生和控制公共滋扰等有限领域形成了对比。尽管他认为社会服务的界限是有弹性的（Titmuss，1976a：40），但蒂特马斯明确提出三个部门为其组成部分，这三个部门是社会福利、财政福利和职业福利部门（Titmuss，1976a：42）。

凯瑟琳·斯莱克指出，社会服务包括：

> 国民保险，援助和家庭津贴，公共医疗服务，身心健康服务，教育服务，必须与城乡规划相适应的住房，妇幼福利，贫困儿童和违法儿童以及成年罪犯的庇护服务，青年就业，青年工作和社区福利，家庭福利，残疾人、老年人和无家可归者相关服务，法律援助，咨询和信息服务。（Slack，1966：13）

凯瑟琳·斯莱克罗列了更多的服务清单，如私人养老金或退休金计划、工人或雇主福利，以及以收入退税形式为未成年子女、年迈的父母或教育费用提供的财政政策。蒂特马斯提出了将它们纳入社会服务的强有力的理由：

> 因为它是服务的目标，而不是用于实现目标的行政方法

或制度手段，这证明它被视为是"社会的"是合理的。
（Slack，1966：13）

最后，凯瑟琳·斯莱克主张社会管理的研究需要包括该学科的内容和与之相关的学科，如社会史、心理学、经济学和社会学等的内容（Slack，1966：14）。她认为社会管理和社会服务的研究人员和学生可以根据不同的理论视角来考虑诸如贫困的概念、量刑政策与实践等问题（Slack，1966：13-14）。

社会照顾

社会照顾意味着英格兰和威尔士的地方社会服务部门以及苏格兰的社会工作部门向有需要的人——通常被认为是需要寄宿和日托的人员、老年人和残疾人——提供广泛的服务，尽管英格兰的社会工作部门也负责缓刑工作。正如第九章所讨论的，在这些地方，这些部门的服务正在与其他服务结合起来。在北爱尔兰，由卫生和社会服务委员会共同提供服务。

社会工作

社会工作是一个重要但又具有内在争议的职业。社会工作者在整个社会中执行一些急需的个人和社会保护任务，然而如同一般的社会福利领域一样，他们经常受到大众媒体的诽谤，似乎他们才是问题所在，而不是他们工作中固有的不确定和有问题的处境（Franklin，1999，2000）。社会工作在英格兰、北爱尔兰、苏格兰和威尔士的福利系统中非常突出。造成这种情况的原因很多，也很复杂。自从《西博姆报告》（the Seebohm Report）（Seebohm，1968）和1970年《地方政府社会服务法》问世，英格兰和威尔士设立了社会服务部门，社会工作就一直归属于社会服务部门，尽管这些部门本身在结构、职能和组织上经历了巨大的变化。自20

世纪 70 年代中期以来，志愿机构越来越多地提供专业社会工作服务，特别是在儿童照顾方面，如全国儿童之家（National Children's Homes，NCH）、巴纳德儿童之家和全国防止虐待儿童协会（National Society for the Prevention of Cruelty to Children，NSPCC）。有人会说，社会工作是一个混乱，甚至是令人头疼的职业。因为社会工作是一个政治化的职业，它与福利改革密切相关，自第二次世界大战以来，福利改革已经困扰了政治家半个多世纪。

杰弗里·皮尔逊（Geoffrey Pearson）系统地分析了社会工作在福利制度中的模糊地位（Pearson，1975）。从马克思主义的角度来看，它是不是社会控制的关键代理人，充当福利天鹅绒手套里的铁拳？或者它是代表个人、弱势群体或被排斥群体利益的、潜在的、具有颠覆性赋权的媒介？像福利国家一样，社会工作被认为处于濒临绝境的衰落，因为其他职业侵占了它的专业范畴，它的从业者被滥用，被淘汰，被剥夺职业资格。或者，它可以被视为一种随着福利制度的变化而变化的活动，这为其实践、研究和理论建构提供了一个重要的背景。

社会政策与社会工作有什么关系？

"社会工作"和"社会政策"这两个术语的含义与研究和使用它们的人所采取的理论观点或视角有关。社会政策研究和社会工作实践一样，离不开政治，这意味着批判性思维和批判性实践同我们个人和职业的信仰与价值观密切关联。这会影响我们对于如何定义社会政策和社会工作的想法。

我们还必须承认，其他外部因素对这些被称为社会政策和社会工作的学科建设具有重要贡献。它们不仅仅是个人的私事。在某些方面，当前对社会政策的研究与 20 世纪 60 年代的社会管理没有显著不同，但世界已经发生了很大变化。例如，自 60 年代以来，社会政策研究的重心从自由主义和费边主义的政治中间立场转移到70年代的社会主义、女权主义和马克思主义的观点。后来，在1979年至1997年保守党执政期间，撒切尔主义诞生了，"新右派"一词出现在历史舞台上。在右翼的亚当·斯密研究所（Adam Smith Institute）的积极推动下，英国许多人倾向于接受市场哲学和自由市场模式的优势，而不再支持社会主义，特别是更明确的马克思主义和共产主义形式的社会主义。

对政治和福利政策的不同看法

对社会政策中有关人们的政治信仰和价值观这样复杂的东西进行简单的划分是困难的。实际上，有多少人就有多少种信仰。我们的政治信仰与我们关于国家应该在多大程度上满足人民的福利需求的观点密不可分。社会政策与政党政治之间的联系有助于提醒我们，英国广泛的政治派别被归纳为两个主要政党——工党和保守党，自由党介于两者之间。在过去30年里，学者们试图编纂关于社会政策的观点，这里选择了三个具有代表性的观点，它们在一定程度上反映了这些观点发表时政党政治正在发生的事情，这些观点的提出者为：乔治（George）和威尔丁（Wilding），安德森（Anderson）和鲍威尔（Powell）。

乔治和威尔丁的观点是在撒切尔主义诞生之前发表的，当时工党掌权，马克思主义是一股关键力量（George and Wilding，1976）。他们确定了对社会政策的几种意识形态观点，从右翼极端政治的个人主义（国家依赖人们自己来照顾自己的福利）到充满活力的左翼极端集体主义（从权利上说，所有人都可以期待国家满足他们的需求）。

14年后，也就是保守党执政已经十多年的时候，苏联解体，柏林墙也被拆除，安德森（Anderson）区分了福利国家社会政策的三个视角——保守主义、自由主义和社会民主主义（Anderson，

1990)。保守主义模式强化了阶级和权力的划分与不平等，并将国家干预视为最后的手段。它支持传统的家庭形式，并倡导一种福利制度，支持妇女扮演母亲而不是外出工作的工人角色。自由主义模式依赖市场作为福利服务的主要载体，支持基于经济状况调查、个人缴费和国家资助相结合的社会保险。社会民主主义，有人会说是社会主义，支持普遍服务和公民平等的原则。它致力于消除不平等和实现所有人的高水平生活，福利的总成本由充分就业承担。

鲍威尔（Powell）在新工党进入到第二个政府任期时提到，布莱尔政府的第三条道路既不同于以平等为中心的理想，也不同于左派强调的国家供给和国有化，以及新右派专注的自由市场、私有化、竞争和解除管制（Powell，2000：42）。他认为第三条道路并不是新的，也不完整，并暗示这是一种借鉴了老左派和新右派观点的实用主义的政治和政策理念的拼凑（Powell，2000：57）（见第十二章）。

社会政策为社会工作的实践环境提供了丰富的视角。但是，二者的关系远比政策为实践创设背景这一经常被引用的真理更为密切。现实是政策注入实践，实践以复杂多样的方式影响政策。与此密切相关的是一种简单化的看法，即社会工作者的主要责任只是履行法律。在此种观点的支持下，有五项法律为千禧年的社会工作提供了主要的法律依据：1983 年《精神健康法》（Mental Health Act 1983）、1989 年《儿童法》、1990 年《国民医疗服务和社区照顾法》、1994 年《刑事司法和公共秩序法》（Criminal Justice and Public Order Act 1994）和 1998 年《犯罪与扰乱秩序法》（Crime and Disorder Act 1998）。然而，法律只是规定实践的轮廓，而不是规定社会工作者所做的一切。

社会政策与社会工作的共同领域

我们已经知道，虽然社会政策和社会工作涵盖不同的领域，但它们有许多共同之处。他们分享概念，借鉴许多共同的理论、观点和学科，使用相似的语言和术语，在社会福利体系中占据相邻和重叠的位置。与大多数其他学科相比，社会工作更接近社会政策，但这种接近性使得澄清它们之间的关系更难。

社会的属性在社会问题上得以反映，政策也反映在社会工作的性质上。社会工作受到政策变化的影响极大，特别是在 20 世纪下半叶和 21 世纪的头几年。在 20 世纪 40 年代，作为开启福利国家组成部分的儿童服务，甚至都没有将社会工作作为一个一般实体。50 年后，尽管关于社会服务和社会工作供给的理论和研究文献的观点变化不大，但是在服务供给中反映出的政策语言已经经历了翻天覆地的变化。这个变化在社会工作论证基于合同的多元供给市场的报告的关键词中得到印证。"质量保障"的标语意味着通过竞争性招标来确保最佳价值的实践。

社会政策、立法和社会工作

社会工作通过作为政策执行方法的立法实践与社会政策联系在一起。法律与社会工作之间的关系无疑是争论的主题，其主要争论焦点在《法律报告》（Ball et al.，1988）发表后变得特别清晰。该报告建议改进社会工作资格认证中法律课程的教学方式。这场关于法律和社会工作之间两极立场的争论具有两个代表性的模式——路易斯·布隆-库珀（Louis Blom-Cooper）对法律主义的倡导和奥利夫·史蒂文森（Olive Stevenson）对照顾伦理的支持。这种二分法凸显了在社会工作中，看似最直接的方面却存在本质上的争议，即根据立法规定的权力、职责和责任，社会工作者应该如何实践。

法律模式

本章开头引用的观点，即社会工作可以纯粹根据社会工作机构的法定职责来定义，被批评为地方政府优先考虑其法定工作内容而削减其他领域，侧重于干预而不是鼓励服务对象参与和赋权，导致遵循程序而不是关注服务对象。这给人的印象是社会工作者比现实中更有能量。它宣扬了一种错误的观点，即一切社会工作实践都源于法律，这意味着只要通过一项由社会工作者执行的法律，诸如儿童虐待和少年犯罪等重大社会问题就可以被消除，它掩盖了现实对实践的限制，并强化了"执行程序就是好的实践"的神话。

照顾模式中的伦理责任

史蒂文森认为，关于社会工作课程中法律教学质量的争论源于更基本的社会工作性质问题。他认为法律只是社会工作履行照顾服务中的伦理责任的一个组成部分，它是在专业人员整合使用价值观和技巧，鼓励服务对象自觉和促进个人及环境改变中形成的（Stevenson，1998）。布雷（Braye）和普雷斯顿-肖特（Preston-Shoot）认为，在价值观和法律之间寻求平衡是社会工作者在实践中的一项基础能力（Braye and Preston-Shoot，1990）。卡罗尔·史密斯（Carole Smith）认为，社会工作不应该仅仅是按工具理性行事。她的意思是，除了遵循程序之外，应该有更多的空间，通过运用体恤、关心、安慰、同情和温暖等价值实践来实现道德上的追求（Smith，2001）。这与安·布雷欣（Ann Brechin）的评论一致，即他认为批判性实践者可以从两个指导原则中得到帮助，即平等地尊重他人和采取开放与"聆听"的方法（Brechin，2000：31）。尊重他人且对知识持有不确定性的原则，对于审视本书其余部分的所有材料，提供了一个很好的切入点。

本章总结

本章明确了人口、政治和意识形态等因素对社会政策背景的影响。分析了界定包括"社会政策"和"社会工作"等术语在内的，影响福利政策和福利供给的主要概念的困难，梳理了与社会工作有关的主要的社会政策的变化。

本章证明了具有批判精神的社会工作者与时俱进地了解与实践相关的不同领域社会政策研究和评论观点的重要性。

延伸阅读

Alcock, P. (1996) *Social Policy in Britain: Themes and Issues*, Macmillan, Basingstoke-now Palgrave.

Alcock, P., Erskine, A. and May, M. (eds.) (1998) *The Student's Companion to Social Policy*, Blackwell, Oxford.

Burden, T., Cooper, C. and Petrie, M. (2000) *Modernizing Social Policy: Unravelling New Labour's Welfare Reforms*, Ashgate, Aldershot.

Commission on Social Justice (1994) (The Borrie Report) *Social Justice: Strategies for National Renewal: The Report of the Commission on Social Justice*, Vintage, Random House, London.

Powell, M. (2000) 'New Labour and the Third Way in the British Welfare State: A New and Distinctive Approach', *Critical Social Policy*, 20(1): 39-60.

Social Exclusion Unit (2000b) *National Strategy for Neighbourhood Renewal: A Framework for Consultation*, The Cabinet Office, London.

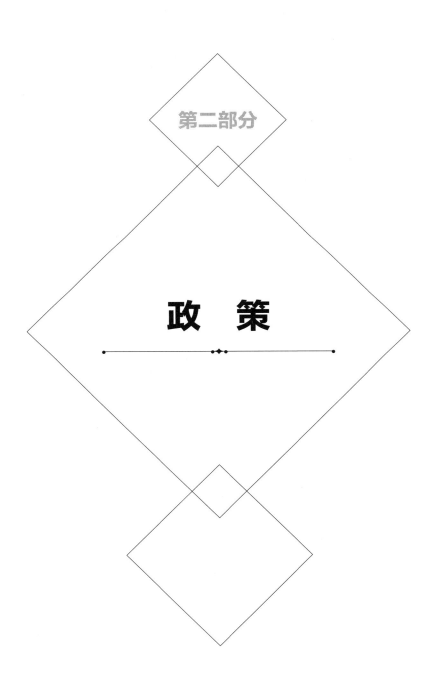

第二部分

政　策

第二章　社会保障

社会保障政策应在社会还持续存在极端贫困的背景下加以考虑。当前英国的儿童贫困率是 20 年前的三倍，40%的英国儿童出生在生活方式不健康的低收入家庭中。伦敦政治经济学院的社会政策教授大卫·皮奥热（David Piachaud）发现，

> 在所有 13 岁的青少年中，有 7%的青少年经常吸烟。20 世纪 90 年代，11~15 岁的青少年酒精消费量增加了一倍多；有四分之一的青少年每周平均要喝相当于四品脱的啤酒。（Piachaud，2000：7）

有关儿童贫困问题的研究表明，儿童极有可能经历短暂但反复的贫困，而这种贫困是很难消除的（Jenkins and Hill，2000）。儿童的健康状况不会因为仅仅被给予了更多的金钱而改善，同时政府的社会保障政策也可能不足以使最贫困的家庭摆脱贫困（Gordon et al.，2000）。部分原因是现有的福利结构为子女较少的家庭提供了更多的福利，使得子女多的大家庭面临更大的风险。此外，住在地方政府租赁住房中的儿童更有可能遭受贫困问题的困扰。因此，如提高国家最低工资标准、为父母提供更丰厚的工作福利等与政府反贫困战略相关的社会保障措施受到了质疑。

社会工作者每天都会在服务中面临因贫困而带来的各种问题。许多公众认为社会工作主要关注的是满足人们的物质需求，此外，将社会保障和社会工作服务混淆也是很常见的。虽然社会工作者

不能忽视人们生活中物质条件的不足，但将社会工作描述为完全关注解决物质问题，如缺乏资金，就过于简单化了。

试图确保特定家庭中的所有家庭成员都获得足够水平的社会保障是非常困难的，因为对一个人"福利作为"可能是对另一个人的"去福利作为"。在这种情况下，福利机构很难去满足每个人的需求。

社会工作者使用的大量法律条文，或多或少与个人需求和社会剥夺问题有关。1948 年《国家救助法》使社会服务部门能够为有需要的贫困人口提供住宿。1968 年《健康服务和公共卫生法》（Health Services and Public Health Act 1968）第 65 条规定向志愿组织提供财政援助。1996 年《社区照顾（直接支付）法》[Community Care（Direct Payments）Act 1996]聚焦人们接受各种社区照顾的直接服务而产生的费用支付问题。此外，因为管理者是社会工作领域外的专业人士，所以还有关于福利管理的法律条文。这包括根据 1986 年《社会保障法》（Social Security Act 1986）（第 167条）、1992 年《社会保障缴费和福利法》（Social Security Contributions and Benefits Act 1992）（第 140 条）和 1998 年《社会基金（应用）条例》[Social Fund（Applications）Regulations 1998]（Brayne and Martin，1999：435）从社会基金获得预算和危机贷款，还包括根据 1992 年《社会保障缴费和福利法》（第 130 条）和 1987 年《住房福利（一般）条例》[Housing Benefit（General）Regulations 1987]提供的住房福利方面的资金援助。再者，根据 1992 年《社会保障缴费和福利法》（第 129 条）和 1991 年《残疾工作津贴（一般）条例》[Disability Working Allowance（General）Regulations 1991]（Brayne and Martin，1999：434），有身体残疾或智力残疾的人可以申请税收抵免，并有权获得残障生活津贴以满足护理需求和无障碍出行的需求。1995 年，丧失劳动能力津贴取代了病残津贴。收入补助（Income Support，IS）通常用于补充残疾津贴，申请人也可以申请社会基金的帮助。

社会工作者在人们的问题和国家提供的帮助之间进行协调，同时还在个体贫困和社会贫困问题之间发挥作用。个体会遇到缺乏金钱、商品和服务来满足他们和其他家庭成员需求的问题，而这些问题也存在于社会层面。在与个体合作时，社会工作者需要对诸如贫困的社会问题有批判性的认识。

政策背景

没有任何社会问题能比人们因商品和服务短缺而致使基本需求无法得到满足所造成的影响，更能引起政府、地方政治家和慈善家的关注。然而，即使是维多利亚时代中期最开放的、拥有社会良知并致力于救济贫民的人也会对目前有关社会层面贫困的讨论感到陌生。维多利亚时代的人已经认识到"贫民"这个词包含个人失败、道德弱点和不足等的所有含义。

尽管对贫困问题进行了大量研究，但政策制定者始终未能找到根除贫困的"解决方案"。克雷格（Craig，1990）等一些批评者认为，政策通过压制、扭曲、操纵和歪曲相关统计数据的收集和呈现，越来越掩盖贫困问题的真实程度。有大量证据表明，对穷人的社会工作服务缺乏同情心的直觉反应，也在小报媒体的那些不知内情的争论中得到了体现。许多人发现很难摆脱这样一种假设，即穷人（尤其是那些长期处于贫困状态的人）的精力、对预算的敏感性、生活方式的健康程度、工作的条理性及积极性不如我们。是否所有穷人都应该平等地得到国家的资助，或者是否其中不乏一些骗子？坐在人行道上乞讨的人是真的急需帮助，还是只是在扮演一个角色？贫困是一种社会现实，还是仅仅是一些懒惰的人为了逃避在社会中发挥作用而找的借口？贫困和社会保障在个人和政治层面的问题都是不可避免的，于是这就给专业人士在做出应对贫困人口的最佳决定时，带来了艰难的选择困境。每当社会工作者与贫困的个人和家庭打交道时，他们就在贫困人群所面临的现实困境、问题和争议的风口浪尖上工作。

贫困的规模和后果

贫困不是一种给人们造成打击的独立的事件或病症，它有自己的特征、原因和后果。贫困往往是由其他影响巨大且灾难性的情况造成的。例如，在 1920 年战后的经济衰退中，根据《济贫法》中的条例，院外救济花费了 540 万英镑，失业保险花费了 870 万英镑。在 1938 年经济大萧条最严重的时候，大规模失业的影响已经持续了几年，而院外救济增加到 1940 万英镑，失业救济金高达 5170 万英镑，非缴费性失业津贴（Jobseeker's Allwance，JSA）又增加了 4130 万英镑（Golding and Middleton，1982：46）。汤森（Townsend）对 20 世纪 60 年代和 70 年代英国贫困状况的重要研究得出的结论是，

> 28% 的人口全年低于或略高于该州的贫困标准（测量贫困的标准），但如果把在全年中曾短时间低于这一水平的人加起来，这个数字将上升至 36%。（Townsend，1979：895）

因此，超过三分之一的人口至少在全年的某段时间处于贫困状态，而在那个历史时期，四分之一以上的人口长期处于贫困状态。有"巨大的需求未被满足"（Townsend，1979：891），这远高于政府估计的需要享受社会保障各项津贴的贫困人口数，

> 因为在任何时候，贫困人口或处于贫困边缘的人口中没有接受经济状况调查的比例都比官方预想的要高。（Townsend，1979：891-892）

1997 年的儿童贫困水平，即生活在低于社会平均收入一半的

家庭中的儿童为 440 万人，比 1968 年的 140 万人增加了约两倍。工党政府承诺从 1997 年起到 2009 年将贫困儿童人数减少一半，到 2019 年消除儿童贫困。但儿童贫困行动小组（Child Poverty Action Group）在 2000 年估计，按照目前的进展水平，2019 年的儿童贫困人数只能回到 1979 年的水平（Green，2000：10）。

贫困群体的形象

对维多利亚时代的人来说，贫困是一种部分或全部由个人的不足引起的状况，而现在的贫困被认为是由一系列原因引起的，其中一些是社会原因，包括社会结构、环境、经济，以及就业、住房、社会保障和其他政策方面。

在 20 世纪 70 年代，人们对那些在一个世纪前被称为"被排斥的穷人"（Jones，1976）的人并不同情，或者用当代不太具有同情心的术语来说，这些人可以被称作"乞丐"。从伊丽莎白时代和都铎王朝开始，"身体健全的乞丐"群体有时被认定为弱势群体和社区的威胁，到如今在街上乞讨的乞丐，仍然会引起人们既同情又抵触的矛盾反应。

"乞讨恐惧症"是一个用来描述由乞丐唤起的恐惧或恐怖的术语。1834 年《济贫法修正案》（Poor Law Amendment Act 1834）规定的院外救济水平非常低，根据"低于舒适"原则（less eligibility），救济水平低于可能挣得的最低工资，"低于舒适"原则被视为一种阻止人们自愿申请赈济的方式。如今，大量的资源被分配用来发现那些可能谎称有权获得社会保障的人。根据一项经典研究，社会保障诈骗者是由大众媒体创造和维持的虚构的群体，而不是一种普遍现象（Golding and Middleton，1982）。

什么是贫困？

贫困没有统一的定义，其定义随着时间的推移和情况的改变而变化。也没有一套令人满意且可以付诸实施的社会政策可供人选择，去确保解决特定的贫困问题。事实上，贫困可以说是这些社会政策的失误和缺陷所带来的结果。

一些评论者认为贫困超出了可客观定义的范围，而另一些评论者则力求以客观的标准来衡量贫困。陈述一个社会中有多少贫困，谁是贫困者，他们是怎么变得贫困的，以及他们的贫困是怎么得到最有效的缓解的，这些都是有争议的问题。受到媒体评论员政治宣导的影响，对穷人和他们的贫困问题倾向于进行道德判断。

尽管在确定贫困的性质和影响方面存在这些固有的问题，社会调查人员一直在努力提请决策者注意有关贫困的证据。梅休和宾尼（Mayhew and Binney，1862）生动地描绘了贫困人群的生活；查尔斯·布斯本着他那个时代研究人员的实证主义精神，收集了许多关于伦敦贫困的统计数据（Booth，1889）；西博姆·朗特里在半个多世纪的时间里对约克郡贫困的影响进行了三次独特而详细的调查（Rowntree，1901，1941；Rowntree and Lavers，1951）。更近一些，汤森在 20 世纪 70 年代末的研究是贫困的一个独特而全面的时代快照。汤森在报告的开头给出了以下定义：

> 当个人、家庭和群体缺乏资源来获得各种饮食、参与各种活动，并拥有他们所属社会中习惯或至少得到广泛鼓励或认可的基本生活条件和福利设施时，他们可以说是处于贫困之中。（Townsend，1979：31）

汤森还得出结论认为，

> 贫困不仅是社会严重不平等所带来的不可避免的特征，也是富人为了保护和增加财富而拒绝给予他人财富的一个特殊后果……因此，对财富和由财富创造的制度的控制，以及为了公众利益有选择地控制生产和传递财富的条件，是任何

旨在废除或缓解这种贫困状况的政策的核心。（Townsend，1979：893）

一些评论者在讨论贫困的持续性时，给人一种误导的印象，即贫困是代代相传的。奥斯卡·刘易斯（Oscar Lewis）在这方面写了一篇经典的研究报告（Lewis，1965），认为社会中最贫穷的阶层有一种独特的文化，这种文化往往会延续下去。尽管刘易斯的研究报告在个人和家庭层面上充满详细的例证和轶事，但他的研究缺乏对更广泛社会的调查、人口普查数据或社会学分析，并且是从批判性的中产阶级立场来看待贫困文化的（见汤森的总结性评论，Townsend，1979：65-70）。在 1972 年，社会服务内阁大臣支持的一个相关的观点是，贫困倾向在地方上持续存在，在贫困家庭中代代相传。与此相关的是，自 20 世纪 60 年代末以来，英国和美国的政治家们都很熟悉一种观点，即存在一种剥夺循环，这种循环可以通过激励个人和群体、提供住房改善、教育机会、创业和获得新的就业技能来打破。汤森指出，剥夺概念的提出反映了政府对地区剥夺政策的强烈兴趣［教育优先区（Educational Priority Area，EPA）、社区发展和城市援助方案始于 60 年代末］。

“地区剥夺”（area deprivation）的概念与“贫困亚文化”（subculture of Poverty）有着密切的联系。英国的讨论往往与美国的许多讨论相呼应。但将剥夺的责任归咎于家庭和个人也与亚文化论点密切相关。（Townsend，1979：71）

因此，回应往往是：

剥夺是传统的社会控制和个案工作政策的混合物。理论上，剥夺被视为一种残留的个人或家庭现象，而不是一种大规模的结构性现象。（Townsend，1979：71）

绝对贫困和相对贫困

人们经常对绝对贫困和相对贫困进行区分。绝对贫困的定义通常与最低生活水平有关。它往往与试图证明存在绝对客观的贫困衡量标准有关。批评家断言，如果最低生活水平是有意义的，那么低于它的贫困人群就无法生存。最低生活水平概念的捍卫者认为，发病率和死亡率反映了这样一个事实，即低于这一水平的人不可能长期生存下去。

相比之下，相对贫困的定义往往更加灵活，可以纳入贫困人群的经历，并可以与不同的基准进行比较，或许可以代表不同群体或社会的生活水平。人们总是假设关于贫困水平的判断包含主观因素。例如，有人可能透过窗户看到领取社会保障福利的家庭中有成员吸烟或喝一罐啤酒，或看电视，并认为这些是其并不贫困的证明，因此取消了他们享受福利的权利。但这是一种粗略的价值判断，极大地简化了贫困的本质。相对贫困的判断是建立在对贫困人群的情况和当时社会其他人的平均生活水平的概念的比较基础上的。当然，这个标准会因历史和社会而异。

即使我们承认多年来对个人和群体贫困有各种各样的概念，但对贫困最严格的定义——根据收入低于他们有权获得的社会救助福利水平的人数——得出的结论是，在 20 世纪 60 年代和 70 年代，英国的贫困和低收入现象可能已经减少。然而，自 70 年代末以来，贫困现象却一直在增加。1979 年至 1992 年，根据上述低于社会救助标准的收入水平，英国贫困人口的比例从 6% 上升到 8%。在同一时期，生活在社会救助标准之下的人口比例从 14% 增加到 24%（George and Wilding，1999：137）。

财富与收入分配

富人和穷人之间的差异受他们拥有多少财富以及他们挣多少钱的影响。财富的平均分配远不如收入的平均分配。1995 年，英国前 10% 最富有的人拥有全部社会人口所拥有的财富的一半，而一半人口仅拥有全部财富的 8%（Office for National Statistics，1999，Table 5.25，pp.100-101）。

1995 年，大约英国总收入的四分之一是由大约前 10% 的人口赚取的（Office for National Statistics，1999：101）。尽管家庭平均可支配收入从 1971 年到 1996 年大幅增加了 55%，但收入最高和最低的人之间的差距也在扩大（Office for National Statistics，1999，Table 5.16，p.95）。在英国，收入最低的人（包括 42% 的单亲家庭在内），占收入分配中最末的 20%（Office for National Statistics，1999，Table 5.17，p.95）。

贫困与其他社会问题在多大程度上相互影响？

研究表明，贫困与其他社会问题，如无家可归、长期疾病、失业、儿童学业不佳、疾病和精神健康问题（如抑郁症）的发生率呈正相关。约翰·史密斯于 1992 年发表的《社会公正委员会报告》（the Report of the Commission on Social Justice）是 1997 年工党上台前的社会政策先导，该报告将贫困问题与生活质量的其他不足联系起来（Commission on Social Justice，1994：287）。

少数族裔的高失业风险和低收入意味着他们相对于其他人口，更容易陷入贫困（George and Wilding，1999：142）。约瑟夫·朗特里基金会（Joseph Rowntree Foundation）关于收入和财富的报告发现，1991 年，60% 以上的少数族裔居住在失业率排名前五分之一的社区：

> 只有 18% 的白人人口处于总人口中最贫困的前五分之一，而超过三分之一的非白人人口处于总人口中最贫困的前五分之一。（Joseph Rowntree Foundation，1995：28，转引自 George and Wilding，1999：142-143）

在不同类型的家庭中，多子女家庭是贫困人口中最多的家庭类别（在 1994～1995 年，以扣除住房费用后不到平均收入 50% 的收入标准来衡量），占贫困人口的 39%（George and Wilding, 1999：138）。就经济状况而言，有一两个全职成年人的家庭贫困率最低，而户主或配偶超过 60 岁的家庭贫困率最高，为 23%（George and Wilding, 1999：139）。

20 世纪 90 年代后期的一项令人印象深刻的研究分析了贫困和社会排斥的程度，将它们与 46 项指标联系起来（Howarth et al., 1998）。各国政府可以利用这些指标作为基准，评估进展情况或用于减少这些问题。

主要政策变化和相关问题

按照惯例，像反贫困史或社会保障措施等关于贫困或社会保障的系列课程，往往是从一系列遏制贫困的立法讲起的。这些立法活动肇始于伊丽莎白时期的《济贫法》到 1834 年的《济贫法修正案》。但是，由于 1929 年《地方政府法》废除了济贫法监察员委员会，并将其责任和职能移交给了地方政府，所以大多数当代政策都直接与 20 世纪 40 年代以来的社会环境相关。

自 20 世纪 40 年代以来，社会保障一直主要靠国家供给，而其他的福利服务，如养老金和健康保险，随着有经济能力的人向商业公司购买，其供给已经向私营部门转移（Burchardt et al., 1999）。贝尔图（Bertoud）和他的同事们建议，应对贫困的政策可以根据是否直接针对贫困个体、地区或国家来分组。以个人为重点的政策可以是针对特定群体，如老年人、残疾人、单亲家庭、少数族裔、妇女、年轻人和低收入工人。以地区为基础的反贫困政策总体上出现于 60 年代，包括区域经济发展、农村就业机会、教育优先区、城市援助计划、社区发展项目、内城方案和各种城市更新方案。以国家为基础的政策虽然与前一类政策相似，但更多的是针对机构和系统，而不是针对个人或群体，并涉及宏观层面的资源转移。它们包括贝弗里奇设想的机构重组，以及干预市场的政策，如通过廉租房或住房协会提供补贴住房，以及通过税收和社会保障制度来重新分配收入和资源（Bertoud et al.，1981：263-277）。

《贝弗里奇报告》为更积极的国家干预奠定了基础，以保护人们免受贫困之苦。该报告旨在消除贫困、失业、脏乱、疾病和无知这五种巨大的罪恶。贝弗里奇所做的假设是在 21 世纪无法持续维系的社会保障政策：绝大部分男性将在成年后从事有偿工作，他们有能力向国家缴纳社会保险；大多数女性不会参加工作，而是结婚生子，并留在家里照顾子女。然而，事实是就业模式已经发生了巨大变化。很大一部分男性直到退休年龄才从事全职工作，长期失业的男性人数增加了；许多女性加入了兼职和全职的劳动力大军。

自 20 世纪 60 年代以来，越来越多的人批评贝弗里奇消除贫困的建议没有得到执行。"重新发现贫困"这个词组可以追溯到 60 年代初，布赖恩·阿贝-史密斯（Brian Abel-Smith）和彼得·汤森分析了劳工部在 1953~1954 年和 1960 年进行的两次调查，根据那些年国家援助的比例来计算贫困线。他们发现，1953~1954 年的贫困人口中，有 19.6% 的家庭由全职工作的户主抚养，这些家庭占贫困人口总数的 34.6%（Abel-Smith and Townsend，1965）。这引发了一场前所未有的争论，即社会政策如何解决这一显然难以解决的深度贫困问题，然而当时的保守党政府宣称的繁荣并不触及这一问题。

社会保障的政治视角

在社会保障政策方面，存在一系列不同的政治观点。大卫·

格林（David Green）持右翼观点，主张废除社会保障安全网，他认为这不利于穷人自助（Green，2000）。社会主义者持左翼观点，他们主张社会所有成员都有权享有普遍的社会保障，来应对抚养孩子、失业、疾病、残疾和衰老。一些左翼批评者主张扩大现有的社会保障福利，并制定一系列措施来重新分配财富和减少收入不平等。从1997年开始，工党政府中的自由派和主要政治家采取了一系列介于两者之间的主张，他们拒绝采用普遍的社会保障政策，并保留将经济状况调查作为许多福利分配的依据。

当代社会保障政策的主要特征是什么？

"社会保障"有多种含义，很难进行定义。不过，可以将社会保障分为基于保险的缴费型社会保障和基于经济状况调查的非缴费型社会援助。自第二次世界大战以来，社会保障制度安排的逐渐发展促使了一系列日益复杂的法律法规的颁布。约翰·迪奇（John Ditch）将它们归为以下五类中的一类或多类：缴费型的社会保险，如退休金；基于经济状况调查的社会援助，如收入补助；分类别的（既不进行经济状况调查，也不进行贡献调查，也就是说，不考虑经济状况的）社会保障福利，如儿童福利金；基于职业的（基于就业记录/状态）社会保障福利，如法定病假工资；自由裁量的——基于规则和判断的社会保障福利，例如根据1986年《社会保障法》建立的社会资助基金（Ditch，1998：274）。

缴费型福利通常返还给那些与雇主一起缴纳国民保险的人，除了自由职业者。这些福利通常是根据缴纳保险费的多少按浮动比例发放，包括退休金和疾病津贴、寡妇津贴和失业救济金，其中一些退休金是作为特定职业相关的退休金回报支付的。此外，雇员可以要求法定病假工资和产假福利。雇主可以按照法定病假工资的最低标准支付病假工资，也可以自行决定超过这一标准。单身爸爸或单身妈妈的收入维持由社会保障部（Department of Social Security，DSS）提供，该部于 2001 年 6 月合并了教育和就业部（Department for Education and Employment）的部分部门，成为工作和养老金部。这些单身爸爸或单身妈妈申请人通常被要求就业，除非他们要抚养一个 16 岁以下的孩子。此外，还为他们提供许多普遍福利，包括免费医疗和儿童福利。收入补助的申请人可以向住房福利部申请全额租金折扣和市政税津贴。

1975 年《儿童福利法》（Child Benefit Act 1975）引入了儿童福利金，用这项新的免税儿童福利取代了家庭津贴和儿童税收津贴，从而增加了对单亲家庭的津贴补助。

1974 年至 1979 年，工党政府曾采取一些措施，试图保护福利免受通货膨胀的影响。1975 年《社会保障法》引入了与收入相关的养老金计划，旨在使个人免受通货膨胀的影响。到 1980 年，申请人实际享有的补充福利（Supplementary Benefit，SB）是 1948 年的两倍（Fraser，1984：252）。然而，也出现了一些重要的退步，如补充性福利委员会（Supplementary Benefits Commission）于 1980 年被撤销。虽然通过减少社会保障工作人员对申请的酌处权，申请人获得了更多的权利，但一般来说，由于福利未能按比例随着通货膨胀增加，相应的，他们获得的权利也就较少。此外，与收入相关的补助在 1982 年被取消，这使得更多的人获得了经济状况调查补贴。仅在 1980 年至 1981 年，完全或部分依赖补充津贴的人数就从 500 万人上升到 800 万人。所谓的少数人的安全网正在成为多数人的社会保障体系（Fraser，1984：252-253）。

从 1997 年起，工党政府开始减少国家向没有足够收入的弱势群体（如单亲家庭和残疾人）支付大量且不断增加的福利金的责任。卫生部（Department of Health，1998）代表政府出版了福利改革绿皮书《我们国家的新抱负：新福利合同》（*New Ambitions for our Country：A New Contract for Welfare*），其目的是通过鼓励更多的人重返工作岗位，减轻国家的福利支出负担。紧随卫生部（Department of Health，1999）绿皮书《新的福利合同：养老金伙伴关系》（*A New Contract for Welfare：Partnership in Pensions*）与白皮书《新的福利合同：儿童权利和父母的责任》（*A New Contract for Welfare：Children's Rights and Parents' Responsibilities*）的出版，工党政府出台了 1999 年《福利改革和养老金法》（Welfare Reform and Pensions Act 1999）

南北分裂：虚构还是现实？

在 1854 年至 1855 年间，伊丽莎白·盖斯凯尔（Elizabeth Gaskell）写了一部精彩的小说，讲述了兰开夏郡和英格兰南部人民经历的对比（Gaskell，1970）。托利党领袖本杰明·迪斯雷利（Benjamen Disraeli），也描述了在英国存在两个国家：一个是富人国，另一个是穷人国。迪斯雷利后来成为英国首相（Ensor，1936：30）。在 20 世纪 30 年代的大萧条之后，乔治·奥威尔（George Orwell）游历了英格兰北部，发现社会的弊端主要是失业、贫困、无家可归以及病人、残疾人和退休人员缺乏社会保障（Orwell，1967：154）。

20 世纪 80 年代，碧翠丝·坎贝尔（Beatrix Campbell）用乔治·奥威尔（George Orwell）的经典著作《通往威根码头之路》（*The Road to Wigan Pier*）作为自己的出发点，在 1982 年开始了为期六个月的英国工人阶级之旅。再次来到威根码头，她注意到男人对女人的压迫行为使他们的贫困状况更加严重和难以忍受。性别压迫强化了阶级分层。虽然高峰（为流浪汉、无家可归者和其他类似境遇的人提供住宿）已经过去，但根源于性别歧视和社会阶层分化的贫困依然存在（Campbell，1984：6）。

诚然，1996~1997 年，家庭平均每周毛收入 321 英镑在英格兰东北部是最低的，与北爱尔兰的 326 英镑接近，西米德兰兹郡为 359 英镑，约克郡和亨伯塞德郡为 364 英镑，西北郡和默西塞德郡为 377 英镑。相比之下，英格兰东南部最高，为 483 英镑（Re-gional Trends 33，1998：107）。年龄、性别、种族和地理位置的划分给人与人之间社会阶级不平等造成了双重甚至是多重的影响，使财富和收入的不平等永久化。然而，即使是在相对繁荣的地区，如财富和高收入集中的英格兰南部，其他不平等因素也会带来困难。此外，南北之间的其他差异似乎让苏格兰的穷人比英格兰的穷人的福利待遇更好，而权力下放后又加剧了这种影响。2001 年，苏格兰行政院计划为老年人的长期健康和个人护理提供资金，而在英格兰和威尔士，医疗保健虽然是免费的，但个人护理要经过经济状况调查；在苏格兰，高等教育学生无须支付学费，学校教师三年加薪 21.5%，这与英格兰和威尔士的情况形成鲜明对比。

如何准确地指代社会的底层阶级？

维多利亚时代晚期的英国社会，对底层阶级或剩余阶级成员可能造成的潜在破坏影响的恐惧是根深蒂固的。到 19 世纪 80 年代末，城市衰退理论推翻了达尔文的自然选择思想，得到了广泛的认可。该理论认为迁移到城市并被迫接受糟糕的住房和工作条件的穷人，将在身体和道德上衰落，并滋生出野蛮而残暴的社会底层阶级，他们懒惰，不愿工作，无法自助（Stedman Jones，1976：286-287）。一个世纪后，查尔斯·默里（Charles Murray）站在右翼角度论证了一个新的底层阶级已经出现。20 世纪 80 年代，查尔斯·默里的工作为英国新右派提供了支持他们观点的证据。查尔斯·默里认为家庭的衰落、非婚生子女的增加、暴力犯罪与处于就业年龄段的男性失业者之间存在因果关系（Murray，1994）。因此，他的具体目标是减少失业人员和单身父母（主要指女性）对福利的"不健康"依赖。他认为与非婚生子女及其家庭的解体相关的道德价值导致犯罪、贫困、社会解体以及隐含的城市衰败等社会问题。从新右派的角度来看，解决这个问题的方法是直面个人的问题。这与工党政府1997年设立的社会排斥部形成了鲜明对比，该部门将社会排斥作为一种社会问题来解决（见第八章）。

底层阶级理论与维多利亚时代中期的信念产生了共鸣，即自助和努力工作是摆脱贫困的途径。这种假设认为人应该为自己的不幸负责。慈善组织会社（Charity Organization Society，COS）（成立于1869年）的个案工作者是现代社会工作者的先驱，他们的工作理念是时间和资源只应该花在被评估为生活水平快要低于社会标准以至于失去自助能力的那些人身上。这些人的生活水平甚至低于过得去的工人阶级、贫民阶级（Pearson，1975：174）、剩余阶级（Stedman Jones，1976：321）或底层阶级。

底层阶级理论可能会受到批评，因为它过于关注个人层面的因素而否认个人苦难的社会维度，从而扭曲了贫困的真实性质，不能准确反映贫困的现实情况，并且低估了贫困给穷人带来的影响。此外，它还将同居、单身父母视为与婚姻德行相悖的行为，并将其作为价值判断的标准。底层阶级理论通过承认存在一个底层阶级，将一个类别或一个阶层的人具体化（使之成为事实），即使他们的情况和问题并不相同，不能以这种方式进行简化。

单身父母问题

单亲一直是人口统计学的一个特征。作为一个单身母亲，传统上会遭到蔑视或被驱逐到远房亲戚那里，可能会被作为道德败坏者关进精神病院或济贫院，或是作为一个被排斥和污名化的罪犯陷入赤贫。福利国家只是逐渐削弱了女性依赖男性的假设。单身母亲在1948年《国家救助法》颁布之前并没有得到国家财政支持，该法植根于《济贫法》的公共援助委员会。而且，单身父亲仍然是一个被忽视的少数群体。

英国是欧盟离婚率较高的国家之一，大约有一半的婚姻破裂，在150000对离婚的夫妇中，有七成是有孩子的。1971年至1996

年，单亲家庭的数量增加了两倍，占有受抚养子女的家庭总数的20%以上。单身父母是指不以已婚或同居夫妇的身份生活，并与一名或多名接受全日制教育的儿童或年轻人生活在一起的人。在1979 年至 1989 年，领取国家津贴的单亲家庭中，同时也领取抚养费的比例从一半下降到不到四分之一（George and Wilding，1999：62）。此外，依赖社会保障和社会福利的单亲家庭的比例从 20 世纪 70 年代初的 44%增加到 90 年代中期的 70%（George and Wilding，1999：61）。

从 1971 年到 1995 年，单亲家庭的比例从 7%增加到 22%（Newman and Smith，1997：25）。单身父母是社会政策理所应当关注的一个焦点，因为单身父母往往与贫困联系在一起，这很大程度上体现在他们对国家福利的依赖程度很高，而且自 20 世纪 80 年代后期以来，依赖程度越来越高。三分之二的单亲家庭依靠国家津贴，80%依靠收入补助，1989~1990 年政府为此花费了 40 亿英镑，1994~1995 年增加到 91 亿英镑（Bradshaw，1998：264-265）。单亲家庭的高度贫困反映在他们的住房和住房所有权形式上，在1995 年到 1996 年间，80%的需要抚养子女的已婚夫妇拥有自己的房子，60%以上需要抚养子女的单身父母是靠租房生活的（Newman and Smith，1997，Table 2.27，p. 45）。或许，社会政策的目标应包括使单身父母和子女的生活能够维持在足够的生活标准，并使父母能够根据自己的意愿在不工作的情况下抚养孩子（Bradshaw，1998：265）。

单亲家庭的社会和政治结构包含了道德判断。人们倾向于认为单亲是未婚母亲的同义词，这是对妇女的歧视，暗示因为家里没有男人，所以她们所代表的家庭群体是不完整的。此外，它还错误地假设单身父母是一群同质的女性，没有考虑到阶级、年龄、收入、婚姻状况、性别和种族的社会划分。言外之意是，单亲家庭是社会中个人与社会崩溃的主要原因，所以当代许多骚乱、抑郁和犯罪问题的根源可以追溯到单亲家庭。因此，在社会保障的政策变化中政府将注意力集中在单身父母身上也就不足为奇了。

与之矛盾的是，保守党的观念将家庭生活作为一个道德问题进行干预，同时坚持个人主义、自助、自由选择，坚持应该由市场而不是国家福利来支持单身父母。到 20 世纪 70 年代，45% 的单身父母领取国家津贴，到 80 年代，这一比例提高到 70%（Glendinning and Millar，1992：151）。

儿童抚养机构

儿童抚养机构（Child Support Agency，CSA）是根据 1991 年《儿童抚养法》（Child Support Act 1991）设立的（并根据 1995 年《儿童抚养法》进行了改革），目的是纠正上述做法。儿童抚养机构要求缺席的父/母支付抚养子女的费用。儿童抚养机构的设立反映了保守党政府的目标，即着重推动亲生父母（尤其是不在孩子身边的父亲）承担抚养孩子的主要责任。在大多数情况下，其结果就是许多单身父母的福利被推迟发放，因为他们在抚养费用方面存在争议或有其他未能解决的问题，大部分情况下，这都与生父有关。这造成了儿童抚养机构无法及时处理大量工作，致使无力阻止许多单身父母和孩子遭受极度的身体不适和精神折磨。

自 1997 年工党政府执政以来，有关单亲家庭的社会政策与前任保守党政府基本保持一致。布莱尔政府着手改革《儿童抚养法》，但重点关注的是前保守党政府未能减轻国家和纳税人的福利负担，而不是儿童抚养机构的缺点。作为对单身父母贫困问题争论的象征性承认，工党政府没有从国家福利中扣除前 10 英镑的抚养费。但是，单身父母仍然受到政府通过儿童抚养机构而采取的日益加强的控制。单身父母更加依赖于缺席的一方父/母以及子女来获取津贴，因为单身母亲失去了以自身权利享受福利费的资格。

2000 年《儿童抚养、抚恤金和社会保障法》（Child Support, Pensions and Social Security Act 2000）旨在改革儿童抚养制度，以解决在 1991 年和 1995 年的《儿童抚养法》之下，于 1993 年建立的现有系统中的一系列问题。新法案致力于：在儿童抚养机构中注册登记的 150 万儿童中，增加 20% 的儿童，使之获得财政性的儿童抚养费；减少责任评估的复杂性和随之而来的延误影响；使这些孩子的家庭在收入补助上获得经济收益，这些家庭的福利津贴至今仍被扣除与抚养费相同的金额。

对社会工作者的启示

案例

乔尔（Joel）是一名社会工作者，他所工作的社区遭受辖区大型工厂倒闭的严重影响。这些工厂以兼职或全职的方式雇用当地大部分成年人。他与当地志愿组织、福利权利官员以及资金和债务管理专家密切合作。当出现具体问题时，他们会向他和服务对象提供建议。乔尔目睹了大规模贫困，这让他明白自己是在个人贫困与社会贫困问题重叠的地方进行实践。

乔尔决定写一份清单，列出他在对贫困政策的批判性研究中，引起他注意的所有项目，这些项目与处理他服务对象的困难有关。清单内容如下：

- 从事基本福利权利工作。
- 促进债务管理。
- 使人们能够发展和使用当地的组织，如信用合作社。
- 与志愿机构和社区团体合作。
- 加入反贫困领域的组织，如儿童贫困行动小组，并继续发展对贫困和反贫困战略的批判性理解。
- 与同事联系，收集意见。这涉及经验不足的社会工作者向那些已经成功帮助最需要帮助的人的社会工作者学习。

● 让人们参与当地项目。正如鲍勃·霍尔曼（Bob Holman）指出的那样，这样是有好处的。因为这些项目往往是长期的，紧密围绕有需要的家庭运作，强调个人关系，提供指导以帮助个人度过困难时期，并通过让他们参与管理这些项目来增强人们的权能，有时还为有需要的人提供志愿和有偿工作（Holman，2000：22）。

● 挑战困扰社会保障政策和实践诸多方面的骗保形象。

● 认识到人们是贫穷的受害者，同时向他们提供增强自身能力的手段，并消除因贫穷而持续存在的污名。

● 着力意识提升并挑战态度和政策，这些曾使英国成为欧洲范围内对家庭不友好的国家之一。通过说服雇主、零售商、公共汽车和铁路公司、餐馆、酒吧和公共服务机构审核和改善服务，加大对怀孕和分娩期间父母的社会支持和就业支持，实现充分的产假和陪产假，平衡工作和家庭生活，从事儿童照顾和旅行，改善社区安全状况和降低交通事故的发生率。

● 促进更广泛的反贫困、社区发展和经济自助倡议，如鼓励信用合作社。

本章总结

本章研究了贫困和社会保障的概念。调查了不断变化的反贫困和社会保障政策。自1979年以来，在保守党和工党政府的社会保障政策中，消除懒人和骗保者是重中之重。尽管消除贫困的措施传统上是基于个人（包括社会工作的服务对象）无能和失败的假设，但贫困的许多原因来自社会，需要重新在社会中分配财富和收入。

延伸阅读

Alcock P. (1997) *Understanding Poverty*, *2nd* edn, Macmillan, Basing-stoke—now Palgrave.

Ditch, J. S. (ed.) (1997) *Poverty and Social Security: Issues and Research, Englewood Cliffs*, N. J. , Prentice Hall.

Child Poverty Action Group (CPAG) Publications, such as: Oppenheim, C. and Harker, L. (1996) *Poverty: The Facts*, London, CPAG.

Walker A. and Walker, C. (1997) *Britain Divided*, London, CPAG.

第三章　就业

　　社会工作的服务对象很可能经历过失业、不充分就业或无报酬和低收入的工作。这是因为 20 世纪 90 年代初，就业发生了从全职工作到兼职工作的巨大转变，英国的劳动者只有三分之一的人每周从事传统的全职工作（Hewitt，1993）。而在 1990 年，英国男性的平均工作时间在欧共体国家中是最长的，其中，40%的男性平均每周工作 46 小时以上（Commission of the European Communities，1993）。妇女群体中，存在有更多人在家从事无报酬家务劳动的趋势；在就业方面，相对于从事类似工作的男性而言，更多的女性从事非全职或相对较低报酬的工作。官方统计数据没有充分记录这一系列不太令人满意的情况。失业统计往往记录那些申请失业救济金的人，而根据国际劳工组织（International Labour Organisation，ILO），失业水平应包括所有正在寻找工作并有能力工作的人，无论他们的社会保障状况如何。

　　了解这些问题对社会工作者很重要，他们需要在工作中让人们对就业政策以及人们陷入低薪工作和失业境地的后果有一个批判性的认识。

政策背景

　　对于许多人来说，就业和不就业带来的损失具有重大意义，因为人们通过自己所从事的工作来定义自己，并获得社会地位。

对人们来说，将赚来的钱花在自己、家人和朋友身上很重要。显然，如果人们找不到工作，或者他们没有充分就业，工资过低或失业，很可能会遭殃。失业标志着社会和社区方面的问题，它可以反映出雇主和其他人在一个失业率高的地区所经历的经济问题。大规模失业对失业者所接触的所有个人、团体、社区和社会部门都有次生影响。

就业对社会不同阶层的人有不同的意义。除了金钱奖励，工作所赋予的社会地位也有很大的不同。有些职业，如医院顾问，声望很高。人们对从事不太理想的低收入工作的情况更加矛盾。如果失业，他们可能会遭受心理上的痛苦，变得沮丧和失去动力，以及经历失去收入的贫困。但是，他们仍然会带着矛盾的心情看待工作，例如清洁工或者污水厂的服务员，这样的工作并不会像成功的律师或商业大亨一样带来声望或社会地位的回报。在一个分层的社会中，工作是奖励成就较高的人的一种手段，也是将人限制在较低阶层的一种手段。将清洁工改名为垃圾处理工程师并不一定能确保他们可以平等地与电气工程师相处。

就业、不充分就业和失业模式的变化

就业

女性在劳动力市场中的比例随着男性比例的下降而显著提高。女性倾向于更晚生孩子，然后更快地回去工作。1971 年至 1997 年间，25 岁至 44 岁从事经济活动的妇女比例从略高于 50% 上升到 75% 以上。1971 年至 1997 年间，45 岁至 54 岁从事经济活动的男性比例从 98% 降至 91%。据预测，到 2011 年，所有从事经济活动的妇女比例将达到 58%，而男性为 70%（Office for National Statistics，1999，Tables 4.3 and 4.4，p.73）。尽管 1975 年至 1996 年间，两个社会经济地位最高的群体，即专业人员和管理岗位人员中，男性的比例分别从 5% 增加到 6% 和从 15% 增加到 22%，而女性的这一比例却分别只从 1% 增加到 2% 和从 4% 增加到 9%，仍然远远落后于男性（Thomas et al. , 1997, Table 5.6, p. 59）。

1995 年春季，白人成为管理人员的可能性几乎是巴基斯坦人/孟加拉国人的两倍，为 19.0%，2.3% 的律师和不到 2.0% 的警察来自少数族裔（Church and Summerfield, 1996：43）。巴基斯坦/孟加拉国人从事倒班工作的可能性为 14%，而白人只有 7%，从事临时工作的可能性是白人的两倍（Church and Summerfield, 1996：44）。在所有年龄组中，少数族裔的失业率都高于白人（Church and Summerfield, 1996：46）。白人男性的平均收入高于任何少数族裔群体的男性（Church and Summerfield, 1996：47）。

失业

对于包括英国在内的许多发达国家和发展中国家来说，失业仍然是一个严重的问题。英国相对较高的失业率反映了大多数欧洲国家的情况，平均每十年的失业人数从 20 世纪 50 年代的 33.8 万人增长到 60 年代的 45.9 万人，70 年代的 97.6 万人，80 年代的 271.4 万人（Piachaud, 1997：49）。

或许是从评论员首次研究数据以来，英国就经历了多次经济衰退，并且总是伴随着高失业率。通常，这种经济衰退都是在海外发生重大战争之后发生的，如 1815 年和 1918 年。最近的一些经济衰退导致了长时间的大规模失业，如 19 世纪 30 年代，那一时期的困难至今仍为许多老年人所铭记。在 70 年代后期，人们日益认为有必要制定政策来应对失业问题，特别是增加青年人的培训机会（Roberts, 1995：11）。青年就业率，尤其是全职就业率，自 70 年代以来急剧下降。1972 年，16 岁离开学校的年轻人中，三分之二的人有工作，而 10 年后，这样的年轻人中只有十分之一的人有工作。

迄今为止，英国半熟练和无技能的男性的失业率最高，分别为 16% 和 24%，相比之下，女性的这一失业率分别为 7% 和 6%。

无论是男性还是女性，从事专业的、管理的或初级非体力工作的社会经济群体的失业率均为 6% 或更低（George and Wilding, 1999：27）。失业尤其影响残疾人和少数族裔群体。失业还影响了那些由特定雇主主导当地经济的地区，这些地区目前正在走向衰落。例如，南威尔士和约克郡的煤矿社区，约克郡和兰开夏郡的纺织业、钢铁业、造船业和海上捕鱼业。20 世纪 60 年代初，英国有 800 多万人在制造业工作，到 90 年代初，这一数据为 400 万人。在美国，这种去工业化与人均生产率的翻倍是相伴随的，而英国在 1970 年至 1985 年间，则是失业伴随着同期工业产出的零增长（Greenhalgh and Gregory, 1997：98）。毫无疑问，长期失业、失去主要雇主对社区的广泛影响以及随之而来的大规模失业加剧了这些问题，并使其影响倍增，不仅对失业者，而且对受抚养人、邻里和社区都是如此。

失业水平，就像真实的犯罪水平一样，是难以衡量的。衡量失业的基础在不断变化，这表明在衡量其真实发生率时存在一些固有的问题。难以对个人所处的就业状态进行评估，导致相关统计数据的可靠性问题。过去，对失业水平的衡量包括失业人数的总和，而将失业总人数视为申领失业救济金人数的转变使得失业总人数被低估，因为不是所有找工作的人都在申领救济金，他们可能没有资格申领或不想申领。

不充分就业

传统上，失去工作的问题只比就业不足、不充分或不令人满意的就业问题稍微严重一点。就业不足是劳动力结构变化的当代特征。越来越多的人，特别是老年人和妇女，她们的工作机会仅限于临时的兼职工作，往往没有就业保障。在没有合理水平的最低工资保障的情况下，一些人被迫接受低时薪或低周薪的不充分就业，而且在任何情况下都可能低于他们之前的就业水平。

雇主可能更愿意雇用越来越多的临时工，因为这使他们能够削减管理费用，实现利润最大化。当失业劳动力相对较多时，雇主处于更有利的谈判地位，可以将劳动力的顺从视为理所当然。

与就业、不充分就业和失业有关的问题

与就业相关的问题

工作的可接受性是决定人们感觉自己是否有价值、是否自信或是否抑郁的关键因素。虽然失业对个人、家庭和其他受抚养人造成不利的后果，但许多工作也有消极的方面。有些人从事危险的职业，如海上捕鱼，或从事化学加工、塑料生产或采矿等健康风险不可避免的职业。临时的和季节性的农业工作，比如在冬天收割蔬菜，可能是不稳定的、低薪的，容易患风湿病、手关节炎和其他慢性疾病的。有些工作是正常工作时间之外的，比如在超市的夜间工作，清晨和深夜的办公室清洁，酒店和酒吧工作，或者住家看护。其他工作，如照顾他人，需要长时间工作。1998 年春季，有 500 多万人，约占有工作人员的 25%，通常每周在主要工作岗位上工作超过 48 小时（ONS, 1999, Table 4.12, p. 77）。

长期从事有压力的工作可能影响人们的健康。这种情况增加了亲属，包括儿童间接遭受虐待或家庭暴力的风险。20 世纪 90 年代末，英国每个员工平均每年旷工 8.26 天（George and Wilding, 1999：39）。

尽管引入了像家庭信贷这样的社会保障，但低薪工作与贫困仍是高度相关的。许多人，特别是妇女，会通过做额外的兼职工作来弥补他们自己或他们伴侣的低工资。低工资、低地位的工作往往是与社会排斥联系在一起的。

与失业相关的问题

大多数人要么依靠自己的就业收入，要么依靠别人的收入生活。人们可能会抱怨工作，但对大多数失业者来说，任何合理的报酬工作都比长期失业要好。人们所从事的工作往往是他们所依

赖的，也是他们与其他人交往所依赖的，因为这是作为他们的体面和价值的证据。没有工作往往使一个人自尊心下降，而长期失业与其他社会问题密切相关，如贫穷、身心健康以及其他个人问题（Fryer，1992）。因此，旨在提供就业机会和减少失业风险的政策是社会政策的核心就不足为奇了。失业会给没有工作的人带来心理、经济和社会方面的问题。它的经济后果可能对其家庭成员来说同样严重，包括家庭破裂的风险（Lampard，1994：61）。不工作的人可能会被边缘化，甚至被排斥，这取决于他们能够在多大程度上维持与社会网络的可靠联系，如果他们有工作，社会网络通常会维持下去。犯罪活动（Dickinson，1994）和吸毒（Parker et al.，1988）也可能因失业而增加。正如20世纪30年代的经济衰退和高失业率一样，种族主义可能会抬头，正如50年后赫斯本兹（Husbands）在研究中发现的那样，失业率的增长与右翼国民阵线和种族排斥的增长呈正相关（Husbands，1983）。工厂的关闭可能会使整个社区的社会和经济受到破坏。商店和其他企业可能被迫关闭。住房质量可能会下降。为几代煤矿工人提供工作的矿井关闭，可能会破坏一个村庄的社会和文化生活。

失业的人更有可能经历贫困，因为他们的福利待遇较低，对他们活动的监视也相对密切。因为养老金的减少，低工资和缺乏工作可能导致退休后的贫困。里奇（Ritchie）总结说，在失业时期，国家福利很少提供足够的资源，甚至不能满足最基本的衣服、食物和取暖需求（Ritchie，1990）。

此外，有些人会认为，失业正在创造一个被排斥的下层阶级（第二章和第八章）。

失业陷阱（unemployment trap）。失业的一个后果可能是让人们失去了工作的动力。人们常说，社会保障制度进一步降低了对工作动力的激励程度。失业陷阱指的是对一个大家庭中需要养家糊口的人在失业时的假定影响，这个家庭需要付出的租金很高，也有权获得相对较高的收入补助，这使得他们仅希望找到一个工资较低的工作。可以说，这个人几乎没有找工作的动力，因为工作反倒导致其家庭总收入下降。所谓的"失业补助限额"（wage-stop）是在20世纪60年代引入的，遵循的原则与1834年《济贫法修正案》中的"低于舒适"原则类似。失业补助限额将领取福利的数额降低到低于预期的工资水平。这种方法的无效性导致在70年代增加了对有受抚养子女的低收入工人进行家庭收入补助（Family Income Supplement，FIS）的经济状况调查（Alcock，1997：22）。

年轻失业者。失业率与一个人的受教育水平有着特别密切的关系。没有学历的人的失业率是有高等教育学历的人的四倍（Office for National Statistics，1999，Table 4.21，p.82）。在此基础上，失业青年尤其容易受到伤害。教育的不足和从学校过渡到工作的过程中的不适应可能会对年轻人的生活机会产生不利影响。总部位于巴黎的经济合作与发展组织（Organisation for Economic Cooperation and Development，OECD）的一份研究报告得出结论，在经济合作与发展组织共29个成员国中，有4个国家——英国、匈牙利、墨西哥和西班牙——的20%或更多的年轻人在义务教育结束后不到一年内辍学。在深入调查的14个国家中，匈牙利和葡萄牙在帮助年轻人从学校过渡到工作方面的表现和英国一样差（Atkinson and Elliott，2000：6）。

就业和工作模式变化的矛盾后果

越来越分散的、兼职的、临时的工作和更多自由职业的发展趋势，矛盾地创造了对劳动力的更大歧视和剥削的可能性，但也为希望有更多时间陪伴家人的人们提供了更大的灵活性，并提供了参与终身学习的机会。由当时的工党领袖约翰·史密斯发起的《社会公正委员会报告》（1994）为1997年后工党政府的就业政策提供了信息。该报告指出：

> 在英国，从事兼职工作的母亲，尽管她们的地位较低，收入较低，但她们对在就业、家庭和个人休闲之间取得平衡的满意度一直较高。但是，男性的全职就业和母亲的兼职就业是一种不稳定和不令人满意的模式：新的挑战是利用越来越灵活的就业形式，让男性和女性在生命的不同阶段有更多的选择，以不同方式将就业、家庭、教育、社区活动和休闲结合起来。

主要政策变化和相关问题

我们在第二章中提到，19 世纪，英国政府试图减轻个人贫困的尝试，因害怕鼓励骗保者游手好闲而受到怀疑，这种恐惧持续到了 21 世纪。1819 年《工厂法》（Factory Act 1819）限制了儿童的工作时间，但直到 1833 年和 1844 年的类似法案，才将要求儿童在学校学习的措施纳入立法。根据 1870 年《教育法》，所有儿童都必须接受小学教育。1891 年和 1895 年的立法进一步限制了工作时间。20 世纪，义务教育的上限年龄从 12 岁提高到 16 岁。

20 世纪，越来越多的政策针对减少失业对个人的影响，以及干预经济以实现经济表现和失业水平间的平衡。

1834 年《济贫法修正案》引入院外救济和济贫院审查，以确保支付水平低于最低可支付工资。整整一百年后，为了阻止"不值得帮助的穷人"的"懒惰"，1934 年《失业法》（Unemployment Act 1934）将贫困救济与失业保险分开。1911 年《国家保险法》（National Insurance Act 1911）已经为疾病和失业造成的收入损失提供了一些限制性补偿，以避免人们失业所遭受的最严重后果。自 20 世纪 30 年代以来，英国的失业政策越来越受凯恩斯经济理论的影响（见下文）。威廉·贝弗里奇爵士认为，保证体面就业是国家应该提供的更广泛保险的一部分。贝弗里奇的改革促成了1946年《国民保险法》和1948年《国家救助法》的出台。贝弗里奇认为含有不到50万"摩擦性失业"（frictional unemployment）人口的充分就业是理想的。也就是说，在任何时候，人们都处于两份工作之间的过渡期（Beveridge，1944）。50年代和60年代相对充分就业的情况大致如此。从70年代开始，哈耶克（Hayek，1960）和货币主义者米尔顿·弗里德曼（Milton Friedman）的自由市场思想对美国里根政府和英国撒切尔政府的市场驱动政策产生了越来越大的影响。

20世纪40年代中期至70年代中期，英国几乎实现了充分就业。虽然各级政府喜欢将其归功于自己，但战后重建、日益增长的商品和服务需求以及工业发展，可能同政府通过经济政策与社会政策对经济的有意调控一样，为高就业率做出了同样大的贡献。1973年末中东石油危机后，从1974年开始的近四分之一世纪里，工党政府（1974~1979年）和保守党政府（1979~1997年）放弃了充分就业这一社会政策目标。

保守党政府（1979~1997年）拒绝了欧盟相关条约的"社会"章节，以及其他员工保护措施，如欧洲工作时间指令对员工每周工作时间的限制，而是赞成《单一市场法》（Single Market Act）[不是《马斯特里赫特条约》中"社会"章节的健康和安全条款商定（Hewitt，1997：87）]，其中规定每周最多工作48小时。这些指令和立法措施未能在歧视等关键领域发挥作用表明，由于一些政治家和雇主之间的强烈对立，一些就业保护措施在歧视根深蒂固的就业领域，或隐蔽而非公开存在歧视的就业领域的影响有限。因此，不平等现象仍然存在，并且试图消除这些不平等现象的立法受到抵制。

自20世纪70年代以来，数十年的显著充分就业结束，青年失业率和成年人长期失业率不断上升的问题受到了特别关注。1988年《社会保障法》取消了 16 岁至 18 岁年轻人自动获得福利的权利，从而强调和延长了他们对有父母责任的成年人或其他重要成年人的经济依赖，反之，与重要成年人关系的破裂驱使他们走上街头（Roberts，1995：90）。

作为反贫困战略的一部分，1997 年上台的工党政府重新引入了最低工资，这是自 20 世纪 70 年代以来从未出现过的一项监管措施，并着手重塑福利条款，以鼓励尽可能多的人——充满争议的是，单身父母和申请伤残津贴的残疾人也包括在内（见第二章）——去工作，而不是继续依赖国家福利。在一定程度上，这是为了减少在 1973～1974 年和 1995～1996 年增加的 300% 的巨额失业救济金支出（Glennerster and Hills，1998a：2-3）。

政府已经尝试将解决失业问题的政策与旨在消除社会排斥、减少歧视和促进平等的措施联系起来。但迄今为止，没有一个政府试图通过将所有形式的年龄、性别、种族和残疾歧视结合起来加强反歧视立法。交通和普通工人工会（Transport and General Workers Union，TGWU）向主导《博瑞报告》的社会公正委员会提交的报告建议：

> 改善儿童福利、缩短工作周、妇女获得独立收入的权利、建立国家可负担得起的儿童保育框架以及单身父母在住房方面享有优先权的法定义务。（Rubery，1997：78）

布莱尔政府只引入了有限的措施，即通过最低工资来保护低薪工人。

20 世纪 40 年代以来政府采取了哪些主要措施来解决失业问题？

我们目前认为自 20 世纪 40 年代以来为解决失业问题而采取的

主要措施有六项：需求管理；国有化和经济规划；劳动力市场立法；税收和补贴；福利和工资干预；教育和培训。

需求管理

"需求管理"战略在很大程度上归功于经济学家凯恩斯的思想。他在20世纪30年代中期的大萧条期间提出了当时被视为异端的建议，以刺激经济需求，从而提升对商品和服务的需求，进而增加就业，使经济以扩张代替衰退。凯恩斯的卓越分析使他能够反驳与之相反的论点，即降低工资会增加就业，因为它降低了生产商品和服务的成本（Keynes，1961：261）。60年后，国际劳工组织的一份报告提到了自70年代以来，宏观经济政策（在整个经济中实施的大规模政策）放松对世界金融和资本市场的管制（放任其行动）导致了大规模失业。其结果是利率上升，投资减少，许多国家不得不遵循通货紧缩的货币和财政政策，经济增长的水平低于实现充分就业的水平。国际劳工组织认为，大多数希望实现充分就业的欧洲国家的经济有足够的空间来刺激需求（International Labour Organisation，1995，转引自Philpott，1997：24）。但根据菲尔波特（Philpott）的说法，这一政策在欧洲经济和货币联盟的通缩模型中没有得到强烈支持。

需求管理的批评者主要有三种观点：

- 需求管理要发挥作用，就需要增加就业岗位的供应。
- 货币主义的控制（例如调节经济中的货币供应）对于刺激企业和投资是必要的。
- 需要支持性财政措施（例如调节税收）来刺激就业市场的储蓄和投资。

国有化和经济规划

国有企业存在核心目的模糊不清的问题，即究竟应该保持经济中的充分就业，还是应该在狭义的商业基础上经营，以削减成本和最大化地实现通常所说的"附加值"（任何扣除所有成本后的盈余）。自 20 世纪 60 年代初以来，有一种趋势是国有企业遵循不止一套商业规则。自 1979~1997 年撒切尔政府执政以来，民营化进程已经加速到了这样一个程度，即继任的工党政府不支持重新进行国有化，例如，不支持取代前英国铁路的公司重新进行国有化。

国家、地区和地方规划往往会面临目标冲突的问题，就像国有企业遇到的问题一样，它们的政治困境在于，政府是否有责任将规划作为国家投资的一种补充来创造就业机会，还是将此类决策留给市场上的私人投资者。除了工党因既定利益主张国家干预外，具有讽刺意味的是，20 世纪 60 年代初哈罗德·麦克米兰（Harold Macmillan）领导的保守党政府在凯恩斯主义经济学家和英国工业联合会（Confederation of British Industry，CBI）（Lowe，1993：116）的支持下成立了全国经济发展委员会（National Economic Development Council，NEDC），以及一些与经济发展有关的附属机构［此后在报纸上通常被称为"内迪"（Neddy）和"小内迪"（Little Neddies）］，以解决经济问题和计划经济增长情况。随后接任的由哈罗德·威尔逊（Harold Wilson）领导的工党政府（1964~1970 年）创建了经济事务部和技术部。自 20 世纪 70 年代以来，由于主要行业一直处于衰退，一些地方出现了大规模失业，这给那些处于失业边缘的人带来了特别痛苦的政策选择。

经济规划将实现充分就业的目标与其他目标联系在一起，例如增加住房存量，通常是通过注重区域发展，针对破败的城市和农村地区进行再开发，并提高市中心的生活质量。这样的实例包括，教育优先区和社区发展项目（Community Development Project，CDP）倡议。20 世纪 70 年代，政治家和地方政府官员对社区工作与社区发展的行动层面的热情减弱了。但是，地方政府向社会问题严重的地区提供额外资金的计划仍在继续。这种模式更多的是使用专项资金来提供服务，而 30 年前贝弗里奇则可能认为需要国家提供核心资金来消除失业和需求不足。例如，优先房地产项目（Priority Estates Project，PEP）成立于 1979 年，在哈林盖（Haringey）的布罗德沃特农场等地持续了约十年（Power，1999：199-209）。最近，已经有大量的计划被制订，如市中心伙伴关系和城市援助与城市重建方案。

劳动力市场立法

对雇主的监管包括基于财政部白皮书精神的立法（HM Government，1944）。就业保护包括解决歧视和排斥问题以及促进平等。最重要的措施，即旨在废除限制性做法的措施，至今仍在实施，例如对大公司定价的不定期调查。垄断委员会成立于 1948 年，限制贸易惯例法庭成立于 1956 年，公平交易办公室于 1973 年开始工作（Lowe，1993：113-114）。

虽然在过去的 150 年里，英国有一种用立法去管理就业的趋势，但自 20 世纪 80 年代以来，有一种放松对就业的一些关键方面管制的趋势。例如，工会的权力已经削弱，特别是自 1984～1985年矿工大罢工期间保守党政府和矿工之间的对抗发生以来。立法使解雇雇员比以前更容易，最低工资委员会实际上已被撤销（George and Wilding，1999：29）。此外，兼职工作、非正常工作时间的工作以及短期临时工作兴起，这些工作仅由临时合同支持，不具备全职、长期工作的合同保障。也有一些促进企业发展的举措，方法是让失业人员掌握重返工作岗位的必要技能，无论将来是作为雇员还是作为个体经营者经营自己的小型企业或从事手工艺技能行业。

自 1979 年以来，集体工资谈判、劳资关系以及工会参与这些程序的权力不断受到侵蚀。这是由连续发布六部以上的法案和 20世纪 80 年代公共与私营部门工会罢工遭受挫败导致的，其中 1984年至 1985 年的矿工大罢工被列为自 1926 年总罢工以来两党政府和劳工运动之间最激烈的对抗。

税收和补贴

针对失业率特别高的地区，各种税收激励措施相继出台，以鼓励雇主加大对工厂和机械的投资。

福利和工资干预

在凯恩斯主义（见上文）试图通过鼓励经济扩张以解决经济衰退和失业率上升等问题之后，20 世纪 40 年代，出现了各种各样的政策，试图抑制价格和收入、化解随着需求扩大而出现的工资和物价螺旋式上涨的危机。

布莱尔政府的"从福利到工作"（Welfare to Work）项目，包含减少单身父母对国家福利的依赖，并引导他们就业的目标。然而真正的事实是，儿童保育服务供给不足，阻碍了许多妇女进入就业市场，而不是这些父母缺乏动机（Hewitt，1997）。这项计划没有消除因缺乏适当的托育设施而导致的不平等现象，妨碍了女性同男性一样平等地进入工作场所。压力团体和研究人员的持续游说，使随后的政策朝着更加积极的方向发展。例如，加强了对儿童保育服务的支持和供给，并特别在儿童保育方面实行了工薪家庭税收抵免政策。

"从福利到工作"的一系列项目，对于那些想工作的人来说，原则上具有提供鼓励和支持的作用。然而，其中有几个不足：它们强化了惩罚性的右翼意识形态，即自助而不是国家向家庭和孩子提供抚养；他们使一些人感到受到胁迫而被迫工作，从而面临接受工作条件差、报酬低的工作的风险；他们更有可能让单身父母将这些价值观和假设传递给他们的孩子——强化对传统家庭形式的支持，歧视单身父母——而这些价值观和假设正是这些做法的基础；它们通过政府对税收和福利制度的监管加强了对人民的直接控制；它们不能保证消除分歧和不平等，特别是贫困对成人和儿童的不利影响。

教育、培训和创业

政策中的一系列举措旨在使失业者具备或重新具备就业或自主创业的条件，1964 年《工业培训法》（Industrial Training Act 1964）是鼓励雇主支持对雇员进行更好的教育和培训的早期尝试。

"新政"和"从福利到工作"一样，是布莱尔政府从 1997 年开始使用的一个术语，指的是一项新的就业计划。政府制订了《就业行动计划》（Employment Action Plan），部分是为了响应欧盟的政策倡议，是促进解决失业问题的积极战略。作为政府"从福利到工作"项目的一部分，既有针对 18 岁至 24 岁年轻人的新政，也有针对 25 岁及以上长期失业者的新政。工党政府的"工作福利"倡议符合欧盟积极应对失业问题的要求。其目的在于缩小失业人员的技能和经验与雇主期望之间的差距。人们领取失业救济金的标准变得更加严格。申请者的资格要求满足已领取求职者津贴六个月或以上，并准备积极参加求职。工党政府在 1986 年推翻了撒切尔政府的《工资法》（Wages Act），该法取消了针对 21 岁以下年轻人的最低工资。与此同时，工党政府重新引入了最低工资，但最低工资被设定为相对较低的小时工资，失业救济金的支付以年轻人接受新政下的现有工作为条件，即使这是低薪的、技能要求相对较低的工作。失业六个月后，领取失业救济金的年轻人必须参加"门槛"面试（gateway interview）。面试包括一名接受任命的个人监督员，评估他们的素质、技能、以前的培训和经验，以确保他们获得有偿或志愿工作，或接受进一步的教育或培训。一旦一个年轻人以这种方式获得了工作或继续接受培训，他或她就会被从失业人员名单中删除，从而人为地降低了失业率。

从 1997 年开始，布莱尔政府并没有从根本上背离上一届保守党政府以市场为基础的假设，只是增加了对想创办新企业的人们的激励措施，并通过诸如失业者新政、工作福利、技能发展和再培训计划等举措，将失业救济与求职和再培训联系得比以往更加紧密。

工党政府的政策主张非排他性就业，以参与劳动力市场为条件，拒绝长期失业和领取福利。新政中关于失业问题的处理受到美国"工作福利"和联合培训机会等理念的强烈影响——福利收入越来越依赖于这些举措——严厉打击被认为懒惰或骗取福利的失业者。工党政府的社会排斥部报告（SEU，1998）指出，有16000名年轻人在离开学校后长期处于教育、培训或工作之外，占1997年底该年龄组人员的9%。那些没有接受教育、培训或工作的年轻人，如果他们找到了工作，则更有可能挣得较少、身体健康状况更差，如果他们成为父母，更有可能会患上抑郁症。16～18岁时辍学是21岁时失业的最强预测指标。工党政府发布了《学习如何成功》白皮书（DfEE，1988）。该白皮书为13～19岁的青年提供普遍的建议和支持服务，使相关机构和青年群体努力实现从学校到工作的过渡。这样做的目标是社会包容，即向所有年轻人提供高质量的学习机会，并使他们在19岁之前取得经认可的成绩；即便服务更加统一，但仍然是多样的和优质的；承认年轻人迄今为止尚未得到充分承认的成就，如志愿者工作；采用经济和其他激励措施（非强制性的）来减少不参加任何形式学习的16～18岁学生的人数。

对社会工作者的启示

社会工作者如何运用对就业和失业政策的批判性见解来改善他们的实践？

案例

玛丽安（Marian）是一名刚入职的社会工作者，卢克（Luke）是她的服务对象，一个刚满17岁的男孩。一年前，他的父母在一场车祸中去世。原本他在普通中等教育证书考试（GCSEs）中表现得非常好，但在其父母去世后，他拒绝参加 A 级考试。卢克从很小的时候就患有慢性哮喘。两年前，慢性哮喘似乎严重影响了他的行动能力，使他无法获得工作。但随着年龄的增长，状况逐渐好转。他去年找到了一份工作，但是，又在八周前失去了这份工作，他似乎已经完全失去了再找一份工作的意愿。玛丽安发现卢克已经有偷窃行为，通过交谈，玛丽安了解到自从失去工作后，卢克没有任何收入。

问题是玛丽安该怎么办？在阅读下面描述的后续行动之前，快速写下对这个问题的一些回答可能是有用的。

1. 玛丽安与卢克面谈，并和他一起列出了关于他的情况的关键特征，并特别关注卢克自己的经历、感受和理想中他希望接下来发生的事情。

2. 玛丽安和卢克的清单包括以下几点。卢克的清单：①厌倦了没有钱；②不想再找工作；③害怕哮喘病再次发作；④可能会再次被解雇；⑤尝试的意义是什么。玛丽安的清单如下。①是什么让卢克无法继续接受教育；②他可能想接受高等教育，如果是这样，他可能需要学习普通中等教育证书考试高级水平课程或全国普通职业证书（GNVQ）课程；③根据《儿童（失去照护）法》［Children（Leaving Care）Act］，应该是福利机构还是社会服务机构负责支付卢克的福利费用？护理人员的角色是什么？为什么卢克厌倦工作，是因为失业还是因为失去父母，或两者都有？这与就业服务有什么联系？获得培训和求职者津贴的可能性多大？获得合适工作的途径是什么？

3. 卢克愿意和玛丽安交谈了。原本卢克不再和任何人谈论他对父母去世的悲伤，失业似乎对他的心理产生了影响。玛丽安还推测了他不继续接受正规教育的感受。她安排卢克认识一个年轻人网络的成员，他开始参加他们的小组会议并在那里交朋友。他们中的一些人正在参加普通中等教育证书考试和高级水平课程。在随后的几周里，他明显变得更加乐观。

4. 卢克拒绝讨论接受高等教育的问题。玛丽安提出了卢克是否有权获得福利的问题。在卢克18岁之前，如果他有资格获得收入支持、住房补贴和求职者津贴，社会服务机构将负责支付卢克的福利费用。她指出，如果卢克的哮喘病复发，福利机构将支付任何无须经济状况调查的福利费用，如残疾生活津贴。

5. 玛丽安知道卢克最终会离开护理中心。她会见了护理中心的工作人员，并与他的前任社工（她已经搬离该地区）交谈，了解了在以前的服务中讨论了哪些问题。她确保卢克能够独立获得有关就业、住房、培训、福利和教育方面的专门建议。她帮助卢克研究继续接受高等教育的可能性，现在他已经开始谈论可能学习普通中等教育证书考试高级水平课程了。

本章总结

本章研究了政府在制定解决失业问题的政策时运用经济理论的方式。就业和失业变化的广泛后果对社会工作实践有特殊影响，因为其影响了个人和家庭。长期失业可能是毁灭性的，将造成抑郁和精神健康问题，导致贫困并与犯罪活动相关联。

延伸阅读

Department for Education and Employment (1999a) *Report of Policy Action Team 1: Jobs for All*, TSO, London.

Hewitt, P. (1993) *About Time: The Revolution in Work and Family Life*, IPPR/Rivers Oram, London.

Roberts, K. (1995) *Youth and Employment in Modern Britain*, Oxford

University Press, Oxford.

Social Exclusion Unit (1999) *Bridging the Gap: New Opportunities for 16-18-year-olds not in Education, Employment or Training*, Stationery Office, London.

第四章　住房

住房政策如何确保所有人都能获得满足其需求的体面住房？诸如此类的住房政策问题与更广泛的社会政策焦点密不可分。人们住的房子的质量是他们生活质量的一个基准，也是人们居住环境的一个核心方面。

住房既是个人关注的问题，也是政策制定者关注的社会问题。住房条件不足不仅是个人不足或品质的一个侧面，也是社会分工、社会政策和社会问题的反映。住房不足的问题，取决于人们在多大程度上受到偏远住房或是某一特定地区住房特征的限制。住房不足可能对个人、家庭和社区产生不利影响。因此，住房既可能是其他社会问题的关键指标，也可能是造成其他社会问题的因素。因此，住房问题和住房政策与个人社会服务的问题及政策是密切相关的。

社会工作者和负责住房事务的官员有很多共同之处。他们都是利用法律来满足人们的需求。老年人的住房是按照 1948 年《国家救助法》提供的。对无家可归者和那些面临无家可归风险的人的住房问题的处理是在 1986 年《住房法》（Housing Act 1986）下进行的。该法明确规定了社会服务部门和住房部门应如何合作。1973 年《婚姻诉讼法》（Matrimonial Causes Act 1973）规定了如何处理分居和离婚夫妇各自的住房和财产。为流动人员提供安置住所是在 1976 年《补充福利法》（Supplementary Benefits Act 1976）下进行的。

政策背景

在过去的两个世纪里，大多数西方工业化国家的人口已经从大部分的农村迁移到了主要城市的聚居区。自 19 世纪初以来，居住在工业化城市已经成为一个占比日益增长的人口群体的生活特征。在这一历史时期，住房政策在塑造英国工业和城市的过程中起着越来越重要的作用。城镇的变化一直是工业化给人们带来矛盾心理的焦点，它包含了地球上人类生活的最好和最坏的条件。这是可以理解的，因为正如艺术家古斯塔夫·多雷（Gustave Doré）在他对维多利亚时代晚期伦敦浮华的上流生活和肮脏的贫穷的描绘（Doré and Jerrold，1872）中所显示的那样，伦敦是一个矛盾的城市，对一些受益于其产出的人来说，它是巨大财富的来源地，但对那些生活在贫民窟或无家可归的人来说，却是一种煎熬。

住房质量对人们生活质量的独特贡献有多大？

人们的生活质量取决于他们的住房是否能满足需求。住房对人们物质生活的直接影响，取决于它在多大程度上让人们免受潮湿环境和其他危害健康因素之苦，并为每个人提供足够的空间来维持他们的生活方式。从理论上讲，住房是灵活的，可以让人们选择是独自居住、全家合住还是其他安排；它的设计应该使残疾人能够尽可能独立地生活。但实际上，物理的和财政的限制可能会妨碍这种灵活性。总的来说，房子使街区、庄园、小村子、村庄、城镇和大都市形成，它们以不同的方式影响生活质量。

拥有住房可能是财富的主要来源，相反，住房条件差是贫困的一个重要指标。住房的性质和质量指标可以用来衡量一个人的身份、地位。住房的位置和性质会影响人们获得朋友、商店购物、休闲、保健和社会服务的机会。住房与其他领域（如交通运输）相互作用。偏远农村地区没有汽车的人，或城市地区享受不到适当或负担得起公共交通服务的人，可能会被隔离在基本服务和提供更好生活质量的服务之外。

从 1971 年到 1989 年，英国家庭的平均人数从 2.91 人稳步下降到 2.51 人。自那以后，下降趋势一直在持续，但速度有所减缓。到 1996 年，平均家庭规模为 2.43 人（Thomas et al.，1998，Fig. 2A，p. 11）。1996 年，31% 的家庭是没有孩子的已婚夫妇，10% 是单亲家庭或者有或没有孩子共同生活的家庭，7% 是或有或没有孩子的同居夫妇，3% 是其他类型的家庭，还有 27% 是单身（Thomas et al.，1998，Fig. 2B，p. 11）。

具有讽刺意味的是，虽然住房在生活质量中处于中心地位，但与其他相关的社会政策领域相比，英国的大多数住房供应仍传统地由私营部门提供，即便在 20 世纪出现了一个标志性的变化，即从 1914 年的 90% 住房属于私营租房部门，到 1968 年这个数字下降到 22%（Raynsford，1989：83）。另外，国家干预往往仅限于规范私人市场，有时还鼓励其运作。税收补贴鼓励人们长期从专业金融机构（如购房互助协会）借入足够的钱来购买自己的住房。到 1980 年，50% 以上的人住在属于自己的房子里，三分之一的人住在地方政府出租的住房里，六分之一的人住在私人业主的房子里（Taylor Gooby，1996：99）。到 1990 年，地方政府出租住房的租客数量下降，而自有住房的比例则上升至三分之二以上。到 20 世纪 90 年代中期，英国超过四分之三的住房都是自有或从私人房东那里租来的。如果将从住房协会租住或购买的低价住房涵括进去的话，比例将超过五分之四。这与教育和卫生等领域从 40 年代以来就由公共部门提供服务形成了鲜明对比（Ginsburg，1999：223）。

主要政策变化和相关问题

19世纪为工人阶级建造的住房建得又快又便宜，很少考虑他们住的舒适度或健康与否。房屋选址优先考虑的是尽可能离迅速发展的工厂更近，以最大限度地保证劳动力供给。这使得像伯明翰这样的大城市在不到一个世纪的时间里就从一些分散的村庄发展起来。城市的快速发展倍增了人们的不幸。城市衰退理论引发了人们对贫民窟秩序崩溃威胁整个社会的担忧。达尔文主义者认为贫困、卖淫、疾病和身体残疾是严重腐化与堕落环境的产物，这可能会产生一个底层阶级——无法获得救助的穷人。在维多利亚时代中期的英国，像埃德温·查德威克（Edwin Chadwick）这样的社会改革家将关于生活环境的辩论——尤其是健康和公共卫生——列入了如何改善穷人命运的讨论议程。1848年《公共卫生法》（Public Health Act 1848）旨在解决卫生问题，当时人们开始意识到，这些问题导致了毁灭性的霍乱和伤寒的反复流行。

住房改革的零散进展反映了维多利亚时代注重体面和保持外表：美化建筑物的外观，而不是为所有人建造一流的住房。同样，通过让穷人到海边和乡村郊游，改善生活条件恶劣的穷人的生活。"工厂双周假期"、海滨度假胜地的发展、铁路和廉价的三等舱旅行使贫民窟居民的集体假日成为可能。

创建更好社区的乌托邦运动起源于19世纪初的罗伯特·欧文的新拉纳克社区。少数的实业家和慈善家通过设计并建造了位于切斯特市和伯肯黑德之间的索尔泰尔镇和阳光城项目、约克郡朗特里的新爱尔斯维克住宅开发项目、东赫尔市的雷基特村和伯明翰市的伯恩维尔项目，着手从整体上满足个人和社区的教育、社会、健康、就业和精神需求。从20世纪30年代开始，花园城市运动推动了如韦林花园市、克劳利和米尔顿凯恩斯等新城镇的建立。

与此同时，仍有数百万人生活在极为恶劣的条件下。为此，贫民窟被设法清除，取而代之的是体面的住房。1868 年《托伦斯法》（Torrens Act of 1868）授权地方当局拆除被认为不适合人类居住的房产。近一个世纪后，英国许多受二战德国轰炸袭击影响的城镇在战后重建，目标是提供更好的住房。

在 20 世纪 50 年代，有一种将贫民窟的人安置到城市外围的新住宅区的趋势。因此，曼彻斯特南部边缘的维森沙维就是部分市中心附近人口搬迁进入而形成的住宅区。郊区城镇住宅区的所谓过度扩张迎合了来自伦敦的个人、家庭和部分群体的需求。然而，当这些住宅区出现社会问题时，人们越来越认识到，大规模迁移人口并不能消除贫困和被剥夺的一系列后果。

更贫困的人口无法自由选择居住地，城镇中更加贫困和拥挤的地区造成了许多长期的社会和健康问题。人们担心伦敦等大城市产生的所谓含硫"烟雾"排放会对健康造成危害。从 20 世纪 50 年代开始便通过立法创造更清洁的空气，例如，指定"无烟区"，住户只能在壁炉和锅炉中燃烧无烟燃料等。关于交通拥堵和城镇中汽油与柴油发动机产生的废气的争论促成了环城公路的修建，以使汽车和卡车在城镇外围行驶。主干道和高速公路建于 50 年代，有轨电车和其他更环保的交通系统引入是为了改善道路交通，绕过人口中心区，减少城市污染。

20 世纪住房政策的哪些主要趋势与个人社会服务工作最相关？

在 20 世纪，住房政策见证了国家作为房东的崛起，以及一个新的发展趋势是鼓励自由住房，以及由此产生的国有住房的衰落和各种形式的私人与集体住房所有权的增长。1909 年《住房和城镇规划法》（Housing and Town Planning Act 1909），适度地推动了地方政府向提供公租房的方向发展，尽管没有提供补贴。1915 年

《租赁法》（Rent Act 1915）的出台是由于英国许多地方抗议房东在战时工资上涨后提高房租。第一次世界大战后，1919 年《住房和城镇规划法》引入了政府对公租房的补贴，部分兑现了自由派首相大卫·劳埃德·乔治（David Lloyd George）关于提供"适合英雄居住的家园"的承诺。

从 1900 年到 20 世纪 70 年代末，国家对住房市场进行了更严格的监管，而自 80 年代以来，放松管制盛行。社会住房机构通常对公众负责。也就是说，住房市场服从某种形式的公共监管，并按照公共政策规定的住房价格和房东标准做法运行。它们包括公共机构，如英格兰、苏格兰、北爱尔兰和威尔士的地方政府、私人赞助但由政府补贴的非营利住房协会和公司以及基于成员或居民控制的合作住房计划（Power，1999：19）。

1924 年《住房法》是第一个重要的立法，它把公租房的规定建立在更持久的基础上。20 世纪 40 年代，艾德礼的工党政府未能在第二次世界大战后为退伍军人家庭提供足够的公共住房，这导致工党在 1951 年的落选。二战后住房政策和住房供应的特点是聚居区大规模增长和社会住房机构的进一步崛起。50 年代早期，保守党政府大规模的市政住宅建设项目在 1955 年的选举中发挥了重要作用。

聚居区是第二次世界大战以来住房重建大浪潮的一个重要标志。一般来说，它是由政府资助的，使用大规模生产的工业建筑方法，以生活在城市环境中的中低收入人群为目标，借鉴了那个时代流行的城市规划和建筑理念，对被认为不符合标准的房屋进行清理，并对这些房屋占据的土地进行重新开发。例如，使用钢筋混凝土的新建筑材料，以及建筑工具，如履带式车辆和其他车辆，这些车辆的原型往往是在战时创造的，这些技术使得大规模的住房开发项目和周围的道路、桥梁的快速建设成为可能。然而对贫民窟的清除因摧毁了当地社区以及人际支持网络而遭到批评，人们被重新安置到新的住宅区中，这些住宅区横跨传统的工人阶级地区，例如东区的部分地区以及伦敦的码头区。

二战后建造高层公寓最初被认为是为了给人们提供一个比住在一楼或低层住宅更干净、更方便的生活环境。后来，高层建筑不仅意味着高密度住房，也意味着高风险住房。

住房、规划和区域发展

环境和规划政策越来越复杂，这意味着在20世纪的后几年里，相关政策更加注重提高人们的生活和工作环境质量。从战略角度看，目的是预防而不是解决社会和个人问题。住房政策越来越多地与地方和区域发展战略相联系。1997年即将上台的工党政府设立的新区域发展机构（Regional Development Agencies，RDAs）旨在制定与地方政府相匹配的政策（Local Government Information U-nit，1999a）。

然而，几十年来，人们一直认为城市贫困是造成个人和社会问题的一个因素。在撒切尔政府推动城市发展的时期，改善现有的公租房质量和促进"城市更新"的需要得到了认可，但对企业和企业家精神的强调，则反映了新右派意识形态的特点。例如，利物浦、索尔福德和伦敦的码头区都是由城市开发公司开发的，这些公司超越了当地小型团体、组织和机构的利益。因此，虽然它们代表了大规模的投资和社会条件改善，但人们批评它们进一步破坏了邻里关系和已建立的城市社区网络，例如30年前威尔莫特和杨描述的伦敦东区的那些现象（Willmott and Young，1960）。

单一更新预算（Single Regeneration Budget，SRB）是在1994年提出的，以回应对这种住房重建缺乏机构间协调的批评。在工党政府执政期间（1997年以后），住房政策开始更加全面地与健康、就业和休闲等其他相关服务的政策联系起来。卫生行动区（Health Action Zones）就是这种举措的一个例子。社区新政（New

Deal for Communities，NDC）代表了工党政府促进复兴的核心战略。1998 年启动时，8 亿英镑的预算旨在解决英国一些最贫困地区的所有问题，而不仅仅是住房和其他建筑问题。为了最大限度地吸引资金，这些项目计划多以机构伙伴关系和社区及居民的参与为基础。

自有住房

在第一次世界大战和第二次世界大战之间，自有住房者的比例空前提高，从 10% 提高到 32%。与此同时，在更灵活的建筑协会贷款的鼓励下，自有住房的数量翻了两番（Ginsburg，1999：232－233）。然而，在战后的几十年里，由于公租房的迅速扩张和缺乏具体的住房所有权激励措施，自有住房并没有持续扩张。但在 20 世纪 70 年代后，随着保守党政府鼓励公租房的承租人购买自有住房政策的生效，传统上属于中产阶级和上层阶级的房屋所有权明显地延伸到了工人阶级。80 年代，房主自住的比例从 54% 上升到 66%。然而，90 年代，自住者的比例几乎没有变化（Thomas et al.，1998：24）。这在一定程度上可以通过几个房价高涨时期的实际影响来解释。

对住房赤字的日渐增强的批判意识

艾伦·穆里（Alan Murie）认为 20 世纪 70 年代中期是分水岭。在那时，

> 人们普遍认为住房问题已基本解决，剩下的是具体的问题。地方性问题需要有针对性地干预（Murie，1998：303）。

在某种程度上，由于住房供求变化引起的经济变化，对于潜在买家的住房供应正在发生变化。自 20 世纪 70 年代初以来，房价的持续高涨，扩大了"富人"和"穷人"之间的差距，因为房屋

所有者获得了大量资本收益，而在他们的主要住所，这些收益被免除了所有税收，那些没有大量资本或财产进行交易的人被阻止购买房屋。从另一个方面说，与无家可归和与住房条件差相关的贫困问题一直存在，但通过杰里米·桑德福德（Jeremy Sandford）的电影《凯西回家》等戏剧作品，公众对这些问题的认识得以增强。

住房收回

有自住住房的人也未能幸免，仍面临住房问题。自 20 世纪 70 年代以来，由于抵押人受到失业、强制提前退休和某些地区房价下跌等意外危机的影响，房屋收回（这些房屋通常是建筑协会和银行通过抵押贷款建设的）大幅增加。这导致一度出现房价下跌和所谓的"负资产"（房价跌至其原始购买价以下），使得房主无法通过收回在房产上的原始支出来支付各项费用。1982 年，超过 6 个月的抵押拖欠案件有 3.3 万起，而到 1992 年，也就是 90 年代初的经济衰退期间，有超过 30 万起此类案件（Ginsburg，1999：240）。据慈善机构庇护所组织（Shelten）估计，尽管 1999 年收回的房屋数量下降，但在 1999 年最后 6 个月，仍有 13500 多户家庭和单身人士因被收回房屋而遭受失去家园的创伤（Shelter，Press Release，26 January 2000）。

自 20 世纪 80 年代末以来，首次对抵押贷款利息支付进行减税，但这只是暂时抑制了对住房所有权的需求。

社会住房部门的变化

1957 年《住房法》要求地方当局考虑其所在地区的住房条件并评估住房需求，赋予它们通过强制购买土地、建造和改造房屋的权力。通过这种方式，到 20 世纪 70 年代，地方当局的公租房供应成为住房存量的重要组成部分。到 80 年代初，这一趋势发生了逆转。1970 年至 1974 年的保守党政府以工党政府引入的"公平租金"为基础，并根据 1972 年《住房融资法》（Housing Finance Act

1972），在公租房中建立了"公平租金"制度。在 1974 年至 1979 年执政的工党政府，在 1975 年取消了提高市政房租的尝试，随后保守党即撒切尔政府在 1980 年推出了住房福利。

在 1979 年至 1997 年执政的保守党政府为其住房政策制定了四个目标：鼓励私人业主居住；减少公租房的数量；振兴私人租赁业；聚焦最紧迫的住房问题（Atkinson and Durden，1994：183）。1979 年至 1995 年，地方政府的公租房在住房存量中的比例从 31.4% 下降到 18.9%（Ginsburg，1999：241）。最有争议的是，1980 年《住房法》通过创设"购买权"，为公租房的大规模私有化扫清了道路。这一做法部分是作为减少地方当局开支的一种手段，1980 年至 1985 年，公租房的房客购买了 200 多万套住房。

多年来，希望入住公租房的排队名单长度已成为一个政治问题。地方政府持有的空置房屋数量与其排队名单上的人数之间的差距，加速了新的分配规则的制定。1949 年，对申请公租房的排队名单的第一次调查发现，超过 150 万份的申请中，有 85% 是已婚夫妇家庭，超过 60% 的是有孩子的家庭（Green et al.，1997：114）。到 1988 年，排队名单上的人数减少到 67 万人，到 1995/1996 年，总数为 63.1 万人（Green et al.，1997，Table 6.1，p. 115）。

住房协会跟随其他社会租赁业的趋势，倾向于迎合穷人。自 20 世纪 70 年代以来，住房协会发挥了越来越重要的作用，为住房市场带来了住房所有权的灵活性。1974 年《住房法》推动了为工党政府领导下的住房协会提供资金的政策。自 70 年代以来，不断上涨的房价给想要房子但收入有限的人带来了困难，尤其是老年人、低收入者、没有存款的人、想要组建家庭的年轻人和单身父母。这是那些吸引退休人员和拥有两套房的业主的偏远地区，和英格兰南部部分地区的共同特征，在伦敦地区尤为显著。1996 年，有 62% 的英国住房协会住户，户主"不从事经济活动"（Thomas et al.，1998：36）。相较于每月至少有 543 英镑抵押贷款的人，每周平均收入为最低标准的人（184 英镑）住在社会住房部门提供的住房中。在 90 年代后期，单亲家庭最有可能住在社会部门提供的住房中，53%的家庭住在那里，而其他家庭只有 16%（Thomas et al.，1998：25）。

符合住房协会特别住宅开发项目标准的，经济能力有限的人，就可以签订合同，为一所房子支付租金和抵押贷款，但房子最终出售时所得利润的一部分需返还给住房协会。1971 年至 1996 年，在此基础上从住房协会租房的家庭比例增加了四倍，从 1%增加到 5%（Thomas et al.，1998：28）。在撒切尔政府时期，住房协会稳定增长的住房供给不足以弥补政府供给住房数量的下降。20 世纪 80 年代，由住房协会启动的新开发项目平均每年约有 14000 个。1979 年至 1994 年，住房协会以往的主要活动，即翻修，减少了 62%（Ginsburg，1999：241）。1988 年《住房法》为住房协会提供了新的财政安排，并在英国发起了住房行动信托。

1994 年至 1996 年，住房协会为少数族裔居民提供了占其各类型房屋总量 30%的住房（Thomas et al.，1998：38）。尽管住房拥有率显著提高，但单身父母及其子女和少数民族人士，特别是非裔加勒比人和孟加拉国人，仍然比其他群体更有可能占用社会租赁住房，即公租房和住房协会住房（Thomas et al.，1998：38）。巴基斯坦人和孟加拉国人的家庭人数是最多的，平均是 4.5 人，几乎是白人家庭的两倍，白人家庭平均为 2.4 人（Thomas et al.，1998：13）。

1996 年《住房法》要求地方当局调查无家可归者的申请，并确定他们是否是真的无家可归。有一项资格测试被用来确定一个人是否无家可归或面临无家可归的风险。

20 世纪 90 年代，英国制订了一些计划，旨在帮助低收入人群获得私人租赁住房。其中两项主要政策涉及向志愿机构和住宿登记机构提供补助，使潜在的住户能够提前支付住房担保押金和租金。这两项政策的资金是以 1985 年《住房法》第 73 条和设立特别基金的各种计划为依据的。押金担保计划迅速扩大，到 90 年代中期，出现了一个代表它们的全国论坛（Rugg，1997：ix）。对这些政策的评估表明，它们发挥了重要作用，鼓励和支持租户，防止他们遭受在寻求更合适和永久的住所时面临无家可归的风险（Rugg，1996：xxiii-xxiv）。保守党政府随后的政策变化——特别是限制向 25 岁以下的人支付住房补贴——对这些政策的施行产生了负面影响（Rugg，1997）。

社区重建的战略方针

2000 年 5 月，环境部、交通部和地区部联合发布的《住房绿皮书》概述了工党政府注意到的主要住房政策议题。这承认了英国长期以来对住房存量的忽视，其中一半住房已经超过 50 年房龄了。这导致了广泛的住房问题：积压的 190 亿英镑的住房维修费用使许多人住得很差；许多破败的住房造成了健康不良、犯罪和贫穷；许多人，特别是老年人和其他弱势人群，无法负担供暖费用和房屋维护费用；大多数公租房的租户无法选择住在哪里，他们支付的租金无法与其他类似的住房相比，就弱势群体而言，他们往往住在最破败的住房中；一些人，也许是因为失业的原因，无法继续支付抵押贷款；有些人露宿街头或无家可归（DE-TR，2000：5）。

> 住房条件差与贫困、权利剥夺、犯罪、教育水平低、健康状况不良之间有着密切的联系。人们在找工作或获取服务时会因居住地点而受到歧视。整个街区都遭到忽视。（DETR，2000：5）

《住房绿皮书》主张采取措施，提高私人房东提供住房的服务标准，支持可持续的住房所有权，支持地方当局发挥更积极的作用，与私人住房业合作，对当地的需求做出战略性回应，这符合更广泛的社会、经济和环境发展目标（DETR，2000：10-11）。

隶属于社会排斥部的政策行动小组的报告强调，需要采取以下措施，以减少不受欢迎的住房：社区自助、促进地方企业、社区管理（包括采取措施鼓励地方领导）、改善住房管理、加强社区督导员在减少犯罪方面的作用、增加当地和外部信息的获得、增加金融购物设施和文化娱乐活动的机会、采取有效的联合工作以及比以往更具战略性的方法（详见第十二章）。

社会排斥：贫民区、"水槽"屋和集体住房

对包容性社会的一个考验是，更多享有特权的居民对来自少数族裔和受污名化的移民人口的开放程度。他们可能会表现为主张故意对移民、难民、寻求庇护者和希望废除被视为有"问题"群体采取隔离措施的人。安妮·鲍尔（Anne Power）在她对五个北欧国家或地区（丹麦、法国、德国、英国和爱尔兰）的研究中确定了集体住房的共同特征，即公共补贴、集中建造、与贫困和社会排斥有关（Power，1997：397）。一些黑人少数族裔倾向于以这种方式被隔离，正如彼得·拉特克利夫（Peter Ratcliffe）所指出的：

> 在英国，学者们的传统共识是巴基斯坦，特别是孟加拉国，现有的空间格局是贫困、失业和住房市场负面影响的综合结果，主要集中在贫穷的阶梯式住房中（主要是1919年以前）。这些因素与民族化的社会、经济和宗教基础设施的发展相结合，强化了现有的空间格局。（Ratcliffe，2000：174）

它们大大降低了社会工作者成功赋予人们权力以对抗污名化影响的可能性。研究表明，将不同的人口隔离在不同的公共和私人住房中会导致更大的恐惧和怨恨，这鼓励了乐观的看法，即未来居民可能更愿意住在混合的住房中。但即使是在混合住房的街道上，似乎也只有一小部分居民属于一个包容性的社会群体（Jupp，1999）。

地方住房公司

工党政府（1997 年及以后）延续了保守党政府在 1986 年提出的政策。自那时起，绝大多数地方议会一直以地方住房公司的形式将住房存量转移给新的房东，其中包括在其管理委员会中的租户。这些机构接管运营了大约 50 万套公租房，这些住房往往给地方当局带来负担，给人一种千篇一律、疏于对城市本身关注的感觉。

工党政府（从 1997 年起）采取行动，撤销了 1996 年《住房法》的一些条款，还推出并引入了一些住房政策来弥补长期的住房赤字。这些措施包括：根据建造业专责小组报告的建议，引入品质标志计划，以提高公众和专业人员对建筑商的信心；提高负担得起的社会福利住房的利用率；提高地方当局和社会住房机构提供的住房服务的有效性，例如，因地制宜通过调整地方当局在住房保障方面的职能来满足当地需求；利用私人融资（Private Finance Initiative，PFI），将其作为吸引私人投资参与地方当局社会住房项目的一种保护；推出"资助特殊人群"倡议，以增加提高弱势老年人和残疾人独立生活水平的支持性措施；通过最佳价值原则，更有效地提供住房福利；扩大家庭能源效率计划，使老年人、穷人和残疾人能够受益于隔热和供暖设施的改善。

中央政府在社会住房业质量保证的方法上（见第九章），遵循了与个人社会服务相关领域类似的标准制定和绩效评估模式。住房公司是英国的一个政府机构，负责资助、监管和促进英国社会住房业的绩效。住房公司每年向议会报告，并接受由部长委托、一届任期为五年的财务、管理和政策审查机构的政治审查，接受议会行政专员（议会申诉专员）的管辖，如有必要，可由下议院公共账目委员会管理。此外，还通过国家审计署接受公众监督。

住房协会——住房补贴的主要提供者，有 2200 多个是注册在住房公司的社会住房机构（Registered Social Landlord，RSL）。该公司每年通过"创新与良好实践"资助计划和"良好做法指南"，根据一系列绩效指标评估住房协会的表现，这种审慎监管社会住房领域住房协会业绩的做法，让地方突出的住房问题得到了极大的缓解。

无家可归

无家可归可能造成一系列破坏性的状况，可能对个人、团体、家庭和社区造成严重的伤害，包括可能产生严重的精神健康问题（Cooke and Marshall，1996；Stone，1997）。人们往往是迫不得已才离开家，而不是因为随意的选择而无家可归。离开伴侣的妇女、"离家出走"的儿童和年轻人，他们中有很大一部分是为了逃离遭受虐待的环境。寻求庇护者、药物滥用者、老年人都可能体会到失去家园带来的极度失落感和混乱、创伤和孤立。有些无家可归的人可能会被提供临时住所，有的被转移到另一个地区并得到住房，还有些只能待在空房子里或露宿街头。无家可归可能会严重限制人们获得适当的住所、食物和洗涤设施、社会福利保障、工作、朋友和亲戚。失去家园和家庭会使孩子和妇女受到特别严重的创伤（Hanmer and Statham，1999）。妇女可能特别容易受到身体虐待和性虐待，而且由于就业市场的不平等，她们会比男子更难获得哪怕是最低薪的、临时的、非剥削性的工作，因此非常需要设法恢复她们的家庭地位。很大一部分流浪的妇女在为无家可归者提供的临时住所里，如有床位和早餐的招待所、旅社、临时收容所等，受到攻击、强奸和虐待（Smith，1995）。随着无家可归的概念扩展到包括那些没有足够住房的人，关于无家可归的辩论变得更加关键。自 20 世纪 70 年代初以来，社会住房情况的变化，特别是公租房供给的减少，自有住房的增加，导致社会住房被视为住房和社会愿景受到限制的遭受社会排斥群体的最后手段。越来越多的家庭破裂、需要社区照顾的人群扩大、单身群体数量的增长以及社会贫富差距的扩大导致对社会住房需求的增加。

1977 年《住房（无家可归者）法》［Housing（Homeless Persons）Act 1977］要求地方当局优先向住房申请等候名单上的无家可归者提供住房。然而，一个被定义为无家可归者的人可以被重新转送到另一个与当地有联系的地方当局。这一原则让人想起伊丽莎白时期的《济贫法》。该法将人们转送到他们原来的教区进行贫困救济。因拖欠租金而负债的人必须先还清债务，才能有资格获得住房。然后，他们必须与住房申请名单上的其他人竞争，赚取足够的分数，以便在申请住房的队伍中晋级。

1977 年《住房（无家可归者）法》和 1985 年《住房法》为家庭和弱势群体提供了一个安全网，他们不会因为自己的任何过错而无家可归。这些法律促使地方当局为无家可归者提供了近 200 万套他们负担得起的住房。

庇护所组织利用官方统计数据得出估计，1998 年英格兰约有 400000 人正无家可归，约 49000 个家庭和个人被地方当局安置在临时住所——有床位和早餐的招待所住宿，约 78000 人面临被收回其住房的境遇（Shelter，2000b）。根据对第一年 80000 多个"庇护热线"电话的分析，人们无家可归的三个主要原因是家庭中的暴力犯罪、经济问题和单身人士缺乏社会保障安全网（Shelter，2000a）。一个特别的问题是年轻人具有脆弱性，他们没有社会福利保障，也没有获得紧急住房的合法权利，没有床位、早餐或宿舍。许多人最后流落到空房子里，在街上乞讨。他们很可能因非法侵入或未经许可的乞讨而被捕，并容易被招募去卖淫。相反，大众媒体往往将他们描绘成仰仗他人慷慨而肆意索取之人，而不是无法控制个人处境的受害者。

对无家可归、流落街头和乞讨问题的回应包括理论和实证研究。在大量的实证研究中，庇护所组织和流浪者协助协会估计，在 1999 年，至少有 2500 人露宿街头，仅在英格兰就有 2000 人。其中，四分之一的人年龄在 18 岁至 25 岁之间，6% 的人年龄在 60 岁以上，30% 的人由地方当局照料，三分之一至一半的人存在精神健康问题（Shelter, Press Release, 15 November, 1999）。庇护所组织对无家可归者进行的一项调查显示，超过四分之三的人有精神健康问题，他们在出院时没有住房保障或护理服务。许多已经获得住处的人无法独立生活，最终失去了他们的房子。残疾人经常面临住所通行不便的问题，基本的家务工作无法完成。庇护所组织建议，应要求地方当局确保能够为这些人制订全面的住房和护理计划，包括帮助他们进行个人护理、提高预算编制和维持租赁等（Shelter, 1999）。

庇护所组织倡议通过立法防止无家可归的发生，而不是仅在人们陷入危机时提供帮助，以确保单身人士不被排除在获得住房之外，避免无家可归者被安置在最差的住所，并给予无家可归者在选择其住房类型和地点方面的发言权，以及获得永久住房和重建生活所需支持的权利（Shelter, Press Release, 22 February, 1999）。

立法往往把解决无家可归和街头乞讨问题与其他社会需求隔离开来，仿佛这些是个人的问题，而不是与社会和经济变化的其他方面相联系的问题。肯尼特（Kennett）和马什（Marsh）认识到这种回应的不足，他们认为应该将无家可归现象放在关于社会、经济和政策变化的辩论中来定位（Kennett and Marsh, 1999）。迪恩（Dean, 1999）认为，街头乞讨不应被视为应受谴责的行为，而应被理解为与无家可归和社会排斥相关的问题，包括精神健康、性剥削和药物滥用问题。

与此同时，自 20 世纪 90 年代初以来，取消 16 岁和 17 岁儿童的福利、执行 1989 年《住房法》和收取住宿费用，这些因素结合在一起，使许多已经处于严重贫困的弱势青年更加贫困。因此，受80年代和90年代的新保守主义经济政策的影响，更多的年轻人无家可归、乞讨，在极端情况下，甚至卖淫，因为他们以其他方式养活自己的能力被削弱了。

工党政府设定的目标是到2002年将露宿街头的人数减少三分之二，理想的情况是减少到零（the Prime Minister to SEU Report on Rough Sleepers, 1998b）。然而，如果说，人们是自愿无家可归的，比如存在街头乞丐是充满自信的骗子这样的假设，那么则会加剧针对露宿者的社会排斥并延续右翼政策。很明显，基于这样的假设，针对街头乞讨的解决办法是把乞讨的人从街头上赶走，让他们的问题变得不那么明显和尴尬。

社会支持和社会控制

负责住房事务的官员和社会工作者在为人们提供支持与做出干预以保护社区中的其他人之间存在紧张关系。工党政府根据1998年《犯罪与扰乱秩序法》引入了反社会行为法令。这条法令的目的是约束10岁以上被判定为骚扰、恐吓他人或给他人造成痛苦的人。这条法令在至少两年中生效，且没有最长期限，并可能被用来限制一个人在被驱逐的地方自由获得住宿的权利。

寻求庇护者。到2000年，那些寻求政治庇护的人（主要来自伊拉克、前南斯拉夫和邻近国家）每年申请的人数增加到7.8万多人。根据1996年《庇护和移民法》（Asylum and Immigration Act 1996）第9条和1996年《住房法》，寻求庇护者在获得地方当局住房方面受到限制。在英国的一些地方，寻求庇护者的处境很艰难，由于大量媒体渲染加剧了人们的抵抗情绪，歪曲了移民的处境。在历史背景下，移民被认为是影响本土社区成长和发展的重要因素。庇护申请的处理过程可能会很长。在此期间，寻求庇护者可能会被监禁，或被关在类似监禁的条件下，或被安置在令他们感到耻辱的住所中（另见第八章）。

家庭暴力受害者。妇女援助运动是一项自助倡议，源于在家中遭受暴力的妇女共同努力为自己和其他妇女提供庇护。庇护所通常是匿名的房子，妇女和她们的孩子可以在这里寻求保护、情感支持、咨询和建议，同时着手规划下一步行动。有时庇护所提供了空间，让受害者考虑请警方对暴力男性伴侣采取行动、分居或离婚等措施。总的来说，当家中状况变得无法忍受时，庇护所为妇女提供了一个短期或中期可替代的住所。

1997 年《住房（无家可归者）法》为家庭中遭受暴力的人提供了有限的保护（见第六章）。

临时住所的使用。自 20 世纪 80 年代初以来，由于各机构向家庭提供临时住所的趋势增加，从那时起，临时住所的住户数量出现了惊人的增长，从 1980 年的 4710 户增加到 1992 年的 63070户（Ginsburg，1999：244）。这些家庭往往经历了变故和意外的创伤或危机，例如失业或家庭破裂，包括由于最近的战争和其他社会动乱而流离失所的难民。通常，这种包括床铺和早餐的住所或旅馆住宿，不适合家庭生活，因为家庭成员没有足够的空间和隐私。

住房和社会服务之间的相似之处

住房和社会服务政策与实践之间有着密切的联系和一些共同的领域。住房和社会服务的职能有很大的重叠，主要是因为它们共同关注人们的需求。在一些地方政府，住房和社会服务仍然是单独的部门，而其他部门则在 20 世纪 90 年代进行了合并。约克郡的一个地方当局成立了一个公共保护、住房和社会服务部，由公共保护部门处理环境问题。

然而，住房事务官员和社会工作者在不同的法例下行使不同的权力。但值得提出的问题是：社会工作者可以从住房政策中汲取什么，并用其来改进自己的实践？

对社会工作者的启示

下面的例子可能有助于说明对住房政策的批判性理解如何有助于改善社会工作实践。

案例 —————————————————————————

D 是一名刚获得从业资格的社会工作者，她在处理租金债务方面并没有经验，但他要面对格洛丽亚（Gloria）的住房问题。格洛丽亚是一个有四个年幼孩子的单身母亲，住在当地政府租用的住房里。格洛丽亚很独立，但她有轻微的学习障碍，可能在做家务上有些混乱，自从找到工作以来，她没有注意到她从未收到过住房津贴，直到四个月后，她迎来了法警的拜访。周一一大早，她来到 D 的办公室，非常痛苦，但她无法解释发生了什么，只知道她害怕失去她的家，害怕孩子们被别人照顾。

D 接下来应该做什么？在继续阅读之前，你可以做个笔记，看看自己会如何反应。

1. D 让格洛丽亚平静下来，向她保证没有让法警进来。她核实到孩子们已经正常上学，就设法说服格洛丽亚搭车去上班，承诺在午饭时间她换班时，安排见面并取得进展。D 咨询了同事，很快发现格洛丽亚的地方当局房东叫来了法警，采用极端的方式，在门口收取拖欠的租金。但格洛丽亚仍然不明白债务是如何产生的。D 接受同事关于如何进行和需要立即采取行动的建议。一位同事给了她一份在处理拖欠房租中会使用的清单，并表示白天可以在手机上联系她，以便进一步提供咨询。在此，我们总结了清单上的内容：了解有关房屋法律和资金管理的专家意见；查明债务偿清的法律流程，从查找个人财产的通知到被驱逐之前的占有搜查令。这一搜查令需要法院命令，一旦债务追回程序到这一晚期阶段，就需要郡法院来停止搜查行动。

2. D立即与住房事务主任会面，了解到地方当局发现了一笔多支付的住房福利，并从格洛丽亚的房租账户中追回了这笔钱，导致她拖欠房租。其实她并没有回应租金要求，也没有人去拜访她，没有人去核实她是否收到并理解了发给她的书面通知。D确认住房事务官员将在当天晚些时候采取后续行动。

3. D在格洛丽亚家里与她会面，阅读堆积如山的信件和通知，找出问题是如何出现的。她和格洛丽亚算出地方当局在计算住房津贴和应付租金时犯的错误。D注意到楼上卧室状况不佳，屋顶漏雨，潮湿。显然，地方当局承诺的修复没有做到。

4. D打电话给住房事务官员，并在格洛丽亚的家里和格洛丽亚一道会见了她。格洛丽亚可以就债务向她提出质疑，可以要求对修理房子的延误进行赔偿。当孩子们从学校回来时，所有的讨债程序都已暂停。第二天，D与同事讨论如何在更积极的基础上实施当地的住房政策及相关做法，并改善与社会服务机构的联合工作。后来，D帮格洛丽亚联系了当地的租客小组。格洛丽亚认识了一个帮助组织这次活动的邻居。最近，租客小组参加了个培训，让他们获得处理自己住房问题的技能［例如，为居民和住房工作人员提供能力建设培训的是位于特拉福德会堂的全国租户资源中心（National Tenants Resource Centre），电话：01244 300246］。

5. D知道她还没有"解决问题"。但她很高兴自己以两种主要方式做出了回应：一是开始处理格洛丽亚的当务之急；二是通过与其他接受住房服务的人建立联系，帮助格洛丽亚去处理更广泛的问题。

本章总结

本章考察了住房政策的主要趋势，特别是对社会服务的案主

有重要影响的趋势。强调了对改善社会工作实践具有启示意义的
政策问题。重点强调了关键实践者对政策和实践变化的影响。

延伸阅读

Journals: *Housing*; *Housing Review*; *Inside Housing and (more academic) Housing Studies*.

Green, H., Deacon, K., Iles, N. and Down, D. (1997) *Housing in England* 1995/1996, Stationery Office, London.

Malpass, P. and Murie, A. (1994) *Housing Policy and Practice*, 4th edn, Macmillan, Basingstoke—now Palgrave.

第五章　健康和社区照顾

　　虽然健康服务正在竭尽所能地满足公众的需求，但其中的许多服务并没有达到政府的绩效标准，例如：等待治疗的名单过长；成本和效率水平不一；不同医院的治疗标准不同；病人在医院可能会面临不可接受的感染风险；死亡率的地区差异；发病率（疾病和痛苦）、死亡率和接受服务方面存在的阶级不平等（Ham，1985：165–183）。虽然社区照顾面临着形形色色的问题，但它们在服务层面的缺陷是相似的，例如：没有合适的设施来满足所有城乡居民的需求；照顾经理通常会根据需求的优先排序来确定获得服务的资格；服务配给是考虑可用的资源情况，而不是为了满足所有潜在的被评估出来的需求（Baldock and Ungerson，1994）。卫生和社会服务一线工作者的士气低落，流动率高于预期，社会照顾和医疗保健专业领域的薪酬和工作条件不符合应有的水平。

　　各类健康和社区照顾服务是根据大量的法案而提供的。老年人的寄宿照料服务是根据 1948 年《国家救助法》而提供的，并按照 1980 年《户籍法》和 1984 年《户籍法》的规定进行登记。1958 年的《残疾人（就业）法》［Disabled Persons（Employment）Act 1958］明确了残疾人就业的相关规定。根据 1970 年《慢性病和残疾人法》（Chronically Sick and Disabled Persons Act 1970），地方政府必须为长期生病的人和残疾人提供福利服务。精神失常者、被拘留的病人和有精神健康问题的人的精神健康权始于 1959 年和 1983 年的《精神健康法》。目前在社区成年人服务方面最重要的法律是 1990 年《国民医疗服务和社区照顾法》。其中明确规定要规划和实施官方的照顾计划，对个体进行评估，准备并实施一系列的照顾服务以满足他们的需要。1995 年的《照顾者（认可和服务）法》［Carers（Recognition and Services）Act 1995］解决了照顾者的需要和对他们所能提供的照顾水平进行评估的问题。1995 年的《残障人歧视法》（Disability Discrimination Act 1995）解决的是残疾人的歧视问题。1996 年《社区照顾（直接支付）法》中规定可以向安排社区照顾服务的人直接付款。

卫生和社会服务需要在提供社区照顾方面密切配合。社会服务组织可以归入医疗保健领域，或者，在某些地区，社会服务部门可以与健康服务合并。虽然这些措施改变了社会工作的组织架构和管理方式，但并不会削弱社会工作作为一种独特的专业活动的正当性。医疗保健仍然是全民的需求。过去健康仅被视为没有疾病，而现在越来越多的健康服务采用更积极、更包容的定义，例如根据世界卫生组织（WHO）的定义，全面健康是：

> 身体、精神和社会方面完全健康的状态，而不仅仅是没有疾病或衰弱。（World Health Organization，1946）

政策背景

实用主义而非理想主义促使各国政府开始制定健康政策，从而确保为两次世界大战的战场提供充足的劳动力。在 20 世纪初的布尔战争（Boer War）之后，对武装部队新兵素质差的担忧促使免费学校餐食和免费学校牛奶的引入。此外，根据 1908 年的《儿童法》，父母忽视儿童健康被定为犯罪。

到 20 世纪末，批判性的研究成果，关于照顾、医疗和外科实践失败的丑闻，及其与选举日投票的假设性关联，促使工党政府

（1997 年起）尝试改善被称为"国家疾病服务"的相关服务，并朝着加强初级医疗服务、预防性医疗服务以及通过健康教育来促进健康的方向迈进。尽管如此，《布莱克报告》中指出了不同财富和社会阶层的人面临患病和过早死亡风险的不同，反映了健康服务中持续存在的不平等现象（Department of Health and Social Security，1980a）。批评者声称历届政府未能绝对禁止烟草广告，一方面是因为若禁止则政府会从烟草和卷烟销售的消费税中损失大量收入，另一方面是因为烟草生产商具有巨大的全球影响力。

医疗保健协调中的权力平衡已经从医院转移到社区卫生中心。全科医生（GP）负责管理和评估个人医疗保健需求并确保满足这些需求。

一系列专业人士和专业辅助人员——家访护士、职业理疗师、药剂师、医生、家庭和社会照顾人员以及社会工作者——一起工作，有时是在多学科（如社区心理健康、评估和规划社区照顾）团队中；有时是在健康和社区照顾方面更松散的合作安排中。在医院里，会诊医生和外科医生——其中大多数是男性——仍然拥有相当大的权力，这些权力可能被用来实现病人想要的东西，或者可能被用来捍卫传统的权力等级或使不良做法免受投诉。但是，对服务不满意的患者提起的诉讼，以及患者协会等机构的倡议表明，一些接受服务的，且自信和有能力的人正在侵入这个专业权力的堡垒。

主要政策变化和相关问题

英国国民医疗服务体系是根据 1946 年《国民医疗服务法》建立的，该法也是开创福利国家的一项核心立法。尽管健康服务一直是"全国性的"，但从来没有完全免费。国民医疗服务体系最初的一个目标——扩大免费获得服务以促进预防性医疗服务——从一开始就在一定程度上受到了某些收费服务的影响，例如牙科、配眼镜和居家照顾（Titmuss，1976a：136-138）。

自1968年《西博姆报告》促使地方政府建立社会服务部门以来，卫生和社会服务在国家、地区和当地各级经历了多次重组。1968年，卫生部和社会保障部合并成立了卫生和社会事务部。国民医疗服务体系也一直在不断努力实现中央政府领导同地方、地区和属地服务供给之间的更好平衡。社会服务机构无论如何被组织和命名，都比卫生部要渺小得多，却要履行满足弱势群体和贫困人群需求的专业职能。

1945年后，历届政府越来越倾向于将针对个人的社会服务从住宅区转移到社区。《照顾行动》（*Care in Action*）（Department of Health and Social Security，1981）一书中，将社区照顾作为保守党政府（1979~1997年执政期间）的优先事项。保守党在很大程度上受到财政因素的驱动，这些因素不仅与削减公共财政资助的、成本不断攀升的院舍照顾有关，也受到经济和政治承诺的驱动，即鼓励公共部门以外的企业，从而刺激私营和志愿部门的发展。此外，变革的动力也来自其他方面。例如，20世纪80年代中期，许多专业人士、学者和评论家都在倡导一些政策，包括用高质量的社区照顾来取代不适当的院舍照顾，特别是其中一些质量很差的院舍照顾。人们希望此举将减少人们在院舍中被隔离、孤立和污名化。因为有时人们长期生活在某些院舍机构中是由于惯性和缺乏社区为本的深思熟虑的规划，而不是出于任何更积极的原因。因此，到80年代末，各种争论的积聚促使完善立法的需求日益迫切：1980年至1990年间，由于卫生和社会事务部为私人住宅和疗养院照顾提供公共资金，国家用于此的费用增加了10倍，达到10亿英镑；因为老年人和受抚养人的人数无论是绝对数量还是相较于其他年龄组均呈增长趋势，支出也变得越来越高；撒切尔政府正在放弃全民公立寄宿和日托服务，使得这些服务越来越多地需要接受经济状况调查以及由私人和志愿部门提供；地方政府面临资源压力，部分原因是中央政府通过利率上限等机制进行控制；现有的安排并不足以联合提供和管理以社区为本的服务。具有讽刺意味的是，国家提供资金鼓励老年人寻求寄宿照顾服务。而与此同时，公共投资的缺乏阻碍了地方政府发展社区照顾服务。

1986 年审计署的报告——《让社区照顾成为实现》（Making a Reality of Community Care）批评了社区照顾服务发展缓慢的现状。1986 年，时任内政大臣的罗伊·格里菲思爵士（Sir Roy Griffiths）被要求就社区照顾服务未来的发展做出报告。他的报告（Department of Health and Social Security，1988）提议建立一种混合的社区照顾经济机制，允许照护经理从自己的团体或从私营和志愿部门购买服务。但他的建议被认为是增加了地方政府工作量，而且他提出对社区照顾的资金进行"限制用途"（资金只能用于这一目的）的建议与减少公共支出的政策相冲突。作为政府的回应，白皮书《全民照顾》（Caring for People）在否定格里菲思其他想法的同时，也支持他提出的建立市场经济的建议，将英格兰和威尔士的地方政府社会服务部门从近乎垄断的服务提供者转变为服务的购买者，使得其中四分之三或更多的服务由志愿和私营部门提供（Department of Health，1989）。《为病人服务的白皮书》（Department of Health，1989）中对健康服务提出了类似的建议，要求医院成为自治信托机构，全科医生对其授权预算履行持有人责任，区级卫生部门成为服务购买者。随后，1990 年出台的《国民医疗服务和社区照顾法》体现了这两本白皮书的原则。

1990 年《国民医疗服务和社区照顾法》

1990 年《国民医疗服务和社区照顾法》是自 20 世纪 40 年代福利国家建立以来，卫生和社会服务领域最重要的法案之一。该法案既在健康和社会保健服务供给方面做出了翻天覆地的改变，也影响了保守党政府在 80 年代开始进行的更广泛的社会、经济和金融变革。该法建立了由地方当局社会服务部门和政府在卫生部门设立的新的国民医疗服务信托机构组成的内部市场，用于购买一系列由现有地方机构以及新的私营和志愿部门提供的服务。该法案要求绝大多数服务由外部提供，即由私人和志愿机构提供。通过引入公共、私人、自愿和非正式照顾提供者等多元主体来组织、委托和提供社区照顾服务，从而使得地方政府社会服务部门的角色从实质上的服务的垄断供给者转变为大部分服务的购买者。高级管理人员确定其所在地区的需求，并发布社区照顾计划来说明他们将如何委托这些社区照顾服务，并在必要时开发和外包服务以满足当地居民的需求。这使得健康和社区照顾服务中所谓的"契约文化"在战略上得到了巩固，这种契约文化旨在改善人们接受服务时的选择权。这样做的基础是他们积极参与评估自己的需求，制订一系列的照顾计划，并在照顾经理的监督下来确保其实施和定期审查。

随后，对这些社区照顾变革的强烈反对，一部分来自意识形态上对市场化服务供给方式的反对，一部分来自评估性研究，如对耗资 200 万英镑、历时五年的、经济与社会研究委员会（Economic and Social Research Council，ESRC）的"合同和竞争"方案的评估（Flynn and Williams，1997）。这些服务安排的主要缺点在于没有与接受服务的人及其照顾人员进行充分协商，也没有利用法律或基于权利的框架将服务合同条款植根于赋权原则。

《国民医疗服务和社区照顾法》的实施充满了由其固有的本质矛盾和组织问题引起的问题，这些问题是由其需要高水平的机构间的多专业合作而产生的（Audit Commission，1992）。一方面，政府认为（Department of Health，1990）该法旨在使这些问题得到缓解，并与其他措施相衔接，从而完善病人的权利（Department of Health，1992c）、案主的选择，并让接受服务的人参与制订自己的基于需求导向的评估和照顾计划；另一方面，该法可能会导致歧视，因为地方政府有权决定是否应提供特定的服务或在特定地区提供服务。因此，歧视很可能发生在农村地区和少数群体中，因为他们无法选择全套服务。

《国民医疗服务和社区照顾法》中关于提供社区照顾服务的规定对一线社会工作者产生了深远的影响。社会服务部门的服务对象逐渐被分为成人、儿童及家庭两类。此外，在中层管理人员参与同服务提供商的服务委托与合同谈判的同时，大量一线工作人员也通过需求评估与社区照顾计划的制订参与社区照顾服务管理的过程，即与服务对象及其照顾者协商，制订照顾计划，并实施和进行定期审查。这其中的许多任务是由社会服务人员与其他专业人员合作完成的，包括社区护士、职业理疗师、药剂师、家访护士以及残疾、精神健康和老年工作等领域的有偿和志愿的工作者。莱文（Levin）和韦伯（Webb）发现，社区照顾服务的实施使一线工作人员的工作更加强调问责制。资源限制使得工作重点变成了为最需要的人提供短期危机干预服务。社会工作者也越来越多地从直接与人打交道的工作转移到管理转介和照顾管理。

2000 年，政府宣布对健康和社会照顾服务进行改革，这是 20 世纪 40 年代以来最重大的重组（*Social Care News*，2000）：

- 一种旨在提高人们独立生活能力的新型中期照顾（intermediate care）服务（见下文）。

- 更有效地使用急诊病床。

- 改善儿童健康、社会交往和情绪健康的措施。

- 减少门诊预约和手术的等候时间。

- 一个健康和社会照顾的评估程序。

- 通过更多信息来增强患者的权能。

- 更好地掌管服务。

- 在每个领域都有患者倡导服务和患者论坛。

- 通过当地议会对当地健康服务履行民主审查的新权力和更大权力。

- 国民医疗服务和社会服务之间更密切的伙伴关系，包括更好地利用 1999 年《健康法》中的合编预算和联勤服务。

- 改善联勤工作的财政激励措施。

- 新的保健信托基金以社会照顾和健康服务的优势为基础，允许为老年人进行联合委托，提供初级的社区照顾和社会照顾服务。

- 让更多的工作人员获得更公平的薪酬、更好的培训、更宽的职责权限和更好的工作环境。

- 制定国家目标以解决健康不平等问题，并完善癌症筛查和心脏病的治疗和预防措施，鼓励更健康的饮食，通过开展"良好开端"计划，将 4 岁以下贫困儿童人数压缩到三分之一，进而提供资源来改善儿童健康。到 2010 年将吸烟人数至少减少 150 万人。

- 通过现金激励和鼓励良好绩效，并通过现代化局和赠款支持绩效较差的单位，以激励改善医疗服务和社会服务之间的联勤工作安排（Department of Health，2000d）。

工党政府从 2001 年起致力于加强健康服务，这与通过公私合作模式（Public Private Paternship，PPP）和私人融资来促进私募资金有关。然而，批评者称这些提议会通过引入利润来破坏改善健康照顾的目标。

居家照顾

针对生活在自己家中的人提供的照顾服务在社区照顾中是一个庞大且不断增长的领域，包括早晚出诊家访、上门送餐、服用常规药物的药理支持。此类服务的质量和交付模式几乎没有一致性，收费标准（见第十章）在不同地区之间存在巨大差异。地方政府对接受家庭服务的人征收经济情况调查费用（与丹麦等欧洲国家相比，这些国家的家庭经济状况调查服务基本上是免费的）

（Thompson and Hirst，1999：22-23），可能会将参与评估和护理计划的社会工作者和其他人置于把关稀缺资源的位置，而不是纯粹根据需要设计照顾方案。

中期照顾

这一术语用来描述一些新的服务，这些服务强调积极的康复、疗养和预防，医疗服务和社会服务对这些目标负有共同责任。中期照顾包括临床、治疗和社会干预的混合。通常是短期的，旨在帮助人们变得更好以及变得独立，而不是简单地照顾他们，其中大部分服务可以通过私营部门提供。中期照顾的一个典型例子是使接受寄宿照顾的老年人能够回到并留在自己的家中。工党政府计划在 2004 年之前投资 9 亿英镑用于中期照顾，这可以被视为一项有价值的额外政策，它必将提高人们的生活质量。值得更加审慎思考的是，这一旨在增加老年人和在家中接受照顾的风险人群数量的创新可能是不可靠的，因为这一举措依赖于已经超负荷的健康和社会照顾人员获得新的技能，以帮助老年人和在家中接受照顾的风险人群远离更昂贵的长期照顾。

心理健康

自 20 世纪 50 年代末以来（1959 年和 1983 年《精神健康法》），由于制药业的快速发展，扩大精神健康实务领域中的社区照顾内容成为可能。种类繁多的药物和其他产品，使全科医生能够独立开展治疗，而无须求助于健康服务专业人员、诊所或医院，例如抑郁症的治疗服务。财务和组织因素也推动了用社区照顾取代机构照顾。健康服务复杂的组织体系与昂贵的供给成本导致期望的供应水平和资源短缺之间的紧张关系。而旨在降低精神病院等机构中治疗患者的高昂人力和经济成本的一项策略是在社区中为他们提供服务。然而，在对精神病院出院病人暴力袭击致死事件进行一系列调查之后，关于服务质量不足的辩论也开始增加（Ritchie et al.，1994；Blom-Cooper et al.，1995）。

患有严重人格障碍的人

1995 年《精神健康（社区病人）法》［Mental Health（Patients in the Community）Act 1995］旨在加强对患有较严重精神障碍的人的院外控制。它引入了院外监督令的法条，让每位工作者，成为社区主管，负责为服务对象提供服务。该法还引入了一项新的社区治疗令，赋予工作者在社区实施治疗的权力。对此持批评态度的人，尤其是英国社会工作者协会（BASW，1995），声称它需要被重新定义为"照顾和治疗"令，这是一种过于侵犯性的权力，应该被限制在特定人群中，比如那些需要长期监护的人。

阿什沃斯调查（见 Committee of Inquiry，1992）回应了对某家医院环境（该医院是三家将高风险患者置于最高安保状态的专科医院之一）的反复投诉，建议引入新的可复核判决，以保护社会免受危险的人格障碍罪犯的伤害，因为这些罪犯无法因罪行获得无限期的判刑。此外，阿什沃斯调查还建议在现有的高度戒备的医院和监狱中，为患有严重人格障碍的患者建立小组（Fallon et al.，1999）。

风险管理

社区精神健康服务通常是在风险最小化的框架下进行的，而不是最大限度地发挥精神病患者的潜力。风险评估是在医学模式下进行的，很大程度上依赖临床和法医心理分析学的诊断。从事精神健康服务的社会工作者必须考虑到在服务精神障碍罪犯和性罪犯等领域中需要越来越多的跨专业服务实践。1983 年《精神健康法》中的第 1 条、第 2 条和第 3 条对精神疾病进行了定义，并明确指出对自身或他人的安全有风险的人在不同意自愿治疗时应被驱逐出社区。在苏格兰，精神健康官员（Mental Health Officers，MHOs）可根据 1984 年《精神健康法》行使强制权力。此外，被正式认可的社会工作者（Approved Social Workers，ASW）也可以在英国开展此类工作。

风险管理是精神健康和社区照顾服务实践的核心概念，由参与把关和配给稀缺资源的管理者进行管理。在精神病学中，风险的概念已经在诊断和评估过程中实现制度化。在精神健康方面，风险被用来证明有关强制拘留决定以及为有精神健康问题的人或精神健康罪犯提供支持性服务的合理性。风险评估通常侧重于个人可能对自己或他人造成的潜在伤害。尽管大众媒体对诸如克里斯托夫·克拉尼斯（Christopher Clunis）杀害乔纳森·济托（Jonathan Zito）的案件给予了极大的关注（Ritchie et al.，1994），但暴力行为更有可能是由没有精神病史的人施加于亲戚和朋友，而不是陌生人。此外，90%以上的精神障碍患者并没有暴力倾向。正如对苏格兰精神健康官员［Mental Metropolitan Officer（Scotland），MHO］工作的研究所揭示的，当前缺乏能为人们提供潜在支持的社区设施（Myers，1999）。卫生部出版的《仍在搭建桥梁》（*Still Building Bridges*）（Department of Health，1999f）建议，所有精神健康服务都应置于护理计划模式的框架内。拟议的精神健康法主张精神疾病患者应与躯体疾病患者一样得到类似的治疗，优先考虑非正式的家庭治疗，最后再采用医院和强制治疗。政策制定者鼓励专业人士在冒险的方法和风险最小化方法之间进行平衡的做法是非常有胆识的。因为这种做法承认支持和帮助有精神健康问题的人过上尽可能正常的生活对服务对象、照顾者和亲属的潜在价值。

残疾人

残疾人往往会受到政策和法律法规的直接和间接影响。第一项直接影响残疾人的法规是1944年《残疾人（就业）法》。该法规定建立康复和职业培训中心，并规定一些雇主有义务雇用一定比例的残疾人。根据1970年《慢性病和残疾人法》，地方政府应在条件允许的情况下整理残疾人登记册并公布服务，但这一法案较为宽松，大多数地方政府没有这样做。其他产生此类直接影响的法规包括 1986 年《残疾人（服务、咨询和代表）法》［Disabled Persons（Service，Consultation and Representation）Act 1986］和 1995 年《残障人歧视法》。在 2000 年残疾人权利委员会（Disability Rights Commission，DRC）成立后开始工作的几个月内，其主席伯特·马西（Bert Massie）主张，1998 年《人权法》提供了一个比 1995 年《残障人歧视法》更具包容性的框架，并反对《残障人歧视法》，认为的任何特定的立法都是对残疾人的歧视（Revans，2000：12）。

"损伤"指的是身体或心理的一种状态或失调，而"残疾"指的是由损伤造成的个体和社会性后果。《残障人歧视法》承认损伤和残疾的破坏性后果，并要求雇主平等对待所有人，无论他们是否残疾。

残疾的医学模式或个体悲剧模式与西方医学中的损伤和缺陷概念有着密切的关系。相比之下，社会模式强调残疾概念的社会性，即由于社会结构、价值观、制度、政策和实践对一个人产生的限制和不利影响，它们往往将有障碍的人排除在外，并且很少考虑他们的需要和要求。社会政治模式则对劳动者的职业身份和残疾人的个人身份都有影响。

对医学模式的批评强调，残疾的医学定义大体上是由身体健全的人定义的。残疾民权运动人士认为使个人残疾的不是医学缺陷，而是社会的结构性不平等和偏见。医疗模式和社会模式对公众对残疾的看法和政策的形成产生了强大的影响。但是，残疾人士权利的增长可能使社会模式挑战医疗模式的重要性黯然失色，并可能改变立场，即大多数残疾人服务是由健全人根据其生活信条设计、提供和评估的（Priestly，1999）。1996 年《社区照顾（直接支付）法》允许地方政府向接受社区照顾服务的特定类别的人（包括残疾人）直接支付现金。收款和照顾服务由最具有强烈动机的人负责，才能确保经费和照顾服务得到适当的支出和利用。这些款项可以通过为需要社区照顾的人提供教育、就业、休闲和康复的机会来促进社会包容。

引入直接的社区照顾付款方式是将控制权移交给残疾人的象征性举动，通常还伴随着其他授权行为。例如，金斯敦地方政府的独立生活计划为使用直接付款的人提供建议和支持（Hasler，1999：6-7）。在苏格兰，为学习障碍人士提供范围最广的服务咨询已经持续了20年，这促使苏格兰行政院认真对待服务使用者和照顾者的意见，并为任何需要服务的人引入了独立的宣传服务以及直接支付费用的权利（Scottish Executive，2000）。

在二战后的几年里，有学习障碍的人经常长期住院。1965年11月10日，这一群体在给《泰晤士报》（*The Times*）的信中提出投诉，此举引起了公众和专业人士对这一被忽视领域的关注。虽然他们对特定医院的大多数指控没有促成实质性行动，但1967年8月20日《世界新闻报》（*News of the World*）刊登了对伊利医院情况的投诉。由此产生的调查报告证实了管理失误以及工作人员残忍和不人道的行为（National Health Service，1969）。白皮书《为智力障碍人士提供更好的服务》（*Better Services for the Mentally Handicapped*）（Department of Health and Social Securily，1971）并没有遏制住接下来十几年里一连串的丑闻和调查报告（Adams，1998a：114-129）。这表明这些医院明显缺乏公共问责制，医务人员（包括会诊医生）根深蒂固的权力使得在医院管理中持续存在玩忽职守和顽固不化的行为。随着长期住院的有学习障碍的成年人的数量逐渐减少，专门建造的大型成人培训中心（Adult Training Centres，ATCs）所重点开展的日间服务仍然被孤立和污名化，这与沃尔夫斯伯格（Wolfensberger）倡导的正常化原则（Wolfensberger，1972）和社会角色价值化原则（Wolfensberger，1982）相去甚远。20世纪90年代后期卫生部开始意识到有必要去发展更小型、更具社会包容性的日间服务和为残疾人士提供切合实际工资的就业计划（Department of Health，1998a）。政府推出了名为"工作阶梯"的计划，该计划通过在 87 家工厂雇用 10000 多名残疾人，使他们加入主流劳动力的队伍，旨在消除 23000 多名残疾人在辅助就业和再就业中的隔离状态。这项政策的支持者认为，残疾人有权与身体健康的人一起工作，但批评人士认为，这是政府减少对瑞恩、智障人协会和其他雇用残疾人的机构每年超过 1.5 亿英镑补贴的一种方式（Lindsey，2001：2）。

老年人

研究表明，老年人比其他人口更有可能经历贫困、残疾、居住条件差和丧偶等困境。此外，还存在多重因素的影响，因为禁受其中一项不利因素影响的老年人更有可能遭受其他一个或多个不利因素（Sinclair et al. , 1990：367）。

老年人容易受到虐待已经被认为会造成额外的风险。从 20 世纪 80 年代开始，调查显示弱势成年人遭受虐待的程度较高，这使得以往局限于儿童群体被虐待行为的关注被拓宽。大多数研究和评论并没有质疑荷马（Homer）和吉勒德（Gilleard）的研究，他们认为照顾者虐待行为的病理学表现是隐性的，并将重点限定在老年人的照顾者身上（McCreadie，1991）。此后，由于照顾者所经历的压力之外的因素，更广泛的虐待的发生率已经得到承认（Phillipson et al. , 1995）。有关虐待更广泛的定义包括主动和被动的忽视，经济上的、情感上的、性的以及身体上的虐待，这一定义有助于更全面地了解其真实发生率。采用社会建构论的理论观点可以理解虐待老年人是如何广泛发生的，因为：

> 西方社会老龄化的社会结构、老年人在政治和经济上的弱势地位、对老年人作为一个群体的结构性依赖以及对老年

人的负面刻板印象，都支持和证明了他们遭遇的结构性不平等（Hughes，1995：134）。

2000 年《照顾标准法》制定了一份被认为不适合与弱势成年人一起工作的人的名单，这在一定程度上是对照顾人员缺乏严格选拔和适当培训的滞后回应。

20 世纪 90 年代中期，在《国民医疗服务和社区照顾法》之后，卫生部社会服务监察局公布了老年人寄宿照顾的标准。此外，解决虐待老年人问题的准则已经发布，而且会有更多实质性建议进行跟进落实（Social Sorvices Inspectorate，1993）。继白皮书《社会服务现代化》（*Modernising Social Services*）（Department of Health，1998a）之后，2000 年的《照顾标准法》也加强了对弱势群体和虐待行为见证人的保护。

阿尔茨海默病患者

医疗进步和饮食改善有助于延长世界上相对富裕国家（包括英国）的预期寿命。与此同时，阿尔茨海默病的发病率随着老年人数量的增加而增加。虽然 65 岁以上的人中只有大约 5% 患有阿尔茨海默病，但 80 岁以上的人中的这一比例增加到 20% 以上。自20 世纪 80 年代以来，越来越多的人不再将阿尔茨海默病患者转移到医院病房，而是尽可能长时间地将他们留在社区，通过短期的寄宿照顾或看护等方式给照顾者一些喘息的机会。

虽然研究表明医疗和社会服务专业人员需要共同努力来完善早期筛查机制，但关于早期评估筛查结果的研究发现这有些模糊。奥克利（Oakley）认为，对阿尔茨海默病患者的早期筛查能够使他们获得更有效的社区支持服务。

老年人的长期照顾

随着人口寿命的延长，越来越多的人在临终前需要长期照顾。关于谁应该为老年人持续的长期照顾付费，目前还在讨论中。老年人长期照顾政策中的责任应该由卫生部门还是社会服务部门承担，抑或是由双方共同承担？资源应由国家还是个人、卫生部门、社会服务部门或其他机构或团体提供？1986 年审计署的报告《让社区照顾成为现实》认为，国民医疗服务体系和地方政府各自的任务需要澄清，可以通过设立联合工作委员会来分配任务，但需要明确各自的责任。然而，《格里菲斯报告》（The Griffiths Report）（Department of Health and Social Security，1988）和 1989 年的白皮书（Department of Health，1989）否认了这种做法。根据 1990 年《国民医疗服务和社区照顾法》，社会服务部门被赋予评估人们的需求和制订照顾计划的主要责任，这就意味着可以通过更廉价的社区照顾途径来满足他们的需求，比如在可能的情况下由亲戚提供非正式照顾而不是专业照顾。

国家宪章《更好的照顾，更高的标准——2001/2002 年指南》（Better Care，Higher Standards-Guidance for 2001/02）（Department of Health，2001）则侧重于兑现工党政府的宣言和承诺，为需要长期支持和照顾的人改善服务，特别强调实现政府现代化倡议的目标，鼓励健康、住房和社会服务等地方机构的合作，以满足服务对象和受照顾者的需求。

在由斯图尔特·萨瑟兰（Stewart Sutherland）教授担任主席的皇家长者长期照顾委员会于 1999 年 3 月发布报告后，有关为长者提供持续或长期照顾的争论变得更加集中。《萨瑟兰报告》（the Sutherland Report）提倡尽可能让老年人待在自己家里。如果他们需要寄宿或在养老院接受照顾，无论是在家庭还是在寄宿环境中，他们应该只支付食宿费用，国家支付照顾费用。该报告称，要为慢性病患者和残疾老年人提供免费的个人照顾服务，并免除体弱者的税收。工党政府拒绝采纳在英格兰提供免费个人照顾服务的建议，因为费用过于昂贵。相反，政府提出了各种资金改革，认为这会使用于长期照顾的资金更加公平。其中，包括取消入住新疗养院的人的居住津贴，并将资源转移给地方议会。在苏格兰，苏格兰议会的健康和社区照顾委员会赞同《萨瑟兰报告》的建议，即根据评估的结果来决定是否提供免费的个人照顾服务。苏格兰行政院对这项建议做出了回应（Sutherland，2001：5），并引入了一种新的评估制度，从而使更多的人有资格享受免费的医疗和个人照顾服务。

批评政府拒绝为所有人提供免费个人照顾的人声称，这加剧了对免费照顾服务和个人社会服务收费之间的区别对待，损害了弱势老年人和长期残疾者的利益，并指出政府准备牺牲老年人和穷人的利益来换取更年轻、更富有和更健康的人的投票权。

照顾者：非正式照顾部门

除了公共和私营部门之外，还有一个往往不被承认，但规模巨大的非正规部门，即亲戚、朋友和邻居提供的无偿照顾服务。照顾者主要是妇女，一般是配偶、女儿和姐妹。虽然照顾者的数量无法精确量化，但英国这样的照顾者大概有 500 万人至 700 万人（Department of Health，1999d）。审计署（2000）发现，只有不到一半的阿尔茨海默病患者的照顾者被问及是否需要帮助。政府的政策热衷于通过发放照顾津贴来降低每年超过 1 亿英镑的照顾成本，因此政府几乎不想承认有必要为照顾者提供财政支持。然而，家庭生活模式的变化，如经济压力、单身（特别是妇女）人数及独居者的增加，可能会增加非正式规照顾者的压力。许多非正式照顾者成为老年人和残疾人保持独立的支柱，但他们的需求在很大程度上仍然是被忽视的。直到 20 世纪 80 年代中期，相关法律才开始承认非正式照顾者的重要作用，1986 年《残疾人（服务、咨询和代表）法》和 1995 年《照顾者（认可和服务）法》分别明确承认非正式照顾者对正式社区照顾系统的重要作用。对照顾者和被照顾者的研究强调了他们处境的复杂性，以及他们对需求评估和服务审查的不同看法（Williams and Robinson，2000）。

青少年照顾者

众所周知，几年来，像其他欧洲国家一样，英国的儿童照顾者是一个特别脆弱的群体（Becker，1995）。有关照顾服务会对青少年产生怎样的影响的研究非常缺乏。一项对 60 名长期照顾患病或残疾父母的青少年的经历的研究发现，照顾父母往往对他们自己的教育、就业前景、独立成长和社会生活产生重大负面影响（Dearden and Becker，2000）。

对社会工作者的启示

对于社会工作者来说，很难平衡将案主留在家里的风险和安排到养老院后失去独立性的风险。

案例 ——————————————————————————

科林（Colin）的工作对象 H 先生是一名 50 多岁的慢性抑郁症患者，被诊断患有严重的疾病。如果对疼痛管理、物理理疗和职业的治疗服务的需求能够得到评估和满足，那么他的疼痛症状和活动能力的丧失就可以得到缓解。医生希望他住院一段时间，以实现这个目标。H 先生住在小山坡上一个他出生时的房子里，他害怕如果进了医院，就永远出不来了。医生表示更愿意让 H 先生住进养老院。因为在没有 24 小时私人照顾的情况下，他不能自己购物，他的安全也面临着风险。

科林应该努力设计一个社区照顾方案来支持 H 先生住在家里，还是为了方便把 H 先生送进养老院？

在进一步阅读之前，你可以就你对科林所面临问题的回答进行批判性的反思。

1. 这个问题让科林很烦恼，因为他觉得这个问题很复杂。如果 H 先生待在家里，他想赋予 H 先生权利，并代表他对一些健康专业人员施加压力以解决明确的风险问题。

2. 在认识到 H 先生的病情可能会恶化的现实情况的同时，还要考虑到他希望保持独立的意愿，科林着手说服当地专业医护人员接受他的观点，他认为合作符合每个人的利益。

3. 当所有相关的专业人士齐心协力去与 H 先生会谈并尝试解决他的焦虑时，出现了一个令人惊讶的情况。在 H 先生的鼓动下，一些当地的邻居出现了，他们提供了一份照顾 H 先生的值班表。

4. 在制订了真正的跨专业评估和社区照顾计划后，H 先生似乎放心了很多。

5. 显然看似理想的解决方案只是短暂实施了一下。随着冬天的临近，H 先生的病情迅速恶化。他在房子里摔倒了，因而不得不被转移到医院进行急救。

6. 科林现在发现他和其他专业人员有必要修改他们的计划。H 先生被迫接受需要全日制护理的事实。他的日常生活更便捷了，但在其他方面，无论是多么困难和受限，他都在努力适应不太熟悉的环境和行动能力。

本章总结

本章讨论了自 19 世纪 80 年代以来，影响健康和社区照顾服务组织体系和供给方式的主要变化；审视了在向多元服务供给主体转变过程中出现的主要问题，以及在以市场为基础的服务供给理念方面所产生的主要问题；指出了社会工作者面临的主要问题领域，特别是医疗服务和社会服务合作中产生的问题；强调了组织之间的紧张关系和随之而来的服务实践困境，从而最大限度地降低风险并遵循程序和专业目标，即赋予人们权利并最大限度地提高他们的生活质量。

延伸阅读

Allsop, J. (1995) *Health Policy and the NHS*, 2nd edn, Pearson, Harlow.

Davies, C. , Finlay, L. and Bullman, A. (eds.) (2000) *Changing Practice in Health and Social Care*, Open University Press, Buckingham.

Payne, M. (1995) *Social Work and Community Care*, Macmillan, Basingstoke-now Palgrave.

Symonds, A. and Kelly, A. (eds.) (1998) *The Social Construction of Community Care, Macmillan*, Basingstoke-now Palgrave.

第六章　家庭和保育服务

　　社会工作者在儿童和家庭某些方面的工作仍然与 1933 年、1963 年和 1969 年的《儿童和青少年法》（Children and Young Persons Acts of 1933，1963 and 1969）密切相关，但影响这一领域社会工作服务的大部分法律已被合并到 1989 年的《儿童法》中。然而，介于分居和离婚之间的夫妻的调解服务是根据 1996 年《家庭法》（Family Law Act 1996）来处理的，住房和财产权是根据 1973 年《婚姻诉讼法》来分配的。抚养费由儿童抚养机构决定，抚养机构是根据 1991 年和 1995 年的《儿童抚养法》（见第二章）设立和改革的，而根据 1978 年的《国内诉讼和地方法院法》（Domestic Proceedings and Magistrates' Courts Act 1978），尚未离婚但分居的夫妇可以申请抚养令和一次性付款。

　　尽管掌握如何使用法律知识很重要，但涉及儿童和家庭的服务实践不仅仅要求社会工作者掌握这些。此外，社会工作者还必须对不断变化的家庭性质和解释这些变化的方式进行批判性的认识。本章将研究这些变化的政策方面，因为这些变化直接影响到服务实践。

政策背景

　　家庭和家庭形式在近代经历了迅速的变化，但是原因很难确定。即使撇开许多人对"家庭"和家庭价值观的神圣性或其他方面所秉持的强势观点，也不可能在确定未来一代人"典型"家庭将是什么样子的基础上制定社会政策。可以预见的是，未来家庭在社会中的特点和意义将持续变化，在此基础上对社会政策进行规划更为现实。

社会工作介入家庭是一把双刃剑。使用它时——就像强制将一个被认为有受到伤害风险的孩子从家里带走一样——要小心谨慎，因为这对个人来说是痛苦和有害的。这可能只对一个人有益。然而，双刃剑的类比是有误导性的，因为它仅仅意味着困境的二元论。社会工作干预往往被不确定性和困难所包围，尽管危机可能会突然出现，但这些危机往往是根深蒂固且长期潜在的。家庭是复杂的，所以问题往往是多方面的，决策制定往往不简单，问题也很少是明确的。罗伯特·哈里斯（Robert Harris）简明扼要地指出："保护孩子而不控制家庭是不可能的"（Harris，1995：37）。

洛林·福克斯·哈丁（Lorraine Fox Harding）则认为，使用"家庭"这样的术语是不公平的，因为

> 它包含了与特定类型的制度有关的某些价值观：已婚的双亲家庭形式，性别不同，随着时间的推移而稳定，以及伴随这种形式的感知而来的关于社会稳定的假设。（Harding，1996：xi-xii）

占主导地位的价值观往往具有压迫性。强调传统核心家庭的"常态"在某种程度上会导致历届政府强化单亲家庭问题重重的刻板印象。帕特·卡兰（Pat Carlen）和克里斯·柴可夫斯基（Chris Tchaikovsky）总结了新右派所共享的假设，这些人相信存在象征国家道德健康崩溃的"底层阶级"，并希望看到单身母亲因惩罚性福利和住房政策而无法靠国家福利为生。

基本上，他们的说辞是这样的：在未婚母亲家庭占比较

高的社区中，"底层"穷人是那些由放纵的母亲和支持性的国家福利抚养长大的人，他们现在拒绝工作，并且参与掠夺性的、暴力的和威胁社会的犯罪。（Carlen and Tchaikovsky，1996：208）

家庭的变化与政府发布的家庭政策息息相关，而且反映了政党在该时期主导政治和政策的意识形态。家庭是促进理想社会价值的核心机构，丈夫和妻子分别是养家糊口者和养育者，尽管女权主义者和激进分子对这一传统观点进行了抨击，但自 20 世纪 40 年代以来的社会政策，除了一些明显的例外，整体上并没有显著背离这些观点。最明显的例外是妇女以全职或兼职的形式加入劳动力队伍的趋势，单亲家庭的数量越来越多，以及同性夫妇（男同性恋或女同性恋）希望作为一个家庭共同抚养孩子比例呈上升趋势。

在某种程度上，如何解决儿童的社会化和相关问题既取决于这些问题的内在本质，也取决于当时的观念模式和社会状态。在过去的一个多世纪里，父母教养方式的许多变化以及对儿童生活的专业干预可以这样来概括：1900 年英国大约有 30 万名贫困儿童接受院外救济，而在 2000 年，约有 20 万名儿童，其中许多被指患有注意力缺陷多动障碍（Attention Deficit Hyperactivity Disorder，ADHD），被开出行为控制药物哌甲酯（MPH）（广为人知的利他林）。在 1998 年和 1999 年，约有 90100 名儿童由地方政府的社会服务部门照顾，主要是通过寄养、监督或待在儿童之家的方式。

儿童政策和法规是复杂的，是需要辩论和争论的问题，反映的是占主导地位的价值观和规范，而不是社会的共识。一个领域的变化往往会对其他领域产生连锁影响。这里举两个例子。第一，新的医疗技术对父母和孩子权利的影响是深远的，例如，提高生育能力、代孕和使用储存的胚胎和精子。第二，根据基思·比尔顿（Keith Bilton）的说法，首相从 2000 年起对收养进行审查所产生的影响包括：

> 需要修订与继父母收养有关的法律，重新界定收养所赋予的地位，并为出生亲属和成年被收养人提供适当的服务。（Bilton，2000：2）

主要政策变化和相关问题

从 20 世纪 60 年代初开始，通过制定政策来防止家庭这一核心社会价值载体的崩塌，在很大程度上是工党和保守党政治家关注的重点。

1979～1997 年保守党新右派（撒切尔和梅杰）政府意识形态的重点在 1974～1979 年工党政府中有所预示。儿童立法中核心的论题是个人权利和责任、维护家庭作为私人领域养育和照顾的首要地位，而不是由国家承担这个责任。1976 年《收养法》（Adoption Act 1976）标志着承认了儿童和青少年具有个人权利这一转变。1989 年《儿童法》强调通过成人、专业人员和父母合作来满足儿童需求的重要性，并再次告诫除非有证据表明儿童受到伤害，否则不能进行国家干预。

尽管与其他欧洲国家相比，英国的结婚率和再婚率相对上升，但从绝对数字来看，结婚率正在下降。到 20 世纪 90 年代中期，英格兰和威尔士的结婚人数已降至 1900 年以来的最低水平（George and Wilding，1999：59）。1979 年至 1996 年间，18～49 岁的已婚妇女比例从 74% 降至 57%。同居似乎正在取代婚姻成为首选模式，18～49 岁的同居妇女比例从 1979 年的 11% 上升到 1996 年的 26%（Thomas et al.，1998，Table 12.7，Figure 12B，pp. 200，204）。

工党政府（1997 年起）承诺制定鼓励单身父母尽可能工作的

福利政策。我们难免会得出这样的结论：这一政策更多是出于减少社会保障支出的目的，而不是为了提高家庭生活质量（见第二章）。内政大臣杰克·斯特劳（Jack Straw）在一次主题演讲中指出，从80年代到90年代初，生活在没有成人从事有偿工作的家庭中的儿童比例从7%增加到21%，与单亲家庭的数量相同［杰克·斯特劳（Jack Straw）在1998年7月23日上议院和下议院家庭和儿童保护小组的《家庭问题》报告发表时的讲话］。

杰克·斯特劳继续说道：

> 在我们的宣言中，我们承诺要更加重视家庭生活，并且"坚持家庭生活是抚养孩子最安全的方式"。家庭是我们社会的核心。家庭成员应该明辨是非。他们应该是对抗反社会行为的第一道防线。家庭生活的破裂破坏了我们的社会结构。政府政策的核心是通过金钱、时间或服务为父母提供实际帮助，使父母能够更好地抚养子女。

自1997年成立以来，由杰克·斯特劳担任主席的家庭问题部长级小组制定了一系列相关措施，这些措施强调了婚姻制度在加强家庭生活中的作用。以上这些声明与这些措施基本一致（Ministerial Group on the Family，1999：30-31）。

家庭问题部长级小组确定了五个关键主题，政府家庭政策应在此基础上建立。

- 为家庭提供更好的财政支持，确保儿童的需求得到满足。
- 加强对婚姻和成年人之间稳定关系的支持（因此，政府承认未婚成年人可以提供高质量的养育）。
- 帮助平衡工作和家庭生活。
- 在儿童幼年期为父母提供更好的服务和支持。
- 将聚焦更多资源用于解决家庭问题，如家庭暴力、青少年犯罪和少女怀孕。

　　新工党的家庭支持政策部分是基于对妇女作为母亲、照顾者和工作者的平等地位的承诺，部分是基于通过加强对居家儿童照顾的支持来维持家庭的团结。虽然到 2001 年 5 月第二届工党政府掌权时，女性身兼多职的紧张关系已经通过相应的措施有所改善，但并未完全解决。到 2000 年，家庭支持不仅意味着对父母和子女的经济帮助，还意味着通过照看服务和托儿所来加强对在职父母的支持。2000 年，有超过 82000 名注册的保育员，每个保育员最多可以照看三名 5 岁以下儿童。1990 年至 2000 年间，全日制托儿所 5 岁以下的儿童人数增加了 300%，日间托儿所的数量从 2900 家增加到 7500 家。2001 年 2 月，托儿信托（the Daycare Trust）对 120 名儿童的服务信息进行了调查，估计在职父母的托儿费用平均为每个孩子每年 6000 英镑。儿童保育委员会（the Childcare Commission）在经过一年的研究后，建议给予幼儿税收抵免，以使在职父母能够支付保育服务费用或自己待在家里照顾孩子（Hall，2001：9）。工党政府的托儿服务税收抵免具体为每个孩子每周 70 英镑，两个孩子每周 105 英镑，但被认为并不足以支付每个孩子每周高达 200 英镑的费用。这些统计数据意味着父母要么做出牺牲以获得足够的保育服务，要么因为费用太高而被迫放弃（McVeigh，2001：12）。

　　毫无疑问，以家庭为基础的社会工作是成人和儿童社会工作的主要焦点。1989 年《儿童法》强调了专业人员与父母、专业人员与儿童以及机构之间合作的原则（Petrie and James，1995：315）。但是社会工作与家庭之间的关键矛盾之一包括协调不同家庭成员的不同观点和利益。当家庭成员之间的冲突无法解决时，机构和社会工作者致力于使当事人能够接受这种分歧。

　　大法官部（the Lord Chancellor's Department）对 1989 年《儿童法》中有关家庭诉讼条款的推动发挥了政策主导作用。该法将社会工作者作为（未成年被告）诉讼监护人以及评核人员。1998 年，政府检视了作为缓刑服务组成部分的法院福利服务，该服务是由家事法院福利官（大约 600 人）提供的。随后，1999 年，政府决定建立一个统一的服务机构，将家事法院的福利官中（未成年被告）诉讼监护人（700~800 人）和法定律师办事处中负责儿童事务的部门合并在一起，共同处理涉及儿童的复杂的高等法院诉讼。但也有人质疑作为这项服务成员的缓刑官和社会工作者是否可以顺利地达成合作（McCurry，1999：22）。

保育服务和儿童保护

尽管保育服务中涉及儿童保护方面的内容都围绕着法律和政策来展开，但几乎没有人重视哪些方式能使机构变得"足够好"或"优秀"。英国的保育服务政策和实践正在被针对儿童虐待问题的儿童保护措施的快速发展所掩盖。奈杰尔·帕顿（Nigel Parton）认为，20 世纪 80 年代后期是一个历史性的时刻，这一时期虐待儿童从被视为社会健康问题转变为关于儿童保护的法律的焦点（Parton，1991：146）。在认为儿童迫切需要医疗护理的问题上，回应儿童虐待的多层次性是十分明显的，儿童权利正在成为一个更加突出的问题。为了满足 1989 年《儿童法》的要求，并与《联合国儿童权利公约》和《欧洲人权公约》保持一致，关于儿童保护程序中多机构协作的指南于 1999 年进行了更新。

英格兰和威尔士的公益保育服务在 20 世纪越来越强调通过改革立法的方式来对儿童的生活进行干预，以此增进他们的福祉。这些公益保育服务包括政府举办的以及通过社会服务和志愿保育服务组织举办的，如巴纳德、儿童协会（英格兰教会儿童协会）、全国儿童之家和全国防止虐待儿童协会。相关的立法如 1908 年《儿童法》、1926 年《儿童收养法》（Adoption of Children Act 1926）、1933 年《儿童和青少年法》、1948 年《儿童法》、1963 年《儿童和青少年法》、1969 年《儿童和青少年法》和 1989 年《儿童法》。毫无疑问，第二次世界大战给那一代的许多孩子留下了成长创伤，城镇里的孩子很多离家撤离，而另一些孩子则经历空袭和失去亲人，特别是留下了恐惧阴影。

20世纪60年代后期，在戈夫曼对所有类型机构的批判性研究（Goffman，1961）以及卡尔顿少年感化院暴乱（Durand，1960）等令人震惊的具体事件之后，大型儿童之家和少年感化院的情况开始受到质疑，这也暴露了许多保育服务机构的状况相当糟糕。

20世纪70年代至少在两个方面体现出是保育服务政策和服务实践的分水岭。第一，与1969年《儿童和青少年法》实施相结合，新的社会服务部门设立社会工作通用专业，这也是立法不断完善的体现，用所谓的福利方法来治疗社区中的问题家庭和儿童。第二，70年代末，儿童权利变得比以往更加突出，女权主义将虐待儿童和家庭暴力确定为父权制和压迫性男权的一种表现。一些儿童从一个寄养家庭到另一个寄养家庭，从一个儿童之家到另一个儿童之家，这些大量被安置的经历令人越来越不安。人们认为有必要将这种安置转移及其对照料关系的破坏降至最低限度。

在英格兰和威尔士，为管理向儿童和家庭提供个人社会服务的一系列法定和志愿机构的工作提供法律框架的各种立法已经集中在统一的体系之下——1989年《儿童法》。然而，许多民法仍然与其他立法有关，例如在收养问题上，就包括1944年《教育法》、1980年《儿童法》、1984年和1985年《诱拐儿童法》（Child Abduction Acts 1984/1985）和1991年《儿童资助法》（Lyon，1995：153）。

自20世纪40年代末以来，尽管英国定期对保育服务的立法进行改革，但虐待儿童的重大事件仍时有发生，这是英国保育服务最大的悖论之一。此外，虽然四分之三的16岁以下儿童非意外伤害死亡事件是由他们自己的父母和亲属造成的，但仍有严重的虐待事件是发生在由专业人士提供服务的保育服务机构中（Browne，

1995：43）。这表明，说服儿童不要相信陌生人的运动仅仅解决了问题的一小部分。

自 20 世纪 70 年代初以来，对玛丽亚·科尔维尔（Maria Colwell）死于继父之手的调查（Secretary of State for Social Services，1974），将儿童保护中专业人员这个角色以史无前例的方式推到了十分重要的位置，对儿童的生理和情感虐待已经成为比以往更受公众关注的问题，儿童性虐待也已经显露出是一个广泛存在的问题。在儿童虐待问题上某些方面存在许多争议，例如，关于儿童是否会因各种提示而激起幻想或无中生有，即所谓的"虚假记忆综合征"（False Memory Syndrome）。这种质疑源于克利夫兰（Cleveland）事件之后所采取的干预。奥克尼（Orkney）案引发了关于残忍的虐待是否真实存在的大量专业的和公众的辩论，因此一位著名的人类学家被委托调查此事（La Fontaine，1994）。大众媒体对这类保育服务丑闻的报道有时足以让大西洋彼岸都众所周知。90 年代末，英国保姆路易丝·伍德沃德（Louise Woodward）看护的婴儿死亡案的审判在美国引起了大众媒体的关注。2001 年，一对英国夫妇——基尔肖夫妇（见第一章）在美国支付了一笔费用，收养了一对双胞胎婴儿，并将他们带回英国，但后来在地方政府的法律行动下被迫将他们归还，这件事又引起了广泛的争议。这凸显了制定国际标准以规范收养政策和实践的必要性。

对以上这些问题的大力宣传（虽然很重要）结合了对实现儿童权利这一广泛领域的考虑（Franklin，1995）以及满足儿童保护的当前和长期需要。因此，许多儿童服务可能类似于消防队的服务流程——优先处理可疑的虐待行为，并将剩余的少量资源用于保育服务的其他方面。通常，公开虐待和在某些情况下儿童死亡的结果而引起的强烈抗议也会对与受害儿童家庭有关的社会工作者产生负面影响，并使他们受到职业疏忽、过失或无能等的谴责。社会工作者有时会因为过于热心而受到抨击，但在大多数儿童受害的情况下，大家还是会认为社会工作者干预得不够早，从而导致未能将儿童从潜在的不利环境中解救出来（Blom-Cooper，1985；London Borough of Lambeth，1987），比如在克利夫兰事件（Butler-Sloss，1987）和奥克尼案（House of Commons，1992）中。在这些情况下，争论变成了：社会工作者和相关专业人士应该行使多大的权利来干预那些父母或监护人并没有履行相关责任的家庭。

在 1989 年《儿童法》之后，政策已转向维持家庭完整，只有在家庭的确无法应对或不能充分发挥作用时才进行干预。此外，在儿童虐待案件提交法庭之前需要对证据进行更严格的审查，这就导致一些儿童在社会工作者收集到足够证据之前仍在家中被虐待。

与此同时，社会工作和社会服务中的保育服务倾向于儿童保护的一个后果是警察和社会工作者在调查涉嫌虐待案件时的作用趋同（Harris，1995：31）。因此，儿童保护和刑事司法系统之间的联系比社会工作者和专业治疗师（如家庭治疗师、艺术和戏剧治疗师与心理治疗师）之间的联系更密切。正如罗伯特·哈里斯（Robert Harris）所暗示的那样，"质量"一词可能见诸法律规定的保育服务的一般原则中，但这并不能确保它见诸具体的服务实践。以保护儿童为明确目的的法律并不总是保护儿童。哈里斯指出，保育服务的原则与通常支配服务实践决策的政治复杂性之间存在差距。然而，"儿童福利是一种规则驱动的活动"，在某些方面，特别是在儿童保护方面，"规定是不可能的，规则是不够的，而且……世界似乎是特别混乱和不可预测的"（Harris，1995：36）。一般性声明的明确性和简洁性只存在于法律和政策层面。

> 法律和政策在个案中的应用与从业者的道德、实践、谋略、人性有着不可分割的联系。（Harris，1995：36）

1989 年《儿童法》背离了迄今为止普遍认为的好的儿童保护应该是由国家和社会工作者最低限度参与的，转而由法院做出许多以前由社会工作者所做的决定（Lane and Walsh，1995：266）。在刑事诉讼中，儿童成为受害者或现场目击者的数量大大增加，这加剧了关于如何在如此紧张和有潜在伤害的情况下对他们进行保护的争论（Williams，1995：295）。

一系列关于院舍照顾中儿童虐待的调查报告促成了一项"质量保障"计划，工党政府于 1998 年 9 月 21 日在英格兰启动了这个计划。这个计划包括在三年内向地方政府提供 3.75 亿英镑的儿童服务拨款。1999 年 4 月在威尔士启动了一个类似的、单独资助的名为"儿童优先"（Children First）的项目。威尔士地方政府的标杆基准评估是基于最佳价值原则，并使社会服务部门有可能在政府绩效评估框架中为制定绩效指标做出贡献（Huber，2000：20）。这些方案旨在提高儿童服务的质量（管理和服务供给的一致性），其中包括四个组成部分：以儿童可衡量成果的形式来制定儿童服务的目标，其中一些目标与地方政府打算实现这些目标的确切日期有关；在实施项目中赋予地方议员新的角色；要求所有地方政府在 1999 年 1 月 31 日前向卫生部提交质量保障管理行动计划（Managerment Action Flan，MAP）；一笔 3.75 亿英镑用于儿童服务的新拨款。儿童服务的目标包括：

- 确保所有儿童得到安全、可靠、稳定和有效的照料；
- 保护儿童免受忽视和虐待；
- 在教育、保健和社会照顾方面，增加有需要的或受照料儿童的生活机会；
- 使不再接受照料的青少年在成年后能够过上较好的生活；
- 满足残疾儿童及其家庭的需求；
- 通过改进评估改进服务；
- 让服务对象和照顾人员积极参与服务的规划、决策和检视；

- 通过监管保护儿童；
- 确保保育服务员能做好他们的工作；
- 最大限度地利用资源。

但是，碧翠丝·坎贝尔（Beatrix Campbell）对此提出了怀疑：

> "质量保障"计划既让许多管理者感到兴奋，也让他们感到担忧。是否可以提供资源来培训和付款给寄养照顾者以应对目前进入儿童之家的问题儿童？要把儿童之家真正变成不再被成人社区污名化的场所，同时又能吸引其他不再抱有幻想的青少年，需要做些什么？（Campbell，1999：14）

更重要的是：

> 虽然"质量保障"计划可能针对的是公共照顾中的糟糕做法或不当行为，但它很难挑战成人社区对儿童的态度。（Campbell，1999：14）

出于某些不可名状的原因，儿童保护登记簿（Child Protection Registers）上的儿童人数在 1991 年达到高峰，为 49000 人，然后到 1993 年下降了约 25%，随后趋于稳定。这是在执行 1989 年《儿童法》之后发生的变化。1997 年，"忽视"是孩子们被列入儿童保护登记簿的最常见的原因，约占所有案件的 30%（ONS，1999：149）。

向儿童权利保障迈进的一个标志是法院对诉讼监护人的任命，他独立于地方政府行事，以保障儿童的利益。1958 年的《收养法》在收养程序上引入了这一角色，随后 1989 年《儿童法》也增加了这一角色的作用（Head，1995：281）。现在，诉讼监护人和家事法院福利官一起，被儿童和家事报告官以及家事法院顾问取代。

社会服务在某些方面的市场化趋势极大地影响了保育服务的供给。通过合同为保育服务供给贴上价格标签，使儿童和青少年沦为商品，这可能会被视为不合乎道德的行为。例如，在儿童收养工作中，完成儿童收养程序需要支付费用给参与冗长而详尽的社会工作和家事法庭程序的个人及志愿组织。

受托儿童：寄宿和日托、收养和寄养

从 20 世纪 60 年代开始，寄宿式保育逐渐被以寄养和收养为主要方式的家庭保育所取代。2000 年，《沃特豪斯报告》（the Waterhouse Report）（见下文）揭露了儿童在寄宿式保育中的恐怖经历后，出于本能反应，工党政府启动了对全英国收养的审查。这一举动试图提高原本漫长而耗时的收养过程的速度和效率，吸引、招募、保留和支持更多的养父母，提高地方政府的收养绩效，改进法院程序，并修改法律，将儿童的利益放在首位（Winchester，2000）。2000 年秋天，一个新的收养和绩效工作小组（Adoption and Performance Taskforce）开始工作，他们以八个地方理事会为重点，并鼓励社会服务部门将收养视为一种积极、负责任的选择。

1971 年，仍有 4 万多名儿童在寄宿制的保育中心接受服务，但到 20 世纪 90 年代末，总数已下降到不足 7000 名。有迹象表明，与过去相比，寄宿制保育服务现在更像是一种最后的选择。总的来说，平均安置时间、安置对象更多是大龄儿童，其中很大一部分儿童在 16 岁以上，16 岁是离开学校的最小年龄。1998 年到 1999 年间，接受照顾的新的儿童人数比前一年下降了 5%，而不再接受照顾的人数下降了 8%。因此，根据 1989 年《儿童法》的规定，在截至 1999 年 3 月 31 日的一年内，由地方政府照料的儿童人数增加了 4%，总数达到 55300 人。其中，36100 人被寄养，比前一年增加了 3%。护理订单的使用在这一年中增加了 7%，达到 34100 份，而自愿协议的使用也有所下降（Department of Health，1999b：1）。

威廉·乌廷爵士（Sir William Utting）在对寄宿制保育服务

进行审查时发现了一个问题，即具有资质的照顾人员的比例极低（Utting，1991）。近十年后，尽管有四分之三的儿童之家经营者拥有公认的资质，但其中只有不到四分之一的员工拥有资质（Hills and Child，2000）。自从内政部根据 1969 年《儿童和青少年法》批准学校以及重新命名的社区教育之家（Community Home With Education，CHE）提供寄宿制保育服务以来，就有人批判儿童被安置在了机构中，而不是被安置在提供"家与家之间"（home from home）的环境中（Millham et al.，1975）。该法通过 20 年后，大多数大型机构陆续关闭，甚至较小机构的儿童人数也从平均 10 人下降到 7 人（Berridge and Broide，1998）。

地方政府一系列疏忽和管理缺陷（包括没有监测家庭的条件，缺乏合格、有经验和值得信赖的工作人员）的丑闻和调查报告引起了严厉的批评，因为这些疏忽和管理缺陷使得虐待儿童的制度得以发展，有时甚至持续很长时间（Kirkwood，1992；Waterhouse，2000）。此外，不断有证据表明，儿童之家普遍存在虐待儿童的现象，因此威廉·乌廷爵士受委托去评估 1989 年《儿童法》提出的儿童保护的保障措施是否充分。2000 年发表了关于寄宿和寄养中虐待儿童问题最全面、最大规模的官方调查报告（Waterhouse，2000）。与此前十几起对克卢伊德郡保育服务中虐待问题的指控调查不同，沃特豪斯具有司法调查的权力，这意味着在法院的传唤下证人可能被要求提供证据，并且调查报告可以被公开发布，而且通常其作者还可以得到在司法调查中应得的法律补偿。

工党政府接受了《沃特豪斯报告》（Waterhouse，2000）的 72 项建议，其重点在于每个地方政府社会服务部门需要任命一名儿童问题投诉官员，并加大对保育服务工作人员以及儿童保护程序执行人员的培训和监督力度。威尔士任命了一名儿童权利专员，他的职责范围不限于寄宿保育服务，还包括为残疾儿童提供住所、收养机构和相关服务。英格兰政府拒绝了设立儿童专员的类似提议，也拒绝了让儿童享有获得独立辩护人的法定权利（Martell，2000：10）。

关于社会服务部门的管理层对儿童之家疏于管理的观点也来自研究者们的研究（Berridge and Brodie，1998），如对不当行为的调查；如斯塔福德郡儿童之家（Levy and Kahan，1991）的有虐待性的制度（Levy and Kahan，1991），以及卫生部本身的调查（Department of Health，1992b）。这种忽视包括与其他地方的同龄人相比，接受寄宿照顾的儿童所获得的教育支持和学业成就低得令人震惊。大约四分之三的青少年在离开公办照顾机构时没有任何学历，只有35%的人在普通中等教育证书考试中获得了五门及以上课程 C 等级以上的成绩，只有不到19%的人继续深造或接受高等教育（Who Cares Trust，1999）。卫生部（Department of Health，1998a）在一定程度上承认了这一问题，"谁来照顾"信托基金正试图通过阅读权项目来解决这一问题。该项目是由五个地方政府与国家读写能力协会（National Literaly Association，NLA）和保罗·哈姆林基金会联合开展的一项试点举措。然而，机构提供的照顾服务的质量部分取决于背景文化，而不仅仅是受到外部因素的影响（Brown et al.，1998）。

关于改善离家儿童和青少年工作的正面信息来自卫生部在资助方面的研究，并在 1998 年至 2000 年汇编成重要的系列出版物（Brown et al.，1998；Bullock et al.，1998；Whitaker et al.，1998；Sinclair and Gibbs，1998；Wade et al.，1998；Hills and Child，2000；Farmer and Pollock，1998）。

与为家庭最终可能的重聚提供希望这点相比，地方政府照顾的儿童不应与亲生父母联系的这一观点变得不那么重要。毫无疑问，约翰·鲍比（John Bowlby）所做的工作（Bowlby，1965）促成了一种普遍的观点，即儿童与他们的亲生父母（尤其是母亲）

分离是一种剥夺，这种观点在上述转变中发挥了重要作用。但是，对家庭受到干扰和破坏的儿童来说，寄养并不是一个简单的选择，因为他们可能会难以适应在寄养家庭中受到照顾，并且他们并不打算将寄养家庭当成他们永久的家庭。尽管寄宿保育存在公认的缺点，但寄养照顾比寄宿照顾更频繁地出现问题，部分原因可能是婴儿收养的比例从 1968 年的 3/4 下降到 1991 年的 10%（Triseliotis et al.，1997：15），以及在养父母和寄宿儿童看护机构之间过度流动的趋势（Jackson and Thomas，1999），缺乏合适的收养者和寄养者，缺乏能用于培训和支持他们的资源（Berridge，1997）。但现在通过"质量保障"计划可以获得更多的资源，明确收养、寄养和"照看"儿童的标准，并澄清了一些不恰当的官方用词（Department of Health/Department of Education and Employment and Home Office，2000）。

脱离看护的儿童和青少年

青少年摆脱虐待性寄宿照料的传统方式是逃跑，但各项权利被剥夺导致这些潜逃者经常堕落并犯罪（Millham et al.，1978）。众所周知，为脱离看护的儿童和青少年提供一系列的支持服务是非常有必要的（Stein and Carey，1986）。十几年来，我们做了许多零碎的改进。白皮书《社会服务现代化》（*Modernizing Social Services*）（Department of Health，1998a）和《政府对儿童保障审查的回应》（*the Government's Response to the Children's Safeguards Review*）（Department of Health，1998b）承诺，政府将通过立法来强化地方政府对 18 周岁且离开看护机构的青少年的责任。2000 年的《儿童（离开照料机构）法》［Children（Leaving Care）Act 2000］规定，地方政府有义务与所有脱离照顾的并有资格获得新的支持性安排的青少年保持联系。在某些情况下，对象年龄甚至可以超过 21 岁。所有符合条件的青少年都必须有一名个人顾问，以确保他们能够持续获得支持和建议以及"直通车计划"（Pathway Plan）服务。

支持他们的财政安排流程也将得到简化。这么做的一个目标是扭转越来越多的青少年过早脱离照顾的趋势（在 16 岁时脱离照顾的青少年从 1993 年的 33% 提高到 1998 年的 46%）。

运用社会排斥视角来分析有需要儿童的生活机会问题，会产生四类儿童福利：年轻照顾者、学校包容、儿童和青少年心理健康及预防青少年犯罪。研究表明，儿童的受教育程度是衡量未来生活水平最重要的指标（Department of Health，2000b，Chapter 5）。政府支持家庭的项目包括建立全国家庭和亲职支持中心、"良好开端"计划和早教倡议，这些项目始于 2000 年，并获得了 5 亿英镑的拨款。

青少年怀孕

社会排斥部一份关于青少年怀孕的报告（Social Exclusion U-nit，1999a）指出，在英格兰，每年有将近 90000 名青少年怀孕，但主要是贫困地区和最弱势的青少年，包括那些被学校开除的和被当地政府照顾的青少年。每年有 15000 名青少年堕胎，其中 90% 是婚外怀孕。十几岁就成为父母的这些人比同龄人更有可能经历随后的贫困和失业。社会排斥部的报告建议采取行动，到 2010 年将青少年怀孕率降低一半，并完善针对青少年和青少年父母的预防和支持措施，包括将预防青少年怀孕作为儿童和青少年社会服务的优先事项，所有青少年犯管教所都提供性教育和亲职课程。为此，卫生部成立了一个新部门来协调这项工作。

对社会工作者的启示

下面的例子说明了社会工作者是如何批判性地理解有关儿童和家庭的政策，从而改善他们的服务实践。

案例 ————————————————————————

露丝（Ruth）是一名社会工作者，她的服务对象是一位有五个 10 岁以下孩子的母亲，这些孩子是她与三个不同的男人所生。这位母亲的抑郁症每隔几周都会发作一次，并且因为长期贫困和恶劣的住房条件，情况变得更加糟糕，她逐渐失去了为人母亲的能力，转而开始酗酒。在这种情况下她无法与两个较年长的孩子沟通，而更明显的是这两个孩子随后也都表现出行为问题。邻居打了几次电话投诉有人在房子里大喊大叫。

露丝应该采取行动让孩子们得到地方政府的照顾，从而保护他们的利益吗？

这个问题的答案不是简单的"是"或"否"。露丝面临的是真正无法破解的两难困境。以下是她面临的一些问题及其后果的总结。

1. 露丝努力让这个母亲对自己与生俱来的养育能力建立信心，并找到支持她度过抑郁期的方法。

2. 根据 1989 年《儿童法》，露丝意识到她的首要任务是保护儿童，关注他们的利益，评估他们的需求。她不相信地方政府对所有孩子的照顾能比他们母亲照顾得更好。露丝感受到了自己的干预角色与法律权力之间的冲突，以及为这个家庭的成员提供咨询、支持和赋权的责任。她认识到将孩子留在这位母亲及其偶尔出现的伴侣那里将会出现的风险，但她认为忽视的可能性比将孩子长期寄养或收养而使家庭分裂的危害更小。

3. 露丝希望说服这位母亲参加当地的一个项目，该项目旨在支持父母并提高他们的亲职技能。她努力说服房屋署的同事为这个家庭提供新的住所。她还提供经济上的援助，让这位母亲能够扔掉脏乱的床上用品和破损的家具来美化房子。

4. 露丝的冒险是值得的。尽管困难重重，但这位母亲的精神面貌得到了改善，她引以为傲的家庭建设得到了回报，两个较年长的孩子变得更加积极，家庭内部的关系也得到了改善，所有家庭成员能够一起生活。这位母亲也有了一个新伴侣，这个伴侣似乎增加了家庭的稳定性。然而，露丝意识到并不是所有的孩子都觉得他们从这个新伴侣进入他们的生活中得到了什么。她知道一个人的利益和愿望几乎不可避免地会与另一个人的存在冲突。然而，她仍然致力于使孩子和成人增能，让他们参与影响保育服务的决策。于是，她像以前一样，询问孩子们对家庭未来的看法。她综合来看他们的回答并判断，总体来说，家庭成员的收益要大于损失。此外，她认为，与由地方政府照看孩子相比，来自该伴侣的虐待风险要小得多。

本章总结

当前的政策将绝大部分的注意力都放在保护家庭上，而儿童安全的主要威胁则来自家庭内的近亲或与家庭关系密切的朋友。具有讽刺意味的是，这给社会工作者的服务带来了悖论和困境。有必要平衡家庭成员之间的利益冲突。家庭需要摆脱贫困，尤其是儿童更需要摆脱贫困对其生活机会的影响。过去的政策未能确保这一点。根据过去的证据，有必要批判性地看待政客们关于家庭贫困将在不久的将来得以消除的任何主张。

延伸阅读

Fox Harding, L. (1997) *Perspectives in Child Care*, Addison Wesley Longman, Harlow.

Franklin, B. (ed.) (1995) *The Handbook of Children's Rights—Comparative Policy and Practice*, Routledge, London.

Parton, N. (ed.) (1997) *Child Protection and Family Support—Tensions,*

Contradictions and Possibilities, Routledge, London.

Stevenson, O. (ed.) (1999) *Child Welfare in the UK*, Oxford, Blackwell.

Wilson, K. and James, A. (eds) (1995) *The Child Protection Handbook*, Baillière Tindall, London.

第七章　少年司法与刑事司法

从拘留的过度使用情况可以判断，英国的少年司法和刑事司法仍然过于严厉。大量的违法青少年一直被关押，其中包括一些在监狱关押的。在成人部分，也有大量的轻刑犯（包括初犯）被关进监狱。与此同时，无期徒刑囚犯的总人数达到有史以来的最高——目前为4000人，在过去30年里增长了10倍，超过了西欧其他国家的总和，并且每年增加超过300人。我们推断，10年之后，将有相当于10个监狱容量的7000多名终身监禁或长期监禁的囚犯。根据官员们自己使用的标准——再定罪率、成本、清洁度——监狱是无法达到预期效果的。

从1989年到1997年，15~17岁男孩的平均刑期从5.6个月急剧增加到11.6个月。越来越多的青少年被判处监禁。从1992年至1998年，被判处监禁的15~17岁青少年的人数增加了近79%，从3300人增加到5900人（NACRO，2000）。1997年至1999年间，被判处监禁的18~20岁的青少年的数量从17000人增加到18000人（NACRO，2001：4）。1992年至1999年间，10~17岁因可公诉罪行被定罪或警告的人数从143000人下降到120400人，18~21岁的人数也同样下降了（NACRO，2001：2）。

关于青少年犯罪率（尤其是与性和暴力相关的犯罪）在上升的说法越来越多，各国政府倾向于为日益严厉的惩罚政策辩解，特别是针对青少年的惩罚政策。然而，如果以10~20岁因可公诉罪行而被定罪或被警告的青少年总数来衡量，那么记录在案的青少年犯罪总数有所下降，从 1988 年的 247100 人到 1998 年的 217500 人，下降了 12%；10~20 岁的青少年因暴力或性犯罪而被判有罪或受到警告的人数从 1993 年的 30900 人下降到 1998 年的 30500 人，下降了 1%（NACRO，2000）。

在刑事司法系统的涉法青少年中未能获得普通中等教育证书的人数所占比例明显过高（Office for National Statistics，1998）。从学校休学和被永久开除的学生人数的增加、许多地区缺乏为被开除 45 天以上的儿童提供的服务，以及持续旷课的严重程度，都与犯罪行为密切相关。英国内政部的一项研究发现，一半的女性青少年和 3/4 的男性青少年曾被休学，63% 被永久开除的女性青少年和 100% 被永久开除的男性青少年都是罪犯（Graham and Bowling，1995）。

正如剑桥犯罪学研究所对青少年犯罪生涯的一项长期研究（West and Farrington，1997）所发现的那样，贫困和缺陷、家庭收入低、住房差、家庭人口多和父母监管不足等社会因素使青少年更有可能犯罪。然而，在上述因素和学业失败、旷课、被学校开除和毕业即失业等因素中，很难确定哪些在犯罪诱因中起首要作用。（Farrington et al.，1986）。

少年司法中社会工作的职责由社会服务部承担，而不是由社会工作者承担。缓刑官依据 1993 年《缓刑服务法》与成年人一起工作，该法明确了官员的具体职责，如罪犯监督。他们对被判监禁的罪犯进行看护，并在释放后对他们进行监督。国家缓刑服务局于 2001 年 4 月成立，取代了 50 多个缓刑服务组织，其目标是将每年监督的 20 万名罪犯的再次犯罪率降低 5%。缓刑官参与制定处理犯罪行为的方案和专门的性罪犯处理方案。社会工作者接触刑事司法系统主要是通过与青少年犯罪特别工作组（Youth Offending Teams，YOTs）合作或在其中工作。社会工作者负责履行地方政府的职责。主要涉及：

- 出庭儿童和需要照顾、保护或控制的儿童（1933 年《儿童和青少年法》）；
- 需要照顾、保护或控制的青少年（1963 年《儿童和青少年法》）；
- 通过法庭程序照顾和治疗儿童与青少年（1969 年《儿童和青少年法》）；
- 监督家庭和儿童（1989 年《儿童法》）；
- 起诉没有抚养配偶或子女的人（1948 年《国家救助法》）；
- 起诉精神健康患者的性犯罪（1959 年《精神健康法》）；
- 对被拘留的精神病人进行起诉和照顾（1983 年《精神健康法》）（Brayne and Martin，1999：16-18）。

这些职责将社会工作者带入刑事司法系统的核心，并且这种深入的参与使社会工作者必须对他们的工作有一种批判性的把握。

政策背景

变化中的社会规范

随着社会规范和法律的变化，刑事司法政策的某些领域也随之发生了变化。例如，自 20 世纪 60 年代末以来，成年男性和青少年之间的同性关系一直受到法律变化的影响，但仍然存在问题。因为尽管有平等和反歧视政策，他们仍备受到争议。女同性恋者和男同性恋者并不受 1975 年《性别歧视法》（Sex Discrimination 1975）或 1976 年《种族关系法》（Race Relations Act 1976）等类似法律的保护（Cosis Brown，1998）。从 19 世纪后期开始，同性恋性行为就被定为犯罪，直到 1967 年《性犯罪法》（Sexual Offences Act 1967）将成年人之间自愿的同性恋性行为合法化。1994 年《刑事司法和公共秩序法》将同性恋者的合法年龄降低到 18 岁。

2000 年试图改革 1988 年《地方政府法》第 28 条的尝试所引起的争议表明，男女同性恋者的社会处境是什么。尽管雇主被要求对其雇员采用与客户、消费者和公众成员同样的机会平等和待遇平等原则，但现实情况中雇主并没有做到。有人提议在法律面前成年人之间的同性恋和异性恋行为应被平等对待。

由于警方不再逮捕吸食大麻者，关于吸食大麻是否应该合法化的争论也很激烈。吸毒现象很普遍，而且人数还在不断增加。英国 15～16 岁青少年的吸毒率比其他任何欧洲国家都高。

出于不同目的使青少年成为合法"成年人"的年龄不同，这反映了他们的法律地位问题。16 岁时他们可以离开学校，购买香烟〔1986 年《儿童保护（烟草）法》，Protection of Children（Tobacco）Act 1986）〕和烟花，在酒吧喝某些饮料，独自骑摩托车去苏格兰，并且可以在那里结婚。然而，在英格兰，他们只有到了 17 岁才能结婚或独自开车，18 岁才能在地方选举或大选中投票，并在商店或超市购买含酒精饮料。

公众对违法者的零容忍

在英国，公众对成年和青少年罪犯充满敌意并且持零容忍态度，社会工作者和缓刑官要在这样的社会氛围中与罪犯打交道。与此同时，从积极的方面来看，受害者的利益比 20 世纪 90 年代以前得到了更多的重视。

然而，英国和美国公众对罪犯普遍的惩罚和不宽容的态度与其他西欧国家，如荷兰和斯堪的纳维亚半岛国家对罪犯的宽容形成鲜明对比。少年司法工作受到一种观点的困扰，即少年犯应该首先受到惩罚，然后再谈话。体罚作为父母的一种惩罚方式仍然被政府所纵容。传统的管教子女的方式——无论是家庭式的还是寄宿式的（例如寄宿学校）——在英国的过度惩罚和经常恐吓儿童的文化中根深蒂固。

社会工作者和缓刑官经常被公众认为对罪犯过于宽容。居中处遇（intermediate treatment）在 20 世纪 70 年代被批评为是在和少年犯玩耍，而不是惩罚他们。最近，社会工作者因安排住宿课程而受到指责，被认为是"罪犯假期"。

尽管存在着不足之处，拘留手段仍被越来越多地使用

监狱

监禁仍然是政府刑事司法政策的核心。随着用于监禁的预算飙升，监狱的数量逐步增加。越来越多的人被毫无必要地关在不起作用的监狱里。监狱只改造少数罪犯。再犯罪率居高不下，以至于如果将再犯罪率作为关键绩效指标，让任何类似的商业组织判断的话，它们都会将其立即关闭。监狱也不起作用，从某种意义上说，因为监狱磨灭了囚犯期待合理和体面待遇的权利。作为惩罚而被送进监狱的囚犯总是受到双重的惩罚，他们的生活条件极其恶劣，在过去 25 年里，皇家狱政监察员（HM Inspectors of Prisons）一再谴责这种情况。霍华德联盟调查委员会（Howard League Commission of Inquiry）发现，在英格兰和威尔士青少年被还押候审和服刑的惩教机构中，存在令人无法接受的恐吓、暴力和欺凌行为（Kennedy，1995）。

根据成本效益分析人士的说法，监狱也是无效的。监狱改革信托基金最近（1999 年）发布的报告显示，1997 年《刑事（审判）法》［Crime（Sentences）Act 1997］中有关窃贼"三振出局"的政策，代价可能超过它所带来的好处。相关研究在很大程度上也削弱了监禁使用的正当性。虽然把一个人关在监狱里可以防止他们当下的犯罪行为，但如果要使犯罪水平发生 1% 的变化，就必须将监禁的使用率增加 25%（Tarling，1993：154）。事实上，当罪犯们被关在一起时，受周围犯罪氛围的影响，他们可以提升犯罪技能并扩大人际关系网络，因此监禁可能导致更多的犯罪行为。

尽管美国使用的监禁次数已经是其他大多数发达国家的 5~8 倍了，但其联邦和各州的监狱人数仍在继续增加，目前已超过 100 万人。

在英国，1993 年释放的所有囚犯中有 53% 的人在两年内再次犯罪，1987 年释放的囚犯中有 73% 的人在 7 年内再次犯罪（Kershaw and Renshaw，1997）。从少年犯拘留所（Young Offender Institution，YOIs）释放的少年犯，有 75% 的人在两年内再次犯罪。

很难根除机构中的滥刑现象，也很难防止监狱制度本身具有的惩罚性（Adams，1998c：99-117）。大多数监狱中的妇女因盗窃和处理赃物等轻罪而被判服刑 12 个月或更短。卡兰和柴可夫斯基认为大多数女子监狱应该被拆除，只保留 100 个监狱名额（Carlen and Tchaikovsky，1996：216）。鉴于惩教机构在减少犯罪行为方面没有效力，很难找到合理的理由来反驳关闭 80% 的惩教机构，而只关押严重罪犯这一观点。

其他监禁机构

监禁判决作为遏制未来犯罪的一种方式，相对来说成本较高且无效，特别是对于曾在儿童保育机构居住的青少年和成年囚犯的重复监禁判决。1998/1999 年，关押一名 15~17 岁青少年的平均费用为 26113 英镑（HM Prison Service，1999）。正如 1979 年到 1997 年间，保守党政府和 1997 年以后工党政府的内政大臣的行动所表明的那样，政治压力可能会推翻"什么是昂贵的"和"什么是有效的"的相关证据，并鼓励更多和更长时间的监禁判决。

霍华德刑罚改革联盟和监狱改革信托基金等机构的研究以及英国皇家监狱监督局（成立于 1980 年）关于惩教机构的报告，强调了不公正和歧视的持续存在，其中包括性别歧视和种族主义。在 1998 年 6 月 30 日服刑的 10~20 岁的青少年中，黑人、南亚人、中国人或其他少数民族的比例过高（21%）（Commission for Racial Equality，1992）。

2001 年，工党内政大臣杰克·斯特劳（Jack Straw）预计，到

2007 年，现行政策将导致监狱人口增加到近 8 万人。相比之下，英国皇家狱政总监察大卫·拉姆斯博瑟姆（David Ramsbotham）爵士主张安排所有儿童和青少年、养老金领取者、精神病患者、寻求庇护者和小偷等普通罪犯，以及因毒品犯罪而被监禁的人在监狱外服刑，这将使目前的监狱人口从 6.3 万人减少到 4 万多人（Hattenstone，2001：8）。狱政总署署长马丁·纳瑞（Martin Narey）表示，除非监狱条件得到改善，否则他将辞职。他将沃姆伍德·斯克鲁伯斯、利兹、旺兹沃思、波特兰和布里克斯顿等地的监狱视为"地狱"，因为这些地方通常被认为是无法改变的（Travis，2001a：1）。

更严格的社区处罚

自 20 世纪 80 年代以来，保守党和工党政府在加大监管力度的同时，也出台了措施，以加强对违法者实行社区处罚的惩罚性内容。当然，对罪犯的非监禁或基于社区的制裁已经存在多年。1948 年《刑事司法法》（Criminal Justice Act 1948）引入了有条件释放和考勤中心。1969 年《儿童和青少年法》引入了居中处遇和警务警告。

人们普遍认为，1969 年《儿童和青少年法》是政府推动社区判决作为一种积极处遇方式达到顶峰的标志，该部法律主要是针对罪犯的福利。此后，保护社区、对罪犯的确切惩罚以及确保社区惩罚中的威慑因素都是决策的组成部分。首先是保守党，随后是工党政府，一直试图在非监禁处罚中引入更严格的惩罚性因素，尤其是那些由缓刑监督机构监管的处罚。1972 年的《刑事司法法》引入了社区服务，这是一种纯粹的惩罚性制裁。当工党在 1997 年掌权时，惩罚性文化并没有消失。正如迈克尔·卡瓦迪诺（Michael Cavadino）和詹姆斯·迪格南（James Dignan）所指出的那样，政府的目标是通过如下方式进一步加大对罪犯的社区惩罚力度：削弱缓刑服务中的阻力、加强对官员的管理和控制，以及通过在招聘中拉大社会工作专业学位的本科生与研究生之间的差距（Cavadino and Dignan，1997：216）。

尽管社区处罚比传统的缓刑令监督更具惩罚性，但大多数社区处罚充其量只是监狱的一种替代办法，而不是要取代它（Worrall，1997：150）。此外，社区服务似乎只是监狱的附属品，而不是一种替代品（Oldfield，1993）。

缓刑服务的变化

自 20 世纪 90 年代以来，缓刑官在刑事司法方面的专业基础已经受到削弱，他们的作用与福利工作相脱节，他们的训练与社工的专业资格分离，对他们的组织、管理和工作表现标准的控制已达到前所未有的程度。

根据 2000 年《刑事司法和法院服务法》（Criminal Justice and Court Services Act 2000）英国设立了两个新的服务机构，即英格兰和威尔士国家缓刑局、儿童和家事法院咨询与支持服务机构，后者处理以前传统上由法院福利服务机构的缓刑官所负责的工作。

由于《德沃斯报告》建议将缓刑官的培训从大学中移除，并置于社会工作学位课程之外（Dews and Watts，1995），保守党和工党政府（特别是通过内政部）采取了一些行动，使缓刑官更接近监狱服务，并创造了一项无缝的监管和社区刑事司法服务。广泛任命缓刑官来执行许多以前由持有社会工作文凭或同等专业资格的缓刑官负责的工作，这使得全国缓刑官协会（National Association of Probation Officers，NAPO）对缓刑监督工作的专业性表示担忧。项目开发组推行的为监狱中的罪犯提供认知-行为模式的心理服务，使心理学家能够在与罪犯面对面工作的同时，对缓刑官进行专业监督。

循证和认知行为方法

在监狱服务和缓刑服务中，推行有效干预方法的行动与个人社会服务的更广泛转变有关，即采用循证实践作为质量保证的基础。这种方法包含以下几个优点。

- 它鼓励人们阅读关于"什么是有效的"的相关研究（Hope and Chapman，1998；McGuire，1995）。
- 它造成这样一种印象：实践是以经过证明有效的方法为基础的。
- 它促进了标准的一致性。

这种方法有以下几个缺点。

- 它倾向于绕过不太实用和可立即实现的目标，这些目标不太适合有效性研究或不符合随机对照试验的研究要求。
- 它倾向于提升基于心理的干预措施（如认知行为方法）的价值。
- 它并没有挑战这样一种简单化的观点，即一旦我们选择了合适的技术方法，就可以理解导致犯罪的原因，并能有效地解决犯罪行为的多样性问题。
- 它没有充分认识到犯罪因果机制的复杂性：个体-遗传、生理-心理-家庭、同伴/社会、性别、种族、社会阶层、地域、住房、就业（Webb，2001：62）。

对此，韦伯警告说，采用简单的、基于证据的方法进行社会工作实践是危险的，因为这种方法过于依赖自然科学和实验研究，牺牲了定性方法。

行为理论支持理性化矫正项目的不断扩大，并由内政部心理学家管理的项目开发组在英国监狱进行监督。面对导致犯罪的社会因素，理性化矫正项目试图通过纠正囚犯认知过程和感知的缺陷来遏制犯罪行为——这有点野心勃勃。加拿大20世纪90年代以来的研究证据（见下文）表明，矫正干预可以减少某些类型的罪犯再次犯罪的倾向，所以认知技能训练或认知重建也受到了当局政府的青睐。

认知方法在协助解决罪犯问题方面的吸引力越来越大，主要在于它的特点是从个人的思维、行为和认知方式中确定犯罪的风险指标或前兆。这为旨在改变个人思想和行为而不是更广泛的目标的干预提供了现成的理由，例如针对社会和环境因素或更灵活的社会工作计划，以满足个别罪犯在取得认知和社会能力方面的评估需要。这些变化发生在六个关键领域——自我控制、认知风格、人际关系问题解决、社会视角、价值观和批判性推理（Ross and Fabiano，1985；Zamble and Porporino，1988）。因此，认知干预的团体工作是一种粗糙而笼统的方法，不是为了满足个人需要而设计的，而是假设一种治疗方案可以满足所有被评估为有认知缺陷和行为障碍的目标罪犯群体的需要（Porporino，1995：6）。方案中的刚性因素没有考虑到个别罪犯的特殊情况，并且该方案总体上没有考虑与犯罪相关的社会和其他因素，这些因素超出了个人思维能力的心理方面。但是认知行为方法已经在内政部做出了一个巨大的承诺，可以说它们为政府提供了最好的机会来证明与罪犯合作可以减少他们的犯罪行为。这种以认知为基础而预先设定的方案声称取得了巨大的成功。例如，波罗里诺（Porporino）引用加拿大的研究（Robinson，1995）作为英国监狱团体工作的参考，来对抗认知缺陷：

> 在对加拿大联邦监狱囚犯进行的一项大规模且非常严格的评估中，对几千起案件的罪犯在释放后进行了至少一年的随访，结果显示认知技能项目使暴力罪犯的再犯可能性降低了18.5%，性罪犯再犯的可能性降低了39%，毒品罪犯再犯的可能性降低了29%。（Porporino，1995：12）

如果不考虑文化差异对这两个国家罪犯态度的影响，就直接把认知行为项目从加拿大引进到英国是欠妥的。这些方法需要经过仔细筛选并谨慎地使用，只有在评估表明该人员将受益，工作人员能够获得适当的专业监督，并且罪犯可以在项目期间和之后获得支持时，才能使用该方法。

即使是波罗里诺等认知方法的倡导者也认为这种战略只有在得到充分理解，而且在实施过程中得到明智的管理和支持的情况下才会有效。(Porporino, 1995：13)

这意味着罪犯可能需要在一个尊重且支持他们的监禁环境中生活。为了使该方案持续发挥作用，当他们离开监狱找工作和到居住地时，这种对他们支持和共情的态度需要在社区中继续下去。然而，就英国监狱的状况以及公众对罪犯的消极态度而言，这些条件不太可能得到满足。

契约文化下公办和民办监狱的绩效管理

20 世纪 80 年代初，作为撒切尔政府行政部门"非国有化"政策的一部分，监狱部门变成了一个机构，即监狱管理局。与此同时，政府也采取措施将一些监禁机构的管理外包出去。1997 年的布莱尔政府并没有扭转保守党政府引入民办监狱的政策（Ascher，1987）。2001 年，英国监狱由私人管理的比例高于其他西欧国家。

从 20 世纪 90 年代起，监禁服务和缓刑服务进行融合以实现有效实践。刑罚机构和缓刑服务按照基于关键绩效指标的质量标准开展工作。1998 年，英国缓刑监察局、内政部缓刑部和首席缓刑官协会（Association of Chief Officers of Probation，ACOP）支持向所有缓刑官和管理人员分发内政部有效缓刑实践指南（Chapman and Hough，1998）。这是一次前所未有的尝试，旨在利用循证实践的原则，明确规定缓刑官应该做什么。

主要政策变化和相关问题

福利与司法：政策中固有的紧张关系

大部分 20 世纪的刑事司法的立法并不直接对社会工作者产生影响。然而，由于立法决定了监禁机构的性质、文化、职能和活动，以及监禁的替代办法和所有与他们接触的专业人员——例如法官、律师、警察、监狱服务人员等——的角色，立法在一定程度上也塑造了社会工作服务实践。

对儿童和青少年的矛盾心理反映在福利和司法这两个无法剥离的主题中，它们与少年司法的立法和程序设立息息相关。所谓的福利原则是 1933 年、1963 年、1969 年的《儿童和青少年法》以及 1989 年的《儿童法》中所固有的原则。与此相反，根据如 1998 年《犯罪与扰乱秩序法》（见下文）等刑事司法立法，犯罪的儿童和青少年可以被关起来并受到许多惩罚性制裁。

自 20 世纪 70 年代以来，英国刑事司法政策的主旨一直是保护社会和受害者的利益，而不是关注罪犯的情况和需求。慢慢地出现了惩罚性刑法的趋势，即监禁而不是社区为本的判决。或者换句话说，从基于福利原则的 1969 年《儿童和青少年法》中规定的矫治模式逐渐转向基于司法模式的处置原则。

司法模式的提倡者批判对犯罪的个体化矫治模式是源于一种错误的观点，这种观点认为犯罪源于个人的病态，从而导致了在对待罪犯的方式上的不公平和歧视。他们声称司法模式更为公平，因为这种违法行为是通过司法机关的正当程序来处理的，并根据罪行的严重程度按比例量刑。

在少年刑事和司法政策与服务实践中，司法是一个模糊的因素。一方面，它被右翼支持者用来对违法者做出严厉的惩罚措施。

另一方面，它被用来作为一些批判性和激进的改革呼吁的基础。例如，2000 年全国少年司法协会（National Association for Youth Justice，NAYJ）的宣言中主张在改革儿童权利法律的基础上对司法层面的规定进行调整，如将刑事责任年龄提高到 16 岁，防止所有 18 岁以下的人被关进成人监狱，并扭转未成年儿童被判处较长监禁刑期的立法趋势。

1979~1997 年保守党政府的政策

特别值得一提的是，1985 年上任的内政大臣道格拉斯·赫德（Douglas Hurd）曾经试图制定减少监狱人口的刑事司法政策。1988 年的绿皮书（Home Office，1988）和 1990 年的白皮书（Home Office，1990）都指出监狱在减少犯罪方面不发挥作用。道格拉斯·赫德借鉴了美国的教化思想，在 1991 年《刑事司法法》中引入了对罪犯公正惩罚的观念。这样做是为了使惩罚与罪行的严重性相匹配，从而增加非监禁判决并减少监禁人数。

该法被政客和司法部门抨击为过于软弱和过于自由。在杰米·巴尔杰（Jamie Bulger）和斯蒂芬·劳伦斯（Stephen Lawrence）的谋杀案引起道德恐慌后，《刑事司法法》于 1993 年通过，该法在很大程度上废除了惩罚性较低的措施，将裁量权交还给司法部门，并允许实施更多的惩罚性制裁。约翰·梅杰（John Major）发起了一项"回到民生"的倡议，正如他在 1993 年 10 月 8 日的保守党大会上的讲话中所说的那样，他将"领导一场新的运动来战胜犯罪这一毒瘤"。1993 年 10 月 7 日，在媒体煽动的恐慌达到顶点时，时任内政大臣迈克尔·霍华德（Michael Howard）在 27 点计划中提出了保守党政府关于打击犯罪的建议，以打击他所描述的犯罪浪潮。迈克尔·霍华德的惩罚哲学体现了一种"惩罚、威慑和无行为能力理由相混合的自由解释"（Sparks，1996：76）。这与 20 世纪 80 年代中期以来刑事司法政策的方向背道而驰。"监狱确实有用"是这一观点的核心。自那以后，保守党或工党政府再也没有质疑过监狱作为刑事司法政策中心的合法性。非监禁化和监狱替代方案只是在更严厉和更具惩罚性处罚背景下才会考虑。

1994 年的《刑事司法和公共秩序法》

1994 年《刑事司法和公共秩序法》提议为曾违反监管令或在监管期间被判监禁的 12～14 岁的青少年罪犯提供安全训练。该法还引入了宵禁令和对违法者的电子监控（通常被称为标记）。

1996 年 11 月，审计署在一份报告中（Audit Commission，1996）对少年司法系统的无效性提出了严厉批评。因为少年司法制度已经失效，而且青少年没有从刑事司法制度中剥离出来，所以它的结论是应该采取更有建设性的措施来处理青少年犯罪问题以及防止进一步犯罪。研究人员和批评家普遍认识到，仍然需要设法将罪犯从起诉中转移出去（Cavadino and Dignan，1997：217-218）。

1997 年新工党领导下的刑事司法政策

自 1997 年以来，与保守党一样，工党政府的刑事司法政策，都依赖于监禁和惩罚性的社区制裁。从 2001 年 6 月工党第二届任期开始，工党政府就史无前例地制定了大量政策。这些政策包括四项内容。

（1）减少犯罪战略，通过每一个警察部门设定具有挑战性的目标来减少交通犯罪、盗窃和在大城市的抢劫；成立全国减少犯罪特别工作组，设立区域减少犯罪主任和建立地方犯罪与治安管理工作协作关系。

（2）通过更严厉的刑罚来增加对惯犯的惩罚。

（3）根据《麦克弗森报告》（Macpherson，1999）来处理种族主义犯罪，包括更好地界定出于种族动机的事件，长期招募少数族裔加入警察队伍，以及在法律中增加九项新的种族主义严重犯罪。

（4）减少吸毒。

工党政府有关少年和刑事司法政策的积极方面包括：打击种族主义的举措；恢复性司法原则，包括让罪犯对受害者负责；强调彻底改造，包括缓刑官在整个服刑期间对罪犯表现进行评估，并在释放后对他们进行监督；强调保护公众、与罪犯合作防止犯罪。

消极方面包括：强调监禁和社区制裁中的惩罚，特别是对惯犯的惩罚，例如对第三次入室盗窃者自动判处三年徒刑；扩大的监狱系统继续发挥突出作用，这是保守党政府政策的一个特征，工党没有改变这点；越来越重视基于认知行为疗法制订预先安排好的项目方案对罪犯进行干预（见上文讨论）。戈德森和彼得斯对刑事司法政策中的惩罚性要素提出了质疑，这包括以巨大的经济和人力成本关押越来越多的儿童和青少年罪犯（Goldson and Peters，2000）。他们建议使用更公正、更人道的社区为本的方式来替代监禁。

工党政府（从1997年起）根据1998年《犯罪与扰乱秩序法》采取了重要的新惩罚措施，包括反社会行为令、性犯罪者令、养育令、儿童安全令、地方儿童宵禁、警察驱逐逃学者的权力、药物治疗与检测法令（Drug Treatment and Testing Orders，DTTO）、最后警告计划、赔偿令［1969年《儿童和青少年法》第12A（3）（aa）条中的扩大权力］、行动计划令、拘留和培训令、短期囚犯召回和家庭拘留宵禁。

1998年《犯罪与扰乱秩序法》设立了青少年犯罪特别工作组，为社区问题提供跨机构解决办法，而不是将责任单独推给警察。例如，要求警察和地方政府合作制定打击犯罪的措施。对成年罪犯实行电子标记跟踪，2000年计划将对象扩大到犯有严重罪行的青少年罪犯。对违法者可以实施家庭拘留和宵禁，并对任何违规行为进行处罚。

1998年《犯罪与扰乱秩序法》第73条针对10～17岁儿童和

青少年出台了一项新的监禁令和培训令，并于 2000 年 4 月 1 日开始实施。具体规定为：被判 4 个月、6 个月、8 个月、10 个月、12 个月、18 个月或 24 个月的少年犯，一半在拘留所服刑，一半在社区接受监督。它用一个单一的、不变的判决取代了针对 12～14 岁少年犯的安全训练令和针对 15～17 岁少年犯的拘留令。相比少年犯拘留所以前可拘押的最高 6 个月监禁，此法增长了三倍。它要求在入狱后 5 个工作日内制订培训计划，具体说明目标——包括与教育、健康和住宿有关的目标——以及如何实现和评估这些目标。对拘留后期的监督是判决的一个组成部分，包括在释放当天与青少年的强制性会面，随后，在头三个月至少每月一次家访，每周两次监督接触，此后每周一次，并定期审查培训计划。

1999 年《少年司法和刑事证据法》（Youth Justice and Criminal Evidence Act 1999）引入了针对初犯的转介令，由青少年犯罪小组在青少年犯罪特别工作组的支持下进行监督。2000 年的《刑事法院量刑权限法》［Powers of Criminal Courts（Sentencing）Act 2000］编纂了所有现行的量刑法令。2001 年《刑事司法和警察法》（Criminal Justice and Police Act 2001）将儿童宵禁扩大到 16 岁以下的儿童，并授权法院下令对 15～16 岁的男孩进行安全还押，以防止他们进一步犯罪。预计这将增加对安全场所的需求。

青少年犯罪特别工作组于 1998 年开始试点运行，2000 年 4 月所有 154 所青少年犯罪特别工作组开始同时工作，并根据 1998 年的相关法律来执行拘留和培训令。根据《少年司法和刑事证据法》，预计将从 2000 年 6 月开始试行转介令，同时还将提供养育令、儿童安全令、行动计划令、最终警告计划和赔偿令。此外，还出台了反社会行为令、拘留和培训令（这是合并判决对于少年犯监禁机构和安全培训令产生的一个结果）。根据少年司法委员会（Youth Justice Board，YJB）于 2000 年 4 月公布的《少年司法国家标准》（National Standards for Youth Justice），他们的工作将受到监督，其主要目标是防止儿童和青少年犯罪。2001 年发表的最后评估报告承认执行过程中存在问题，但也认可了强有力的跨机构小组在解决青少年犯罪问题方面取得的积极成效（Home Office, 2001）。这与卫生部部长于 1998 年 9 月发起的"质量保障"计划相呼应（见第一章）。

地方政府和社会工作者面临着实施"质量保障"计划的复杂局面（特别是目标 3 和目标 4，因为它们涉及增加受教育机会、医疗和社会照顾所带来的生存机会的好处，并降低贫困儿童和受照料儿童的犯罪率）。特别是，这意味着他们需要努力改善与负责以下事项的人员之间的联系，这些事项如制订和实施少年司法计划和儿童服务计划、质量保障管理行动计划、缓刑和毒品行动小组计划，相关的人员和机构包括健康服务部门、警察、受害者保护机构、少年犯拘留所和地区法院以及其他负责减少当地犯罪的机构（Bailey and Williams, 2000）。

青少年惯犯

工党政策的目标群体之一是那些被指控要为一波又一波犯罪行为负责的青少年罪犯中的少数群体。然而，这在很大程度上被证明是虚构的。儿童协会研究了可能被送往安全训练中心的 12 ~ 14 岁儿童和青少年的情况，并审查了他们的情况和罪行，发现涉及他们的犯罪非常少见，当他们出现问题时，地方政府通常会将他们置于安全措施下（Crowley, 1998）。

吸毒、酗酒和犯罪

解决吸毒问题是工党政府政策的一个特殊目标。虽然许多青少年可能会尝试违禁药物，但大多数人只会吸食大麻，并会主动戒掉，不会卷入其他类型的犯罪。维持对海洛因或快克可卡因的依赖而产生的巨大支出（每天超过 100 英镑）给那些没有固定收入的人带来了巨大压力，以至于将他们推向犯罪。其中，快克可卡因是一种相对较新的毒品，1971 年在《药物滥用法》（Misuse of

Drugs Act 1971）中没有提及这一毒品。

目前，青少年吸毒的现象越来越多。约翰·巴尔丁（John Balding）的调查指出，至少有三分之一的青少年在 15 岁之前接触过一些非法药物，16~19 岁中几乎一半的青少年男性和三分之一以上青少年女性都接触过。自 20 世纪 80 年代末以来，14~15 岁青少年的吸毒人数增加了约 6 倍（Balding，1998）。大多数吸毒现象发生在较贫穷和各方面条件较差的青少年中（Marlow and Pearson，1999）。吸毒和犯罪之间显然有着密切的联系，但它们之间是否存在因果关系仍不清楚。据报道，70%接受监管的青少年服用了非法药物（Audit Commission，1996）。批评人士认为，吸食大麻以及其他改变情绪的毒品（如可卡因和摇头丸）是导致入室盗窃和其他行窃事件增多的原因，因为瘾君子试图获得金钱来购买毒品。一些批评人士主张将吸毒合法化，并在处方上提供某些毒品，以确保诸如海洛因成瘾者能够获得正常途径的药物供应。毫无疑问，在他们看来，如果吸食大麻合法化，登记在案的海洛因和其他毒品成瘾者能够获得合法的、医学处方来源，那么为了维持毒品供应而产生的与入室盗窃和暴力犯罪有关的大量非法产业将会解体，犯罪的发生率也将大幅下降。与此同时，对主要政党来说，任何将此类毒品合法化的提议都是具有争议和不可接受的。

与此同时，针对年轻吸毒者需要的服务应与社区服务联系起来，如年轻人在弹性时间会去的俱乐部和服务机构。2001 年 7 月《全国禁毒办青少年犯罪简报》的重点研究表明，少数族裔的青少年不太可能接受戒毒服务，因为他们不信任白人机构（Pearson and Patel，1998）、不愿意承认有此需要（Awaih et al.，1992）以及不知道戒毒服务如何帮助他们（Awaih et al.，1990）。

过量饮酒推动了犯罪行为的发生。一项针对少年犯拘留所 17~21 岁青少年的调查发现，超过五分之二的人表示在犯罪时喝了酒（Cookson，1992）。

当然，研究证明，犯罪和药物滥用之间存在相互关系并不等于证明饮酒和吸毒会导致犯罪。普通人也可能存在类似的药物滥用模式。然而，服用非法药物的少年犯比例相对较高，这增加了青少年犯罪特别工作组开展犯罪行为干预工作以解决非法服用药物和酗酒问题的可能性。这可能需要与法定机构和志愿机构合作，特别是与毒品行动小组合作。2000 年 10 月，针对 16~17 岁青少年的药物治疗和检测法令的出台，使得社会工作者更有可能参与到处理滥用药物的青少年罪犯问题的工作中来。药物治疗和检测法令可能涉及法院强制进行药物测试，如果青少年罪犯同意，还可以定期对其进行复查。到 2002 年为止，几个由少年司法委员会资助并正在运行的项目都在进行内部评估，以确定药品机构广泛采用的危害最小化做法是否有助于减少犯罪。

精神障碍犯罪者

在 20 世纪 90 年代，被诊断为精神病的杀人犯在一系列事件和调查中引起了公众的愤怒。尤其是乔治娜·罗宾逊（Georgina Robinson）之死以及对杀害乔纳森·齐托（Jonathan Zito）的克里斯托弗·克吕尼斯（Christopher Clunis）的照顾和治疗（Ritchie et al.，1994）。1991 年，卫生部开启了关于精神病患者杀人和自杀的秘密调查，在三年时间里确定了 34 起这样的死亡事件（Boyd，1994；Confidential Inquiry，1996）。格拉斯哥大学媒体集团的研究表明，三分之二的媒体提到的心理健康问题都与暴力有关，头条报道的标题通常都有"杀人狂"这类的词语（Philo et al.，1993，cited in Sayce，1995：129）。值得注意的是，精神健康领域的其他悲剧则没有引起类似的关注，特别是大约每周就有一名精神病患者因服用镇静剂而死亡，是杀人率的 3~4 倍（Sayce，1995：127）。这证明了媒体和公众关注的焦点是有偏差的，这有可能会引起公众对有精神健康问题的人的零容忍，并使政策侧重于通过监督登记等措施来控制他们，而忽视那些持续不断的需求和复杂的风险

（Sayce，1995：128）。

满足精神障碍罪犯需求的任务可能与保护社会的要求相冲突。自从 1959 年《精神健康法》出台以来，这种紧张关系变得更加明显。维多利亚时代的大型精神病医院都被遗弃，精神紊乱的人越来越多地在社区里接受开放的治疗。然而，许多有精神健康问题的人最终还是被关押候审或被判入狱。此外，精神障碍患者是否应该得到与其他罪犯不同的待遇也颇受争议。公众、警方、受害者和受害者家属的意见，以及支持和反对将精神障碍罪犯从刑事司法制度中分流出来的专业论点，都与这场争议有关。整体而言，20 世纪 90 年代有大量专业人士支持尽量把精神失常的罪犯从刑事司法制度中分流出来的论点，尽管在几份调查报告中强调了社区对出院且犯有严重罪行甚至谋杀的人缺乏支持（Blom-Cooper et al.，1995；Davies et al.，1995；Confidential Inquiry，1996；Ritchie et al.，1994）。但是大多数精神失常的罪犯不属于这一类（Muijen，1996：151）。为了满足他们的需要，受内政部第 66/90 号通告（Home Office，1990）的鼓励，经过多个部门的努力，在 60 多个地点实施了精神科/法庭小组评估计划和分流计划，以发展将精神障碍罪犯从刑事司法系统中分流出来的方法。20 世纪 90 年代引入的照顾方案强调在专业人员、患者、亲属和照顾人员的充分参与下，卫生和社会服务部门在评估个人需求、制订照顾计划、实施和审查照顾计划时进行合作。

监督登记于 1994 年被引入（参见 Vaughn and Badger，1995）。法院很少会在罪犯接受精神疾病治疗的情况下使用缓刑令，因为精神疾病治疗可能会持续 6 个月到 3 年。1991 年《刑事诉讼（不适用于精神错乱和不当辩护）法》［Criminal Procedure（Insanity and Unfitness to Plead）Act 1991］发出的监督和治疗令于 1992 年 1 月 1 日生效，只适用于极少数被认为不适合辩护的人。如果能够满足住院令的条件，并且精神失常的性质和程度足以使此人接受监护，则可下达监护令。

在可预见的未来，精神病院和监狱对为患精神疾病的罪犯的服务不太可能达到对等的状态。与专业人员、大众媒体和公众相比，有精神健康问题的人没有能力根据他们对自身情况的看法来倡导政策和做法的改变。通过加强服务对象参与、对心理健康服务对象的独立宣传、改进服务对象投诉程序、加强专业人员培训、与媒体人一起开展健康促进和教育工作以及对精神健康政策进行全面改革，来减少在社区照顾服务中对遏制精神病和强迫行为的强调，并将精神健康服务的接受者作为公民来对待，从而有助于减少这种不平等（Sayce，1995：146-147）。

患有精神障碍的黑人罪犯（尤其是黑人妇女）可能会遭受双重或多重危险：更有可能被警察逮捕；更有可能被判处监禁；如果被视为精神失常，也更有可能根据1983年《精神健康法》中颁布的安全令被驱逐；若被诊断患有精神分裂症或其他精神病，并被给予更高剂量的药物（Brown，1990）。

政府政策中存在一种矛盾：一方面要改善关押一些最危险、患有精神障碍罪犯的地方的条件，另一方面要保护公众。政府的政策引发了关于人权方面的问题。到2000年，内政部已经采取措施将没有犯罪但精神失常且有精神疾病无法治愈的人关起来，因为公众认为他们对于公众来说太危险了，所以不能给他们自由。此外，政府计划关闭三家特殊医院，并且让更多规模小得多的安全机构来替代，以收治有严重人格障碍的患者和患有精神障碍的罪犯。预计这些机构的机构化程度将会比较低，能够更多地承担当地的精神健康服务。

对社会工作者的启示

在刑事司法系统中，与不同地域罪犯打交道的社会工作者需要认真对待自 2000 年以来大量政策和立法变化所带来的实践影响。这里举一个例子来说明一位社会工作者所面临的问题范围和复杂性。

案例 ————————————————————————————

彼得（Peter）是市中心的一名少年司法工作者，他的工作对象是一群表现出各种各样问题的青少年罪犯。

1. 一位 14 岁的少女妈妈多次犯罪，并被判处监禁。当她出狱时，合租的公寓可能无法居住。如果不能成功说服亲戚为她提供合适的住处，那么这个女孩将被安置。尽管有迹象表明女孩会继续酗酒狂欢，彼得还是设法帮其争取到了一个富有同情心、如同慈母般的阿姨提供的住宿。彼得知道，一些地方政府不会承诺安置获释的囚犯，而是等到他们变成无家可归者时才去申请住房（Cavadino and Bell，1999）。彼得将与住房官员合作，以确保这位母亲收到住房建议，并在她出狱时为她保留公寓。

2. 一个即将小学毕业的男孩可能有被学校开除的危险。彼得说服管理者与当地学校制订一个辅导计划，该计划基于伊斯灵顿（Islington）的"机遇"项目，将为男孩提供一个与训练有素的、合适的成年人之间结对的支持关系。此外，彼得还与另一个项目联系，该项目通过有社会工作培训经历的家-校支持工作者提供有针对性的帮助，以防止这个男孩被认为是可能犯罪儿童而被排除在主流教育之外。

3. 彼得将少年司法系统关键工作领域的从业者指导方针和全国少年司法协会发布的《少年司法宣言》（Manifesto for Youth Justice）作为其未来工作的基础。在 18 个主要目标和原则中，彼得认为以下是与社会工作者相关且有用的，在此进行了解释和总结。

● 促进针对黑人、其他少数族裔和弱势儿童以及公共照料儿童的非歧视性政策和做法。

- 确保儿童保护法案的实施。

- 确保《联合国儿童权利公约》和 1998 年《人权法》的实施。

- 确保不对未犯罪或未达刑事责任年龄的儿童进行直接的犯罪预防工作。

- 提供优先于儿童安全令、反社会行为令和育儿令的非刑事化的家庭支持服务。

- 明确多部门合作时的界限。

- 发展儿童福利和社会工作专业知识，以确保充分考虑到儿童的发展以及物质和精神上的不利条件对他们的影响。

- 在谴责、警告或起诉时，确保地方和国家决策的一致性和平等性。

- 尽量减少使用导致儿童与其家庭不必要分离的权力。

- 确保评估工具不会造成伤害，并且减少延迟的措施不能危害到质量信息的收集和评估，或者剥夺孩子的权利（NAYJ，2000）。

此外，彼得在处理精神健康问题以及药物和酒精滥用问题时，意识到这两者在大多数情况下与犯罪呈正相关，如果他运气好的话，这些问题将通过医疗资源解决，这些资源据他所知是对其他青少年犯罪特别工作组的具有价值的投入。彼得还记得，在青少年犯罪特别工作组的努力下，教育当局对这类对象中的学龄儿童也有教育投入。

本章总结

本章对刑事司法和少年司法中影响社会工作的几个方面进行了简要梳理。试图全面讨论自 1998 年以来大量的法律和量刑规定对服务实践的影响，有些内容超出了本章的讨论范围。但是与社会工作者最相关的问题已经都涉及了。

延伸阅读

Cavadino, M. and Dignan J. (1997) *The Penal System: An Introduction*, 2nd edn, Sage, London.

Drakeford, M. and Haines, K. (1998) *Young People and Youth Justice, Macmillan*, London—now Palgrave.

Goldson, B. (ed.) (2000) *The New Youth Justice*, Russell House Publishing, LymeRegis.

Haines, K. (1996) *Understanding Modern Juvenile Justice*, Avebury, Aldershot.

Matthews, R. (1999) *Doing Time: An Introduction to the Sociology of Imprisonment*, Macmillan, Basingstoke—Now Palgrave.

第三部分

问　题

第八章 消除分化与不平等

自福利国家建立以来，消除社会歧视以及实现人与人之间平等的目标一直是福利政策的组成部分。回顾 20 世纪 40 年代的那些日子，理查德·蒂特马斯在 1964 年的一次演讲中评论道：

> 自 1948 年以来，英国社会政策的公共模式包含两个主要角色或目标——再分配和非歧视。人们认为要实现后者的一个先决条件是依法建立全民（或全面）国民保险、教育、医疗保健、住房和其他直接服务系统。（Titmuss，1976b：191）

消除歧视的政治理想与现实之间的差距显而易见。虽然英国对人权和消除歧视的决心是毋庸置疑的，但 1998 年《人权法》，像英国的反歧视立法一样，只在某些领域——生命权、自由权、安全权、公平审判权、自由选举和言论自由权、教育权、婚姻权、隐私权和家庭生活权——提供保护，但不针对基于年龄、性取向和宗教或信仰的歧视。具有讽刺意味的是，2000 年 11 月（《欧洲人权公约》签署五十周年之际）英国没有派代表参加罗马会议，当时欧洲委员会的 25 个成员国签署了禁止一切形式歧视的第 12 号协议。显然，英国拒绝签署是因为该协议过于开放和笼统（Palmer，2000：21）。此外，1998 年《人权法》只影响英格兰和北爱尔兰，苏格兰和威尔士在 1998 年颁布了各自的法律条款。

背景

所有社会因其公民所共有的一些特征，有相对的一致性和单一性。然而，无论是人与人，还是人与集体之间都不可避免地存在差异，以及重大分歧、不平等和冲突的领域。

越来越多的人认识到社会政策和社会工作是在社会分化和不平等的大背景下进行的。研究显示，在个人和家庭、团体、组织和社区中都存在不同程度的歧视、压迫和排斥。这些影响不仅仅存在于某一些社会之中，人们在发达国家和发展中国家都能感受到。经济、人口、社会和政治因素都会导致不平等，加剧或改变它们对人们生活的影响。

在对差异和多样性的日常认识中，存在一种假设：它们引发了许多需要克服的问题。反歧视的、基于平等的政策和服务实践的目标应该是朝着宣扬多样性的方向发展。

关键因素

多样性和差异是全人类的特征。问题是有些人与人之间的差异会导致不公正、匮乏和歧视，有些人因为有多个不同的差异而处于双重危险之中。例如，1999 年《移民和庇护法》（Immigration and Asylum Act 1999）关注的是移民控制和难民身份之间的关系（Cohen，2001）。在该法案通过的一年后，研究人员估计至少有 2 万名寻求庇护者是残疾人；在某些情况下，即使他们获得难民身份，他们的情况也并没有得到改善。大部分人的收入补贴率为 70%；他们通常没有资格获得残疾福利；储存特殊饮食（例如那些患有糖尿病的人）的商店并不总是接受代金券；在分散的政策下，他们无法享受当地的社区照顾服务。（George，2000：95-96）

社会分化

社会分化意味着什么？社会分化是一种将人们进行分类的方式，反映了他们的相同处境以及与其他社会群体的差异，并可能根据权力、排斥或其他不平等的衡量标准对他们进行排序。阶级是区分群体高低的一个很好的例子。

对社会政策和社会工作至关重要的其他社会分化因素是性别、年龄、族裔或种族以及残疾，但对其他边缘化和受排斥群体来说，分化因素不仅仅是这些。

阶级

尽管阶级是一个不断变化且很难进行定义的概念，却也是社会分化最明显的例证。人们普遍倾向于将阶级与一个人的职业联系在一起，这使得同一家庭中的伴侣、照顾者（主妇）、失业者、儿童和老年人相较于主要劳动者在社会阶层（地位）方面处于更困难的状态，也就是在同一家庭中具有较高职业地位的人更有优势。当然也有例外，因为贵族往往位于最高阶层，无论他们是否工作；兼职工人可能被置于工人阶级之下，属于失业人员的"底层阶级"。

有些社会划分之间——比如年龄等固定的划分和社会阶层等社会建构的划分之间——是有重大差异的。此外，还需要承认的是，由于一些划分是社会更基本或结构性的特征，它们对人们生活的影响可能比其他歧视更大。但是，与此同时，在特定情况下，一个黑人残疾妇女的经历可能比另一个年长的工人阶级妇女的经历更令人震惊。因此，根本不可能达成毫无争议的划分标准。

左翼人士可能认为福利政策的目标是减少阶级不平等，使人们能够通过阶级向上流动。社会流动的概念很重要，因为它涉及保持阶级之间的变动，最好是向上的，但实际上也有向下的。然而，在为了减少阶级差别和促进社会向上流动的标准下，许多的健康和福利服务可以说已经失败。格兰德（Le Grand，1982）展示了中产阶级是如何从健康和教育服务中获得最多收益的；《布列克报告》（the Black Report）通过衡量事故率、发病率和死亡率，发现在健康服务供给和人民健康方面，社会阶层和地域不平等现象持续存在（Department of Health and Social Security，1980a）。

底层阶级。"底层阶级"这个词存在很多争议（见第二章），批评者指出它被右翼评论家不公平地用来指那些被认为不如上层阶级的人。例如，查尔斯·默里是右翼观点的主要代表，他认为单亲家庭的兴起（他指的是单身母亲家庭）表明了道德的衰落，尤其反映在社会中新兴的底层阶级。他认为这是导致失业、犯罪和失职的一个关键促成因素，并且可能会在下一代孩子的婚姻中延续（Murray，1994）。

年龄

不幸的是，"你觉得自己有多年轻就有多年轻"，这句谚语没有考虑到在一个充满年龄歧视的社会里，"你觉得自己有多年轻是取决于别人觉得你有多年轻"。就许多日常经历而言，相对年轻或显得年长可能会导致一个人受到歧视。它还可能影响获得社会服务以及如何对待服务对象和照顾人员。年龄可能阻碍平等地获得某些服务。例如，医疗和健康保险政策可能与年龄挂钩，一些公共部门提供的昂贵治疗和手术可能根据年龄、退休状况、再就业潜力、剩余活跃寿命预测和其他类似标准进行配给。

性别

性别划分至少和年龄或阶级一样普遍。在许多社会中，性别差异在男性对女性行使权力时最为明显，这种差异可能早于所有其他差异。虽然根植于社会结构和文化之中的歧视和压迫妇女的历史传统不那么明显，但是不可忽视的。尽管这些现象在过去和现在都很普遍，但直到 20 世纪 70 年代，女权主义理论、研究和实践才把性别问题提到社会科学、社会政策和社会工作各个方面的前沿领域。如今，人们认识到性别化的社会关系已经嵌入社会政策本身的学科体系（Watson and Doyal，1998），并需要在健康和福利服务中得到承认和解决（Doyal，1998）。

担任领导职务的妇女。妇女距离平等参与政治领导和决策还有一段距离。截至 1995 年，只有 24 名妇女当选为国家元首或政府首脑，其中一半是在 1990 年以后当选的。1994 年，妇女在内阁部长中占 5.7%，而 1987 年为 3.3%，在 59 个国家中，根本没有妇女担任部长职务（Corner，1997：6-7）。

妇女遭受的暴力事件。社会中基于性别的，且最具破坏性的分裂之一来自男性对妇女的暴力事件。根据英国犯罪调查，工党政府关于暴力侵害妇女政策的三个长期目标是：减少暴力犯罪和对暴力的恐惧（按照英国犯罪调查的衡量）；使儿童能够在没有家庭暴力的环境下成长；形成涉及跨机构伙伴关系的良好做法。这些目标在妇女部和内政部的联合文件《没有恐惧地活着》（Living Without Fear）（Home office，1999a）中有具体说明。1999 年 7 月，工党政府承诺解决对女性的暴力犯罪问题，这导致内政部承担了对女性暴力问题的政策领导，该政策以前是由设在内阁办公室的妇女部负责。一个新的有关家庭暴力和暴力侵害女性问题的跨部门小组的成立，取代并扩大了原来的家庭暴力问题跨部门小组的范围。《没有恐惧地活着》概述了暴力侵害女性行为的严重犯罪性质，并指出自 20 世纪 80 年代后期以来，上报的强奸数量几乎翻了一番，而这往往是由受害者认识的人所实施的。该报告列举了政府的政策，确定了一些预防战略，包括提供支持和保护，将肇事者绳之以法，并创建了一些旨在鼓励预防的项目。

双重和多重危险。基于阶级、年龄等因素的性别划分有独立的，也有相互结合的。因此，基于性别不平等可能因双重甚至多重危险而使女性遭受的暴力加剧，这实际上意味着不止一个因素同时起作用。例如，在社区照顾规划中，女性特别容易被定义为潜在的照顾者（主妇）。如果她们是老年人、残疾人和黑人，那么作为照顾者角色对她们的影响可能更明显。克莱尔·昂格森（Clare Ungerson）在对照顾的研究中使用实证数据将社会政策与心理学联系起来。她指出虽然一些女性照顾者通过照顾他人找到了自己的女性身份，而另一些人则痛悔自己失去了自主权和身份认同，并觉得自己被大量剥削（Ungerson，1987：149）。

女权主义理论、研究和实践提高了对性别歧视作为一种社会现实的认识，并加大了立法力度，以保护女性在家庭、工作中的权利以及反对任何环境中的性别歧视。1975 年《性别歧视法》并没有废除性别歧视。父母、残疾人和照顾人员（主妇）依然由于缺乏足够的照顾服务而被排除在劳动力市场的平等机会之外（Lister，2000：47）。

劳动力中女性比例的提高减少了对有子女家庭和在职女性的歧视，主要表现为学前教育、产假及陪产假政策的逐步完善。但是在同等工作岗位上，女性的工资仍然比男性低，并且在晋升和社会高层任命方面受到歧视，特别是在卫生和社会服务领域，在国民医疗服务体系中处于管理岗位的女性仅占 17%，而在整个劳动力队伍中这一比例为 26.5%（Equal Opportunities Commission，1990）。乔治和威尔丁引用了机会平等委员会（Equal Opportunities Commission，EOC）的调查结果（George and Wilding，1993：25 - 32），他们评论说：

> 1992/1993 年，英国没有女警察局长；只有 2% 的高层管理人员是女性；只有 10% 的大学教授是女性；只有 20% 的中学校长是女性；同样，公务员中只有 20% 的高级行政官员是女性。（George and Wilding，1999：141）

性取向

社会工作和社会政策涉及的性取向主要涉及两个方面——青

少年的性行为和男女同性恋者的性行为。

青少年的性行为在不同社会的认可程度不同。在英国，16 岁以下青少年的性行为是非法的，但在服务实践中如果一方超过 18 岁，那么他/她更有可能成为警方调查和起诉的对象。在这个年龄段，非法性行为被列入一级犯罪清单，与其他性犯罪的性质与影响一致。

尽管同性恋和异性恋在文化和社会中都得到了同样的认可，但在英国，男女同性恋的性身份和性活动仍然充满辩论、争议，有时甚至是带有歧视性的话题。尽管基于性别或婚姻状况歧视他人是非法的，但基于性取向的歧视并不违法：

> 因为一个男人是同性恋而歧视他，或者因为一个女人是同性恋而歧视她并不违法。(Brayne and Martin，1999：453)

仇视同性恋又表现为对同性恋和异性恋性行为的双重标准。例如，在公共场合接吻和拥抱对同性恋者来说多年来一直是非法的，但对异性恋者来说是合法的。自 20 世纪 80 年代末以来，1988 年《地方政府法》第 28 条规定，地方政府及其雇员宣扬或教导同性恋比异性恋更可取是非法的。从 1999 年开始，工党政府废除此法条的提案引起了公众和媒体的激烈争论。

暴力行为可能会发生在同性恋者的身上，包括所谓的"抨击男同"。禁止公开自己的性取向可能会阻碍虐待受害者向警方投诉。社工可能会遇到因为受到虐待而压抑愤怒多年的人。

公众和专业人士的态度经常被暗中鼓动起来反对同性恋。例如，为保护人们免受艾滋病毒/艾滋病（AIDS）感染风险而采取的措施往往针对男同性恋者，尽管艾滋病毒/艾滋病并不仅限于同性恋人群。这似乎对男同性恋者的行为做出了道德判断，艾滋病毒/艾滋病是因其越轨行为而罪有应得的（Sontag，1991：131）。

在某些情况下，艾滋病毒（人类免疫缺陷病毒）可能需要长达十年的时间才会变成艾滋病（获得性免疫缺陷综合征）。然而，艾滋病是一个涵盖各种感染和癌症的总称，免疫系统受损的人可能会遭受这些感染病毒和癌症，并因此死亡。这种病毒不会通过正常的日常接触感染，只能通过性接触、共用针头、共用受感染的血液、母婴或母乳喂养传播。尽管在发达国家，男同性恋者、血友病患者和毒品注射者最先受到感染，但是全世界的艾滋病毒/艾滋病主要影响异性恋者。

感染艾滋病毒/艾滋病的人不可能会被雇主、保险公司甚至以前的朋友和熟人，像他们患了一种与普通传染病一样的疾病那样对待。虽然诸如患艾滋病的食品加工者对消费者不构成风险，也没有公开其是否患病的法律义务，但他们可能会因他人的敏感性而被排除在工作之外。患有艾滋病可能会导致他们失去工作，而其他类似的疾病可能只会导致他们暂时离开工作场所。

英国没有对基于对艾滋病毒/艾滋病状况的直接歧视而提供具体的法律保护。但是，具体形式的歧视，如未经本人同意进行医学检查、医学问卷调查和对宣布携带艾滋病毒/患有艾滋病的求职者进行筛查，可能成为基于间接歧视的法律诉讼的主题。根据种族和性别歧视的相关立法，间接和直接歧视都是非法的。出于这些考虑，有必要鼓励雇主和负责养老金和保险计划的人将艾滋病毒/艾滋病状况纳入其机会平等的政策和声明中。

根据 1975 年《性别歧视法》，出于区分性别的目的，英国法律只承认出生证明上记录的男女两性。因此：

> 英国无法将一名出生时为女性的男子登记为一个孩子的父亲，这并没有违反《人权公约》。然而，欧洲法院裁定，解雇一名将性别从男性改为女性的人，相当于对她作为女性的性别歧视。（Brayne and Martin，1999：453）

活动家们正在努力推动政府采取行动，使得英国与欧盟其他国家一样，男同、女同和异性恋的行为和关系在法律面前享受一样的平等地位。

种族

种族主义并不是短期的问题。多年来，英国的黑人在生活中的大多数方面都受到了专业人士和国家的不平等对待。黑人比白人更有可能贫穷和失业，这一趋势对巴基斯坦人和孟加拉国人来说尤其明显（Smith et al.，1998：14）。其中原因包括黑人聚居在市中心，工业退化会更影响黑人，造成高于平均水平的失业率，以及在招聘时对黑人所固有的种族主义观点。此外，全球范围内的资本重组进一步提升了黑人的贫困程度（TUC，1994，1995b）。

黑人和工人阶级在刑事司法系统中的占比过高，而黑人在职员中的占比过低。2000年，对扎希德·木巴热克（Zahid Mubarek）在费尔特姆少年犯管教所被殴打致死事件进行了为期三个月的内部调查后，一份机密报告得出结论认为，存在体制性种族主义。狱政总署署长马丁·纳瑞（Martin Narey）将这一问题推及监狱系统的其他部分，称"这超越了制度上的种族主义，变成了公然的恶意种族主义"（Dodd，2001：1）。缓刑官的一份官方报告得出结论，缓刑服务中渗透着"令人无法接受的种族主义"（Travis，2000：9）。

对反歧视制度局限性的批评包括对男性占主导地位的司法体系的批评，因为绝大多数来自公立学校和牛津大学、剑桥大学背景的白人男性占据了律师和法官等关键职位。法律程序和术语对处于不利地位的人来说仍然是不透明的。

1976年的《种族关系法》规定，在就业、教育和培训以及向人们提供商品和服务等方面，以种族为由歧视他人是非法的。种族通常是根据肤色、国籍、族裔或民族血统来定义的，但不包括宗教。

　　拉斯特法里教徒不被视为一个种族群体，因为该运动的起源太晚，所以（直到 1993 年）拒绝一个人的工作是合法的，除非他剪了头发……吉卜赛人被赋予了种族群体的地位……尽管……对旅行者的歧视……（不被认为）是非法的，因为他们代表的是一种生活方式而不是一个种族群体。（Brayne and Martin，1999：453）

　　女性从属于男性的国家和文化的父权制特征导致了女性的双重危险。例如，孟加拉国穆斯林妇女在传统上遭受家庭暴力，这个国家也有压迫和剥削妇女的传统。然而，种族关系立法，如 1976 年《种族关系法》，并没有对黑人妇女在自己社区内受到的歧视产生影响。当妇女在家中遭受暴力时，那些对她们所受的压迫和无法充分求助于社会服务和司法机构保护（如警察）的挑战，更多地来自妇女自身（因为她们已经实现了经济和社会解放）以及黑人社区团体和自助组织。从积极的一面来看，英国离婚法的改革使得女性比以往更容易摆脱压迫和暴力的关系。然而，住房政策并没有让单身黑人女性——其中许多人没有足够的教育文凭资格和工作经验，无法找到任何工作，更不用说不歧视她们的工作——轻松获得合适的住房。

　　20 世纪 90 年代末，英国关于种族歧视的争论再次进入危机阶段。当时，黑人青少年斯蒂芬·劳伦斯（Stephen Lawrence）被谋杀，引发了麦克弗森对随后的谋杀进行调查（Macpherson，1999）。麦克弗森调查发现，工党政府采取了一些旨在提高信任和信心，以打击刑事司法系统和大都会警察局中的体制性种族主义的措施。

不平等、歧视和压迫

　　我们可以从不平等中区分出可能是积极的也可能是消极的划分标准。如年龄和地理位置等一些划分标准，不一定与不平等有关，其他通常与不平等相关的因素包括性别和种族。诸如社会阶级差异之类的划分，不可避免地与不平等，甚至压迫联系在一起。

艾伦·卡林（Alan Carling）指出，尽管人与人之间的许多物质和社会分歧是他们之间差异的一个积极特征，但有些分歧与不公正有关，应该加以矫正（Carling，1991：1）。有关社会学和社会政策的批判性观点有助于阐明这种不平等的性质，并提出发展更具包容性服务的方法。

结构性和系统性不平等的持久性导致了各种形式的歧视和不利处境的持续存在，这对社会中的某些群体和阶层的影响尤为明显，这也意味着社会工作者的责任远远超出了与人们合作时需要遵守的现行法律的范围。此外，这还意味着解决歧视和不平等是一个社会和政治任务，也是一个先发制人的必要条件。

社会中的直接和间接歧视在个人、意识形态和体制层面上存在。直接歧视是指基于年龄、性别、种族、阶级、能力或残疾性质、宗教信仰或从属关系、口音等原因对一个人不太积极和不太友好的态度。间接歧视包括强加一些要求，使属于不同类别的人比其他人更难满足这些要求。

虽然法律在反歧视斗争中是一个有用的武器，但从根本上却受到了限制。因为 1965 年和 1976 年的《种族关系法》和 1995 年《残障人歧视法》等法律尽管承认集体歧视形式存在的现实，但绝大多数侧重于个人，而不是保护群体和其他集体的利益。压力团体和教育运动对此做出的贡献良多。由种族平等委员会（Commission for Racial Equality，CRE）主办的挑战种族和性别歧视的"看见妇女"运动就是其中的一个例子。布雷内（Brayne）和马丁（Martin）在提到社会工作专业资格计划（包括反歧视做法的要求）时指出，"好的做法远远超过法律要求的最低限度"（Brayne and Martin，1999：452）。然而，地方政府必须通过并公布一项书面的机会平等政策来反对性别、种族和残疾歧视（Brayne and Martin，1999：452）。

《罗马条约》要求英格兰以立法形式消除基于薪酬和待遇的歧视。此外，申诉人可以利用《欧洲人权公约》的额外保护来寻求司法公正（Brayne and Martin，1999：454－455）。反对歧视的立法——1975 年《性别歧视法》、1976 年《种族关系法》、1995 年《残障人歧视法》——已由工党政府在 20 世纪 70 年代中期和 90 年代中期通过。根据定义，解决直接歧视问题的立法都倾向于关注双方之间的互动，而不是考虑导致歧视的社会性不平等因素。许多歧视的群体属性，包括国家内部的歧视，无法通过侧重于个人的法律来解决。间接歧视通常也不会成为立法和反歧视实践的目标。法律局限于对直接歧视做出限制的原因是间接歧视在法庭上更难证明。

就业歧视

就业不平等的两个最明显和最不公正的方面体现在对妇女的机会不平等和薪酬不平等的歧视。例如，尽管苏格兰有同酬立法，但妇女每周收入是男子的 65%；只有 52% 的妇女从事经济活动，而男性的这一比例为 71 %；19%的单身母亲失业；妇女被排除在某些职业技能领域之外①。工作场所不平等现象的持续存在，不仅影响到妇女个人的状况（无论是在社会工作服务实践、管理还是在政治领域），也影响到这些工作环境中的决策质量。因此，机会平等的论点需要考虑到这两个方面。

对黑人和残疾女性的不平等待遇加剧了歧视，造成了双重或多重危险。

1970 年《同酬法》（Equal Pay Act 1970）和 1975 年《性别歧视法》在一定程度上解决了就业歧视问题。就业法庭（前身为工业法庭）的设立，有助于争取工作场所的平等和公平待遇。投诉

---

① 苏格兰机会平等委员会关于社会包容的情况介绍可参见 http：//www. scotland. gov. uk/inclusion/ssin09. htm，18 July 2000。

人可以获得一份关于投诉人权利的声明、涉及金钱奖励的补偿和一份为减少或消除投诉而采取的行动的建议的具体说明。然而，这种结果仅适用于个别投诉人，不适用于在同等情况下影响其他人的歧视性政策或规则。

最低工资在一定程度上解决了工资不平等问题（见第三章）。1998 年，工党政府根据 1998 年《国家最低工资法》（National Minimum Wage Act 1998）成立了独立的咨询机构——英国低收入委员会（Low Pay Commission，LPC）。低收入委员会是由贸易与工业部（Department of Trade and Industry，DTI）来管理的，它的职责是向政府就国家最低工资水平提出建议。该委员会于 1998 年 5 月报告了全国最低工资水平和工作情况（Low Pay Commission，1998），于 2000 年初评估了实行情况和影响（Low Pay Commission，2000），并将于 2001 年汇报可能增长的情况。

对心理健康的歧视

根据英国心理健康慈善机构心聆（MIND）的大规模调查，有精神健康问题的人构成了英国最受社会排斥的群体（MIND，1999）。心理健康的幸存者证明了各种形式的治疗（特别是通过监禁在精神病院的治疗）造成的污名化的有害影响。然而，在这些人身上存在一个从极端标签到创伤性标签的连续过程，他们可能因单一的精神疾病或严重抑郁症发作而被短期强制住院，随后发现自己受到歧视，因为这出现在他们的病历上。在某种程度上，以心理健康为理由的歧视的不可见性使得它更加隐蔽，因为它更不容易受到质疑。

对残疾的歧视

与其他社会群体相比，残疾人在教育和工作中遭受着不平等和歧视。学校、学院和大学没有能力为他们提供充分的学习设施和充分的学习机会，这对他们的成绩产生了不利影响。残疾人的失业率比其他人高。他们能够获得的工作，往往是低于他们的能力和积极性的，因此获得的报酬也低于健全的做同等工作的同事。

在研究成果、压力团体和社会倡导的支持下，残疾人自身开展的运动将残疾人权利纳入了社会政策和专业议程。个人社会服务领域的专业人员为残疾人提供专业服务，以评估他们的需求，这一领域已经发生了重大转变，残疾人拥有平等的公民身份，有权决定他们需要的服务种类（Oliver, 1998: 261）。

宗教歧视

在历史上的各种社会中，宗教信仰在家庭、社区、国家内部和国家之间的战争等许多层面引发了冲突。在北爱尔兰，已有立法禁止基于宗教的歧视，然而，宗教信仰差异导致了爱尔兰和北爱尔兰多年的社区间分裂。

对移民、寻求庇护者和难民的歧视

据联合国难民事务高级专员公署（UN High Commissioner for Refugees）估计，战争和国家恐怖主义、种族清洗和侵犯人权行为造成了 2500 多万人流离失所，其中很少有人能够返回家园。但国际战略研究所（International Institute for Strategic Studies, IISS）估计，这些数据只是冰山一角，由于国家被分割、大规模的发展项目和为了抢夺土地而减少农村人口的计划，又有数百万人无家可归（Vidal, 1999: 19）。与旅行者一样，难民、寻求庇护的散居者和在生活中经历其他创伤而流离失所的人，在抵达英国时可能会遇到歧视。尽管现实是移民对社会、政治、文化和经济的贡献远远大于他们的搅乱（Vertovec, 1999）。像大多数其他欧洲国家一样，英国是《难民公约》（the Refugee Convention）的签署国。该条款规定如果有人可能受到迫害，他们应该在抵达这个国家后，被允许进行听证和公平对待。尽管如此，自 20 世纪 80 年代以来，诸如人权律师等政府政策的批评者坚持认为，内政部移民服务部门的行为是非法的。在处理寻求庇护者的申请以及随后的上诉期间，内政部移民服务部门通常将他们长期关押在监狱系统中惩罚他们。1971 年《移民法》（ Immigration Act 1971）赋予移民官员几乎无限的权力以拘留在英国寻求庇护的人。有研究（Amnesty，1994）表明，在 1993 年《庇护和移民上诉法》（Asylum and Immigration Appeals Act 1993）出台以后，平均拘留时间增加了。移民拘留者保释中心（Bail for Immigration Detainees，BID）、难民法律中心（Refugee Legal Centre，RLC）等组织和民权律师都在努力挑战对寻求庇护者的过度拘留，其中许多人都因自己的经历而深受创伤。移民拘留者保释中心致力于为被拘留者争取保释。难民法律中心认为，根据《欧洲人权公约》，拘留不能返回原籍国的人是非法的。

立法保护英国的边界，却不尊重寻求庇护者的利益。1996 年《庇护和移民法》取消了一些住房权利（另见第四章），以及未在抵达英国后立即申请庇护的寻求庇护者的福利权利，理由是这将可能证明他们不是真正的寻求庇护者。2000 年，审计署指出英格兰和威尔士只有 10% 的社会服务部门有处理寻求庇护者的政策（Audit Commission，2000）。在此之前，内政部于 2000 年初制订了自愿疏散计划，并实施了 1999 年《移民和庇护法》。该法赋予地方政府疏散寻求庇护者的权力，从而使地方政府更容易管理寻求庇护者（Griggs et al.，2000：23），但这也使许多寻求庇护者更加孤立和被社会排斥（Bateman，2000：29）。

难民儿童需要仔细安置，以确保考虑到他们的阶级、文化和种族背景，以及可能经历过暴力和仍然可能感受到的创伤、孤立和失落（Dutt，1999：30）。随着世界各地的社会动乱和武装冲突，越来越多的人流离失所，诸如难民行动联盟、难民事务委员会和红十字会等志愿组织的资源，往往因需要做大量工作而捉襟见肘（Wellard，1999：8-9）。

2001 年，工党政府开始进行国际谈判，以使寻求庇护者的申请在尽可能靠近其原籍国的地方得到安置。这一程序旨在减少向

英国申请庇护人员的数量。1999 年在英国申请庇护的人数（76040
人）在欧洲是最高的，将近 40%（26630 人）的申请因不符合规
定（技术性的理由）而被拒绝，申请也没有得到审查。①。难民理
事会批评说，自 2000 年 4 月采用更快的申请程序以来，不遵守规
定的拒绝行为大幅增加。这表明该制度存在缺陷，导致了许多不
公正。这种方式使被拒绝的大多数人未能获得法律咨询，也未能
在 10 个工作日内完成一份复杂的 19 页的英文表格（Travis,
2001b：9）。向寻求庇护者发放食物代金券而不是金钱的制度可能
有助于他们直接获得紧急口粮，但也增加了他们被污名以及被种
族主义者袭击的风险（Bateman，2000：29）。

二战后劳动力短缺和 20 世纪 50 年代后期的移民潮，特别是来
自印度半岛、非洲部分地区（尤其是乌干达）和西印度群岛的移
民，增强了人们对根深蒂固的种族主义的认识，尤其是对黑人移
民的排斥。它们还导致政府制定促进融合和打击种族主义的政策，
1965 年《种族关系法》的出台在一定程度上证明了这一点，该法
禁止公共场所的歧视。

1981 年《英国国籍法》（British Nationality Act 1981）允许配
偶进入英国和他的结婚对象一起居住，只要婚姻被认为是真实的。
保守党政府在 1994 年引入了惯常居住地审核的条文，以评估一个
人的移民身份和享受国家福利的资格。据英国劳工联合会议称，
对于裁决官员如何区分常住居民，即那些永久居住在英国的人而
不是寻求补偿的临时旅行者的指导过于模糊，需要考虑五个因素。

- 申请人的意图；
- 来英国的明显原因；
- 申请人的就业记录；
- 在另一个国家居住的时间和连续性；

---

① 参见 www. home office. gov. uk/rds/pdfs/asy-dec00. pdf, 12February, 2001。

- 申请人的工作、家庭和朋友是否足以表明英国是利益中心（TUC，1995a）。

批评者提供证据证明这些控制所谓非法移民的企图是以种族主义的方式运作的，主要是歧视黑人和其他种族的人。

社会排斥

1997 年，即将上任的工党政府启动了旨在超越歧视和社会排斥的一系列战略。工党政府的社会排斥部将社会排斥描述为：

> 某些人或地区遇到诸如失业、技能缺乏、低收入、住房困难、罪案高发环境、健康不佳、贫困以及家庭破裂等交织在一起的综合性问题时所发生的现象的简称。

> 在过去，各国政府都有试图单独解决这些问题的政策，但在处理这些问题之间的复杂联系或从一开始就防止它们出现方面不太成功。（www. cabinet_office. gov. uk/seu/index. htm，May 2000）

社会排斥部

政府宣布打算启动一项全国反贫困和社会包容战略，该战略适用于城市和农村社区，并由代表所有主要利益相关方的全国公民论坛进行监测。为此，政府的首要行动之一是于 1997 年 12 月在内阁办公室内设立社会排斥部。社会排斥部直接向指导其工作的总理进行报告，这表明它将与 10 号政策小组密切合作。社会排斥部的主要目标是帮助政府解决跨部门工作的一致性和一体化问题，以减少社会排斥。到 2000 年，政策行动小组就 18 个政策行动小组涵盖的 18 个领域发表了关于社会排斥关键领域报告（见第十二章）。这些措施侧重于社会排斥部的最初目标，即减少逃学和学校排斥，消除城镇中露宿街头的人，制定综合和可持续的战略来解决失业问题（特别是通过为 16~18 岁未接受教育或就业的人创造新的机会），以及被视为最糟糕的住宅区犯罪和吸毒等问题。1999
年下半年明确，社会排斥部延续至 2002 年。

1997 年 12 月 9 日，苏格兰政府宣布了社会排斥倡议，作为对
《苏格兰的社会排斥》（Social Exclusion in Scotland）这一份咨询文
件（Scottish Office，1998）的回应。苏格兰的政策和倡议由 1998
年 5 月 8 日成立的苏格兰社会包容工作网络（Scottish Social Inclu-
sion Network，SSIN）进行协调和回应。该文件主张需要对这一领
域的政策制定采取更具包容性的办法。苏格兰事务部的报告
（Scottish Office，2000）——《社会包容：打开通向更美好苏格兰
的大门》（Social Inclusion：Opening the Door to a Better Scottand）
阐述了政府的战略，并为未来苏格兰议会的审议奠定了基础。

1999 年 6 月，北爱尔兰宣布了促进社会包容倡议（Promoting
of Social Inclusion，PSI），作为对新的社会需求目标（New Targe-
ting Social Need，New TSN）进行回应的更广泛措施的一部分
（Northern Ireland Information Service Press Release，18. 7. 00）。新的
社会需求目标倡议是政府白皮书《平等伙伴关系》（*Partnership for
Equality*）的主要项目之一（Department of Health，1998c）。

> 在北爱尔兰，社会排斥被认为是由技能差、失业、低收
> 入生活、应对困难的家庭环境、生活在贫困的住房或犯罪猖
> 獗的地区，以及难以获得服务等一系列相关问题，对个人或
> 地区的影响造成的。（Northern Ireland Information Service Press
> Release，18. 7. 00）

旅行者和少数族裔是行动的特别重点。

工党政府提出建议，通过在 2000～2001 年议会会议上提出
《特殊教育需求法》（Special Education Needs Bill），加强教育系统
的包容性，落实残疾人权利委员会关于学校、16 岁以后学习和接
受高等教育的建议。工党还推动了 1998 年《人权法》的通过和实

施。该法旨在给予残疾人不受不公平歧视的受教育权。

社会排斥部报告了不同政策行动小组在少数民族社区所做的与社会排斥相关的工作（见第十二章）（SEU，2000b）。第 12 号政策行动小组的报告发现，平均来看，非洲裔加勒比学生被排除在学校之外的可能性是其他学生的 5 倍，在一些市中心地区上升到 15 倍。报告指出了少数族裔群体处于不相称的、不利地位的几个方面，这些方面包含了社会排斥的所有领域。少数族裔群体更有可能：

- 生活在贫困地区的贫困住房中；
- 失业（16~24 岁人群的失业率高出 2~3 倍）和贫困；
- 在学校表现不佳并被学校开除；
- 健康不佳；
- 遭受种族骚扰和种族主义犯罪（DETR，Minority Ethnic Communities and Social Exclusion Press Notice，6 June 2000）。

苏格兰机会平等委员会发现了族裔群体之间类似的持续不平等现象，并强调性别和性不平等是社会排斥领域的共同主题。第 11 号政策行动小组报告了学校补充活动，指出来自贫困地区的儿童未能在目前的教育系统中发挥他们的潜力，条件差的学校中约有 24% 的学生通过了 5 门或更多的普通中等教育证书课程，而全国平均水平为 46%（DfEE，2000：19）。

社会排斥部的报告提出了解决这些问题的五大策略：
- 解决种族歧视问题；
- 通过种族监测改善服务；
- 针对少数族裔需求的具体项目；
- 解决种族主义犯罪和骚扰；
- 完善关于这些社区的信息（SEU，2000：8-9）。

这些声明意味着需要广泛的社会政策举措。2000 年，地方政府协会（Local Government Association，LGA）发起了具有战略性的社区发展倡议，即"对再生的新承诺"（New Commitment to Regeneration，NCR），将由城市联盟（Urban Alliance，UA）进行评估。其他旨在与社会排斥部加强合作的政府举措包括：在问题住宅区重建社区、"从福利到工作"项目、就业和健康行动特区。

对社会排斥政策的看法

莱维塔斯（Levitas，1998）确定了关于社会排斥的三种论述：再分配主义、道德底层阶级和社会融合。新工党通过关注街头乞讨等特别引人注目的社会问题来努力消除贫困是一种再分配主义。然而，它们不如为消除贫困而对社会保障进行根本性变革有效。道德底层阶级话语将人们依赖福利的倾向视为一种弱点，将他们拖入犯罪和懒惰的习惯。顾名思义，底层阶级被视为将其他人口排除在外、低于其他人口的可识别群体。撒切尔和保守党政府（1979~1997 年）的政策集中在试图减少福利依赖的社会政策上。3 号政策行动小组的《企业和社会排斥报告》（HM Treasury，2000）于 2000 年发布，以回应社会排斥部于 1998 年 9 月发布的关于贫困社区的报告（SEU，1998a）。该报告提倡在贫困地区发展企业。20 世纪 50 年代末，全国民主联盟百人委员会（CND Committee of One Hurdred）成员，现任贸易与工业部小企业部长的前左翼人士——帕特里夏·休伊特（Patricia Hewitt）在报告发布时，回应了撒切尔政府对私人企业家精神的支持，他说：

> 我认为这份报告不仅有助于关于社会排斥的辩论，而且有助于政府关于企业社会的广泛议程。企业是一种观点，一种心态，需要在全社会得到鼓励，这里的建议是关于这一更广泛任务的一个方面。（英国财政部新闻稿《企业——反对社会排斥的重要力量》，1999 年 11 月 2 日）

有关社会融合的论述指出了家庭、工作和教育缺乏紧密连接与人们所受排斥程度之间的关系。许多被讨论的现象，如家庭解体，表现在不断上升的分居率和离婚率（见第六章），以及学校秩序的崩溃（据估计，这是欺凌、违纪以及排斥和剥削的发生率），被认为是社会和道德秩序瓦解的征兆。因此，政策回应的重点是通过向人们提供有意义和有回报的工作和其他参与社会的方式，努力促进人们形成积极的公民意识。工党政府（1997年起）的社会政策反映了道德底层阶级和社会融合话语的混合，对被视为滥用福利制度的人给予了更严厉的回应，类似美国实行的基于"工作福利"的福利和就业政策、新政（见第二章和第三章）及利益相关者社会（见第十一章）。工党政府认为公民应当通过自助而不是福利依赖来维持他们在社会中的利益。公民身份也是一个概念，它可以为社会工作者提供一个框架，以发展基于包容性的、反贫困和反压迫政策的批判性做法（Lister，1997）。

从批判的角度来看，乔克·杨（Jock Young）的书讨论了社会排斥的起源和性质、矛盾和困境，指出一个包容性的社会也可能是压迫性的。这是因为它可能否认人们的价值观、特殊身份以及社会差异的问题性质（Young，1999：102）。

反歧视与促进平等

立法有一种倾向，即提倡最低标准而不是最佳水平。例如，1976年《种族关系法》第71条要求地方政府做出安排以消除非法的种族歧视，促进机会平等。但这并没有在社会和政治层面，赋予社会工作者和服务对象个体或集体地与歧视做斗争的权力。

种族平等委员会和机会平等委员会负责努力消除歧视和促进机会平等，并审查法律。歧视的本质是微妙的，不局限于对人与人之间差异的、粗鄙的、刻板印象，或负面标签和污名化。这一现实强调了这项任务的巨大意义。低人一等和不平等的待遇可能来自隐性差异，这是根深蒂固的文化模式的一部分。歧视者甚至在某些情况下的受歧视者都不认为这是歧视。

在性别歧视立法的定义下只有两种性别，即男性或女性，并以包含在出生证上的信息为依据。这个有关性别重新分配的问题所产生的讨论议题，说明了对歧视定义中的问题有着天然的不确定性。

此外，1995年《残障人歧视法》将残疾定义为，某人在身体或精神上有损伤，该损伤对其从事每日正常活动的能力产生实质和长期的不利影响。因此，它排除了对所有来源于固定思想误解的，而不是源于残疾人所固有的损伤的社会歧视的考虑。根据对雇主和服务提供者早期反应的评估，《残障人歧视法》的影响有限，需要采取更积极的措施，促使残疾人在实际平等而非形式平等的方向上实现重大改变（Gooding, 2000）。

促进权利和公民权

例如1998年《人权法》，尽管其试图将《欧洲人权公约》的原则纳入英格兰和北爱尔兰的法律（苏格兰和威尔士于1998年做出了自己的规定），但在机构普遍性服务实践中，未能落实欧洲和联合国关于人权声明的全部精神。这项法律规定了生命权、自由权、安全权、公平审判权、言论自由权、自由选举权、隐私权、受教育权、婚姻权和家庭生活权。它涵盖酷刑、奴役和强迫劳动等严重侵权行为，但不包括《种族关系法》和《性别歧视法》处理的保护社会、经济和文化权利的问题。对于1998年《人权法》条款所涵盖的领域，公民不再需要去斯特拉斯堡的欧洲人权法院。公民可以基于该法对现有立法提出质疑，尽管这可能并不简单。例如，在消费者保护领域，该法赋予公司和消费者权利，从理论上讲，公司可以利用该立法对现有的消费者保护法提出质疑，理由是该法限制他们对消费者行使权利（Which, 2000-01: 2）。

对社会工作者的启示

不平等和歧视的持续存在，使得现在比以往任何时候都有必要在政策和服务供给方面，建立一种平等的视角（Thompson，1998：3），但实践者在这样做时可能会遇到障碍、紧张和困境。正如许多难民的情况一样，社会排斥可能是隐蔽的，人们可能因为有复杂的问题要处理而生活在双重或多重危险中。社会工作者必须保持警惕、敏感和果断，根据个人情况批判性地认识人们可能会被排斥或歧视。下面举个例子。

案例

一名社会工作者正在与一个库尔德人家庭进行第一次接触，这个家庭有父母两人和一个大约 10 岁的孩子，住在一个（提供住宿和早餐的）旅馆。此前，房东太太评论说，孩子的父亲已经几天不见孩子了，似乎也没有反应。福利机构一直要求父亲申请求职者津贴或签约受雇，女房东知道他没有这样做。她对明显缺乏自助动力的"这些人"不屑一顾。

因为这个家庭没人讲英语，所以社会工作者联系了当地政府的难民协调员和当地库尔德组织的一名工作人员。通过翻译，社会工作者发现孩子有学习困难，可能是孤独症，但这在以前没有被意识到；同时发现母亲深受创伤的折磨，父亲有严重的听力问题，可能是因为炸弹在离他很近的地方爆炸。社会工作者与难民组织合作，确保家庭成员获得他们有权获得的福利：父亲有权学习手语，母亲需要心理支持和咨询，孩子的学习困难需要评估。社会工作者安排这个家庭搬到一个有两间卧室的出租公寓，靠近其他库尔德家庭，他们开始更自由地与其他人交流。社会工作者邀请女房东参加难民团体组织的社交活动，并向她介绍如果她要继续为他们提供住宿就必须要解决的一些问题，特别是接受多样性，而不是将其视为需要解决的问题。

本章总结

本章讨论了社会中最有可能影响社会工作的多方面的歧视和不平等问题。审查了为制定基于平等的政策和措施所做的尝试，包括 1997 年以来工党政府为解决社会排斥问题而采取的政策举措。

延伸阅读

Barry, M. and Hallet, C. (1999) *Social Work and Social Exclusion*, Venture Press, Birmingham.

Levitas, R. (1998) *The Inclusive Society? Social Exclusion and New Labour, Macmillan*, Basingstoke-now Palgrave: for Theoretical Perspectives on Socialexclusion, Citizenship and the Social Policies of New Labour.

Lister, R. (1997) *Citizenship: Feminist Perspectives*, Macmillan, London-now Palgrave.

Thompson, N. (1998) *Promoting Equality: Challenging Discrimination andOppression in the Human Services*, Macmillan, London-now Palgrave.

第九章　组织和提供社会服务

　　有人认为，社会服务组织的历史是一个畅通无阻的发展历史。我们对此持怀疑态度。简·刘易斯（Jane Lewis）并不认可传统观点，即福利服务已经从《济贫法》的黑暗时代直接进入 1942 年贝弗里奇计划的启蒙时期。她质疑这种简单的假设，即随着个人主义被集体主义所取代，国家承担更多责任。尽管这种假设在 20 世纪 40 年代建立福利国家的立法浪潮中不可避免地被推向了顶峰（Lewis，1999：249）。

政策背景

　　与福利国家的诞生有关的演变历程是极其复杂和多层面的，因为它与社会、经济和政治的变化有关，地方、地区和中央政府也在不断发生变化。例如，1974 年建立的地方政府体系历经近一个半世纪才得以形成，又过了 25 年，议会才通过立法（2000 年《地方政府法》），以扩大地方当局的权力，使他们能够与地方公共、私人、志愿和商业组织合作，在合理的自治权下解决地方问题。1835 年的《市政法人法》（Municipal Corporations Act 1835）设立了直接选举的市镇，以取代已经存在了几个世纪的、过时的、腐败的、自行选举的市政委员会。根据 1888 年《地方政府法》，英格兰和威尔士成立了郡议会（包括伦敦郡议会在内，有 62 个郡议会，61 个郡自治市议会）；根据 1894 年《地方政府法》，成立了

535 个准自治市议会、472 个农村地区议会和 270 个非郡辖自治市议会。1899 年《伦敦政府法》在伦敦建立了 28 个首都自治市镇议会和伦敦金融城。1963 年《伦敦政府法》设立了大伦敦市议会和 32 个伦敦自治市。1974 年 4 月 1 日，当 1972 年《地方政府法》实施时，职权范围包括大伦敦市议会、英格兰和威尔士的 47 个郡议会、6 个大都市自治市议会及 36 个大都市下辖的区议会。1986 年 4 月 1 日，根据 1985 年《地方政府法》，保守党政府废除了大伦敦市议会和 6 个大都市郡，并成立了由直接选举产生的内伦敦市内教育局（后来被 1988 年《教育改革法》废除）。根据 1992 年《地方政府法》，1995 年创建了大量新的单一议会，负责提供全面的地方政府服务。到 2000 年，有五种不同类型的地方机构——单一议会、大都市区议会、伦敦自治市议会、郡和区议会。因此，北爱尔兰有 26 个地方政府，苏格兰有 32 个，威尔士有 22 个，英格兰有 387 个，总共有 467 个，其中不包括马恩岛和锡利群岛。1998 年，工党政府提议建立一个由直接选举产生的市长负责的大伦敦议会，这项提议于 2000 年实施。2000 年《地方政府法》中建议设立包括当选市长在内的执行委员会，极大地增强了地方政府的政治和财政权力，以促进其所在地区的经济、环境和社会福利。

46 个单一管理区、32 个伦敦自治市和 36 个大都市自治市是单一的区议会，提供本地区的所有地方行政服务。主要城市地区的大都市区议会（Metroplitan Borough Council，MBC）包括伯明翰、利兹、利物浦、曼彻斯特和纽卡斯尔。英格兰的非大都市辖区分为两级，郡提供包括教育和社会服务在内的大部分服务，区提供住房等其他服务。

一种隐性偏见影响了对社会管理历史的传统处理方式，影响了对地方政府和社会服务组织的看法。有一种倾向是从明确或隐含的法律角度来研究这些问题。这有可能低估了志愿和非正式部门的重要贡献和"普通"人在这一过程中发挥的作用。历史不是只由重要人物创造的。权力有时可以自下而上行使。不应只考虑提供法定服务的组织的接替和重组而歪曲对社会服务组织的解释。这也适用于社会服务的实际提供方式。简·刘易斯提醒我们，社会服务一直是由国家、家庭、志愿部门和市场提供者共同提供的，不同的服务在不同的时期，有不同的突出表现（Lewis，1999：249）。

自第二次世界大战以来，英国福利服务组织的历史主要分为两个时期。1945 年至 1975 年间，福利制度不断完善，而 1975 年至 2000 年间则更加注重节省开支（Pierson，1992）。截至 1975 年，个人社会服务有两个主要的重组时期：1945 年至 1950 年，福利制度建立；1968 年至 1974 年，地方机构和地方政府进行重组。从 20 世纪 70 年代中期开始，历届工党和保守党政府一直关注重塑福利服务，以便让非法定的（自愿的和私人的）提供者更加突出。

改变中央和地方政府之间的关系

中央政府对地方政府实施严格控制的主要方式之一，是对支出设定上限。中央政府对地方政府的拨款基于来年的预算。尽管这可以协商，但对中央政府来说，拨款要素取决于能否满足日益严格的绩效目标。

1984 年，实行了税率上限。对向当地居民征收税费的传统制度进行多次改革后，人头税、社区税和市政税相继出台。其中，人头税引发了公众的广泛抗议。

地方政府想出了有创意的方法来解决资源短缺问题：在更长的时间内推广各种举措；根据绩效目标的实现情况来进一步付款；提出一个项目在几年后必须在资金方面自给自足的要求；增加私营、非营利或志愿部门合同的比例；按年拨款；冻结补助金；以及扣留与通货膨胀相关的款项。

大多数地方政府在每年的资源招标过程中，遵守中央政府削减开支的要求，并由中央政府分配支持性拨款。

> 而其他人则在搞暗箱操作，使用创造性会计方法和其他方法来避免削减或增加地方税收，同时或多或少地保持在政府政策和拨款的范围内，这些做法令人无法接受。一些机构试图用"边缘政策"来对抗政府，宣称他们不会减少劳动力或削减服务，实际上是想让政府做最坏的打算。（Elcock，1993：157）

地方政府内部的管理方式正在发生变化。地方政府社会服务部门的社会工作者从未享有完全的专业自主权。他们总是对法律和他们的直接领导负责。"管理主义"是一个用来描述管理风格的术语，它把管理者放在组织的中心位置。"新管理主义"（Adams，1998a：44）是一个用于描述公共服务中管理方法的术语，这些管理方法是在20世纪80年代初从私营部门引入的，决策基于经济、效率和有效性的标准（Farnham and Horton，1993b：237-238）。用多元化指代新的管理主义可能更准确，因为到目前为止，还没有一种恰当的方式可以表示新管理主义（Adams，1998a：61）。福利组织中的新管理主义直接挑战并经常破坏本就脆弱的社会工作专业性。

新管理主义力量日益增强的一个重要标志是，从20世纪80年代开始，根据业绩指标和服务标准对缓刑与社会服务的完成情况进行衡量，这些内容往往被纳入服务协议和合同。目标往往是在不增加资源的情况下，提高成本效益和达到更高的标准。毫无疑问，即使为了达到这一目标，也不会增加资源，而是通过现代化服务、提高质量、采用电脑办公系统来实现目标，但这并不一定会减轻个别专业人员的工作量和压力。相反，人力资源总是被削减。例如，在缓刑服务方面，内政部的统计数字表明，1998年案件量增加了4%，预计1999～2000年将进一步增加2.5%

（NAPO News, October 1999, Issue 113：4）。名为"社区关怀"的公益组织的一项调查发现，超过一半的地方政府工作人员觉得压力"高得令人无法接受"，另外 41% 的人觉得"非常高"（Rickford, 1999：22）。社会工作研究所的一项调查发现，英国有 62% 的工作人员表示在前一年的工作中经历过压力。相比之下，苏格兰为 50%，北爱尔兰为 31%（Mclean, 1999）。到 2001年，许多北爱尔兰地方部门的社会工作空缺率达到 30%。

主要变化和相关问题

组织和提供：1945~1974 年

二战后几年，政府一般性支出（General Government Expenditure, GGE）大幅增加，其中一部分用于公共部门的社会福利。尽管"国家"公务员已从 1939 年的 387000 人增加到 1951 年的 100多万人。但地方政府雇员的增长较为戏剧性，只从 20 世纪 40 年代末的约 100 万人增加到 1971 年的 300 多万人（Farnham and Horton, 1993a：5-7）。

地方政府正在以两种主要方式变迁。第一，地方政府要承担更多的职责和权力。这部分来自中央政府，因为随着煤炭生产、铁路、航空、公路运输、天然气和电力等主要行业的国有化，管理任务的复杂性不断提高，范围不断扩大，深度不断增加。部分原因是住房、教育服务的扩张，国民保健制度的建立和社会服务部门的创新。到 1979 年，公共部门约有 700 万劳动力（Farnham and Horton, 1993a：7）。新特点是地方政府越来越多地参与管理本地事务。"地方政府"一词开始与字面意思一致。

第二，由于上述原因，中央和地方政府新的责任领域的多样化，给加强服务的公司控制带来了压力（Elcock, 1993：151）。从

70 年代初开始,"企业管理学"在地方政府中就非常流行,如果没有别的办法解决当时官方报告中所认为的地方政府服务分散问题(Maud Report,1967;Bains Report,1972),那么就需要更好的协调组织来解决(Elcock,1993:151)。地方政府从 70 年代开始任命首席执行官,并逐渐依赖从商业和工业中引进管理理念和做法。财务控制被认为比以前更加重要,整个地方政府的各部门都建立了高级管理团队。

1945 年至 1975 年间,至少可以从两个角度看出,地方政府处于衰落之中:它失去了提供天然气、电力、国家援助、医院服务、补缺型健康服务和供水服务的责任;中央对地方政府的补贴占地方政府财政收入的比例,从 30% 增长到 45%,地方政府对中央政府的财政依赖性也在逐渐增强。在个人社会服务方面,1970 年后,所有社会服务主任职位的任命都必须得到卫生和社会事务部的批准,这一事实最能说明地方政府的依赖性(Lowe,1993:88)。矛盾的是,地方政府的权力被削弱了,但地方政府的收入和支出增长了两倍,其占国内生产总值(GDP)的绝对比重也提高了(Lowe,1993:88)。地方政府议会在各领域行使现有权力,如在教育领域,地方政府负责提供学校和青年服务。

自 20 世纪 70 年代初以来,地方政府在组织和提供社会服务中特有的重要地位,在两个独立但相关的政府报告及其执行过程中得到确认。

首先,在个人社会服务方面,《西博姆报告》(1968 年)提出的通过在每个地方政府建立统一的社会服务部门,大大增强了地方政府的责任和权力。西博姆提出的有关社会服务的组织和提供的结构改革建议,在 1970 年《地方政府社会服务法》中得到体现。该法将当时各自独立的儿童保育、福利和精神健康服务合并到每个地方政府的统一的社会服务部门中。

其次,几乎与此同时,西博姆改革的影响通过雷德克里夫-莫德皇家委员会的审议得到了扩大（Redcliffe-Maud，1969）。这次推选产生了 58 个独立的地方政府，每个政府的人数不少于 250000人，负责其所在地区的所有服务。伯明翰、利物浦和曼彻斯特是例外，那里的服务由两级政府分担。但是爱德华·希斯（Edward Health）的保守党政府拒绝了这些提议，因为它们可能会摧毁那些大力支持保守党的郡议会。由此制定的 1972 年《地方政府法》于1974 年实施，事实上这是一次政治妥协。它减少了地方政府的数量并扩大了其规模，但通过保留郡议会而保留了两级结构。这使得服务之间的传统竞争和分歧长期存在。例如，劳（Lowe）指出，在英格兰和威尔士的 47 个非大都市辖郡，个人社会服务和住房的责任继续由郡和区议会分担（Lowe，1993：90）。

组织和提供：1974 年至 2001 年

自 20 世纪 70 年代以来，给个人社会服务组织和服务提供方式带来明显影响的事件是《西博姆报告》的发布、社会服务部门的创建，以及由 1979 年 5 月上台的撒切尔领导下的保守党带来的变革。但是 1979 年之后保守党制定的一些政策在 1974 年至 1979 年执政的前工党政府中就有了预兆。第一次改革不可逆转地改变了社会工作者和社会服务部门的身份与形象。在保守党执政期间，公共部门的规模及其与志愿部门、私人部门的组织方式都发生了巨大变化。

20 世纪 70 年代，尽管一些地方政府管理人员试图采取措施，来更多地了解公众对其服务的看法和期望，但大多数地方政府仍遵循相当传统的、通常是官僚主义的做法。在 1978 年至 1979 年的"不满的冬天"，利兹等一些城市的社会工作者加入到了许多其他公共服务工作者的行列，参加罢工和其他示威活动，以表达对工党政府的普遍不满。参与罢工和其他示威活动的社会工作者，往往将他们的个人问题同高失业率、贫穷、地方政府预算削减和社会服务质量下降等更广泛的问题联系起来。

卫生和社会服务的市场化

自 1979 年保守党政府上台以来，中央政府有一种趋势，即增强志愿部门对提供个人社会服务的贡献。从 20 世纪 80 年代末开始，撒切尔政府将地方政府的角色从服务提供者转变为专员、承包商和服务购买者。这是在政府缩小公共部门规模和削弱工会权力的战略大背景下进行的。

1980 年《地方政府、计划和土地法》（Local Government, Planning and Land Act 1980）迫使地方政府以大幅折扣将公租房出售给现有租户。该法还授权地方政府在有关服务提供方面进行竞争性招标（Elcock, 1993: 159）。后来，强制竞争性招标的引入（1988 年《地方政府法》）促进了市场力量在工人供求方面的运作，并加强了对雇员工资水平和工作条件的管理控制（Farnham, 1993: 121）。一些地方政府成立了直接服务组织（Direct Service Organisations, DSO），代表政府工作人员进行招标。

根据 1990 年《国民医疗服务和社区照顾法》建立的契约文化，医疗和个人社会服务的混合经济和准市场经济取代了国家供给的实际垄断，可通过公共、私人、志愿和非正式部门提供比以前更加均衡的服务。在社会服务领域建立内部市场，特别是根据 1990 年《国民医疗服务和社区照顾法》为相关人员购买服务，而这些服务以前是由社会服务部门提供的。这迫使地方政府将许多设施出售给志愿机构和私人机构，社会服务部门随后从这些机构购买类似的服务。服务组织和服务提供方式的变化，对地方政府的管理风格、专业人员、接受服务的对象，以及希望在地方服务中获得利益的社会成员都有重大影响。

在婴幼儿日托机构、托儿所和游乐场等，私人、志愿机构及组织在提供服务方面发挥着越来越大的作用。传统上属于非正式部门的儿童照料工作受到越来越多的监管。一个反复发生的问题是，在一些特定的地区，出现了相关服务不善的丑闻，并有调查报告指出了服务质量保证机制的缺陷。纽卡斯尔托儿所虐待儿童的调查报告是比较有代表性的（Barker et al.，1998）。

到1991年，公共部门的工作人员从高峰时的750万人下降到约600万人，其中约300万人在地方政府工作（Farnham，1993：100）。相比之下，地方政府的社会服务劳动力（全职和兼职）在此期间稳步增长。1961年，社会服务部门有170000人，1974年增加到272000人，1984年增加到368000人，到1991年增加到414000人（Farnham，1993：102）。在社会服务工作人员中，公共部门的全职工作人员总数呈现更加稳定的增长趋势，从1979年的235000人增加到1991年的288000人，而在1991年则略有下降，减少至287000万人（Farnham，1993：103）。

保守党政府通过重组、财务控制以及有条件的现金转移支付、外包和市场化提供服务的变化，限制了地方政府的自主权。

地方政府的重组

1997年5月，在工党政府于大选中获胜之前，保守党政府实现了将地方政府改组为单一集权政府的目标。重组的一个目的是创建一个地方性小型议会，让本地人参与其中，处理本地事务。在议会建立过程中要考虑议会的规模和议会的参与度问题。

第二波地方政府重组发生在1997年4月初。它在英格兰、苏格兰和威尔士建立了13个新的统一的地方政府。此外，1996年建立了67个新的统一的地方政府，另外19个于1998年建立（Craig and Manthorpe，1999b）。

权力下放

工党政府影响社会福利的主要政策，是将权力下放给北爱尔兰、威尔士和苏格兰，并加强公民在地方和国家政府中的参与。具有讽刺意味的是，加强公民赋权和参与的明确承诺，是通过一种比上届保守党政府更严格的治理方式来实现的。

北爱尔兰、威尔士国民议会和苏格兰议会的作用，标志着政府向民主迈出了重要的一步。这提供了一种可能，即打破由威斯敏斯特制定的立法统治四个地区的模式，并在某种意义上使中央和地方政府更加紧密地联系在一起。然而，从另一个意义上说，它让这种关系变得复杂，因为它在威斯敏斯特和地方政府（威尔士、苏格兰和北爱尔兰）之间插入了一个更高层次的政府。发展有意义的政府，因地方政府重组的影响而变得复杂。例如，威尔士在 1996 年重组之前，有 8 个郡与地方卫生部门有着共同的边界范围。现在，有 22 个地方政府和 5 个卫生部门。

虽然现在评估权力下放的影响还为时过早，但有几点尤其突出。第一，英国议会（威斯敏斯特）与苏格兰议会、威尔士议会之间的关系有些紧张。也许，工党发现下放权力是件痛苦的事。第二，威尔士议会由少数人统治，这与苏格兰的联合政府、英国议会的两个具有压倒性优势的、占多数的工党党派统治形成鲜明对比。第三，威尔士和苏格兰的部长们需要一段时间才能列出一个与众不同的日常工作事项清单，而不仅仅是学习伦敦的做法（Taylor，2000：14）。第四，苏格兰社会工作和社会照顾的结构性变化趋势加快，随着越来越多的政府选择合并部门，社会工作、住房、休闲、教育和其他服务被集中管理（McKay，2000：12）。第五，将社会工作服务与其他服务相结合的举措，是在没有一份部长级简报下达给苏格兰地方政府社会工作部门的情况下进行的（McKay，2000b：24）。

质量保障

2000 年，卫生部社会关怀小组——与卫生部国民保健制度执行机构和公共卫生小组并列的三个关键领域之一——致力于提高英格兰社会服务的质量、可靠性和效率。它有六个分支，分别涉及政策和培训、儿童服务（两个分支，一个分支涉及质量保障）、社区照顾、残疾和精神疾病以及护理标准。这些人支持政府，并向政府内外的人传达政策。

自 20 世纪 70 年代以来，各国政府对专业人员提出的增加资源的要求做出了审慎回应，认为卫生和社会服务质量下降的主要原因是现有资源管理和使用的不足。尽管如此，在许多实践领域，人们仍然对卫生和社会服务方面资源及人员短缺问题表示关切。例如，与此相关的一个问题是，社会服务人员在社区护理这一重要服务领域主要通过电话筛选评估结果，而全面评估只向那些被认为有严重伤害风险的人提供。这样做的合法性、道德性和专业性让人深思（Clements，1999：28）。为了回应 1999 年 6 月的一套绩效指标，2000 年 7 月卫生部发布了针对这套指标的统计结果。这些数据显示，在最差和最好的卫生主管机构之间，所有死亡，所有循环系统疾病导致的死亡，以及自杀和事故导致的死亡等数量差距有 1 倍。表现最差的卫生主管机构的等候（医疗）名单上的人数几乎是表现最好的卫生主管机构的五倍。①

2000 年《照顾标准法》是在工党第二届政府的领导下实施的。该立法的目的是解决服务质量问题，包括自 20 世纪 70 年代初以来的几十起丑闻和调查中暴露出的成人和儿童社会服务的许多缺陷。该法通过威尔士、苏格兰、北爱尔兰和英格兰成立的理事会建立起了一个合格工作人员的全国登记册，在资历足够的情况下，逐步登记 100 多万名护理人员和 5 万名社会工作者。该法提出采取一项与 1999 年《儿童保护法》类似的措施，即将不适合与儿童一起工作的人排除在国家登记之外。该法涵盖法定的、私人的、志愿的卫生和社会护理等领域，包括为大约 50 万个成年人和儿童提供社会服务的 3 万多家机构。例如，为老年人和残疾人提供长期护理和社会照顾，以及为儿童提供住宿、日托、收养、寄养和照看服务。根据该法，2002 年设立了全国照顾标准委员会，其作为一个

---

① NHS Executive, 16 July 2000, Press Release NHS PerformanceIndicators：http：// www. doh. gov. uk/nhsperformanceindicators

独立的监督机构，负责管理各类卫生和社会服务组织、机构和单位。该委员会成员大多数由专业人员组成，有权检查为有需要的人提供的全方位服务的开展情况。英国教育标准局（Office for Standards in Education，Ofsted）是一个政府机构，根据 1992 年《教育（学校）法》[Education（Schools）Act 1992]，此机构取代了皇家督学，负责视察学校，并依据 1996 年《学校督导法》（School Inspections Act 1996）第 3（1）、10 条和第 14 条拥有强有力的干预权力，坚持采取补救性特别措施，负责视察日托和儿童照看服务。委员会内部有一个独立的部门负责医疗保健，开展集中检查，而不是像英格兰和威尔士那样分别分散在 100 个卫生机构和 5 个卫生部门，由它们进行检查。

社会服务监察局首席监察官的第八次年度报告确认了：

> 政府的目的是使地方政府现代化，并将新的政治和决策结构结合在一起，实现所有服务的最大价值。（Department of Health，1999b：5）

实现这一目标的两个主要手段是：第一，持续的检查模式，既由社会服务监察局单独进行，也通过与审计署联合审查社会服务来进行；第二，绩效评估框架（Performance Assessment Framework，PAF）已经出台，以评估全国社会服务的绩效。卫生部将社会服务的最佳价值绩效（Best Value Performance Indicators）指标与绩效评估框架个人社会服务所列的表现指标互相参照，涵盖以下范畴。

国家优先事项和战略目标：

- 被照顾儿童安置的稳定性。
- 被照顾儿童的学历。
- 为儿童提供服务的费用。
- 重症成人社会照顾的费用。

服务提供和成效的有效性：

- 强化家庭护理。

- 帮助老年人（65 岁及以上）住在家里。

用户和护理人员的服务质量：

- 客户反馈。

- 成本低于 1000 英镑的设备条目在 3 周内交付的百分比。

- 用户/护理人员表示他们能够很快得到帮助。

- 收到需求说明的人的百分比以及如何满足他们的需求

公平准入：

- 评估服务群体中的每个人。

- 注意需求与种族、文化或宗教有关的用户/护理人员。

- 家庭支持的相对支出 （Department of Health，2000b：1）。

这些是今后评估服务质量的基准。

对社会工作者的启示

自 20 世纪 90 年代初以来，社会工作者受到三大组织变革的影响。

（1）创建内部市场，将大多数社会工作者安排在管理和提供社会服务的购买方或提供方。

（2）对社会工作专业领域日益增长的管理主义的控制。

（3）要求实践是有质量保障的，以确保"最佳价值"是根据公布的服务标准来衡量的。

本章总结

本章研究了自 20 世纪 40 年代以来服务组织和提供方式的主要变化，并强调了目前与社会工作实践相关的一些特定主题。

延伸阅读

Cutler, T. and Waine, B. (1994) *Managing the Welfare State*, Berg, Oxford.

Lowe, R. (1993) *The Welfare State in Britain Since* 1945, Macmillan, Basingstoke—now Palgrave.

Mullender, A. and Perrott, S. (1998) 'Social Work and Organisations' in, R. Adams, L. Dominelli and M. Payne(eds) *Social Work: Themes, Issues and Critical Debates*, pp. 67−77, Macmillan, Basingstoke—now Palgrave.

Payne, M. (2000) *Teamwork in Multiprofessional Care*, Macmillan, Basingstoke—now Palgrave.

第十章 社会服务的资金保障

资金保障从两个方面对社会工作产生影响：一是服务资源的战略层面，二是机构和从业者向服务对象收取服务费用的战术层面。本章依次讨论这两个方面。

背景

对接受社会服务的人来说，社会政策调整最显著的结果是资金。自 20 世纪 90 年代以来，许多人一直在为免费服务付费，由于新的财务评估安排，其他费用也有所增加。布兰德利和曼索普（BradLey and Manthorpe，1997）非常准确地指出，社会工作者有必要在经济、人口发展趋势以及当前确定的社会问题所造成的背景下，着手解决资金问题，以及解决社会工作内部的问题，比如它作为一种职业的性质，还有自 1990 年《国民医疗服务和社区照顾法》颁布以来护理概念的重塑。

然而，资金不仅影响实践的微观层面，也影响与服务资金保障政策有关的宏观层面。几十年来，在英国和其他发达国家，服务资金问题一直影响着福利政策。

对社会服务资金保障的看法

关于服务应该通过公共部门还是私营部门来提供，或者通过包括志愿和非正式供给在内的混合供给者来提供的争论，涉及政治、经济和社会问题，并且基于完全不同的理论假设。不同方法的倡导者的论点似乎常常基于独立的证据，但涉及的所有论证依据，从意识形态假设方面反映了对公共或私人供给的承诺。正如多纳休（Donahue）对美国公共和私人垃圾收集的相对优点的研究所表明的那样，这场辩论绝不仅限于英国或西欧（Donahue，1989：60-68）。

新右派：自由放任主义

古典经济学理论中有一个极端，有时被称为自由放任主义，因为此理论假设求系统可以由此系统自我调节，主张让需要服务的人自己安排，选择一个可能是服务价格最具竞争力的供应商的方法。

20世纪80年代，撒切尔政府和里根政府在大西洋彼岸自由地交流了新右派的思想和实践。右派经济学家哈耶克（Hayek，1960）为美国共和党人和"新保守派"的论点提供了理由，即增加支出不一定有效，所谓的"反贫困战争"和60年代的"伟大社会"计划已经失败（Mishra，1984：31）。新保守主义者在英国也使用了类似的论点来表明，通过增加支出来促进经济增长并没有获得预期效果（Mishra，1984：32）。新右派的论点在撒切尔主义下盛行，瞄准通胀，利用货币主义（通过削减政府，即公共部门的借贷和支出，以及调控借款人和投资者的利率，来削减经济中的货币供应）来试图降低通胀。理论上，第二阶段是减税，以激发企业和商业的主动性，从而通过市场力量创造财富，刺激需求和供应，使经济恢复发展（关于经济理论和福利政策之间关系的进一步讨论，见第三章）。

集体主义

另一个极端是各种社会主义和马克思主义的观点。基本上，他们都认为，确保所有需要服务的人都能获得服务的唯一方法是，通过国家提供服务，并在此过程中补贴那些无力支付费用的人。

马克思主义者和新马克思主义者在20世纪70年代重新对资本

主义危机进行了分析，因为许多西方经济体在自身衰退时面临的经济困难是显而易见的，而中东油价的突然上涨加剧了这些困难。对于资本主义制度下福利供给的困境，马克思主义的分析与新保守主义的悲观看法相同，但原因不同。尽管新右派评论家会说国家负担不起这些服务，但马克思主义者会补充说，资本主义国家正在通过自身内部矛盾和冲突带来的危机走向失败。国家和公共支出继续增长，但国家负担不起。随着危机的加深，工人阶级对资本家的剥削行为越来越不满，资本家通过剥削和压榨变得越来越富有，社会秩序的崩溃将不可避免。大规模城市骚乱等社会冲突是这场危机爆发的标志之一。当然，从另一个角度来看，可以说，尽管法国和俄罗斯发生了重大革命，但在英国，规模较小的骚乱是发泄不满的一种方式，因此，这些骚乱并未积累足够的力量来形成普遍的大规模起义。

新工党和第三条道路

在这些极端情况之间的广泛统一体上，存在服务提供和付费的混合模式的倡导者。工党在 1997 年大选中取得压倒性胜利后不久，新工党提出的介于极端的保守党和所谓的"极端"左翼之间的"第三条道路"的观点，正在实践中。事实上，工党并未反驳新右派对社会福利成本过高的攻击。工党认为在企业振兴的市场经济中，公营部门与私营部门以及志愿部门之间建立伙伴关系是前进的道路。

关键因素

服务资源

地方政府财政

在大多数地方政府中，社会服务是仅次于教育服务的最大财政支出。在社会服务部门的预算中，最大的单项支出是为老年人提供的住宿和家庭服务费用。正如贝弗利·休斯（Beverley Hughes）指出的那样，在 20 世纪 80 年代末，通过引入市场原则，老年人的社区照顾是加强财务和资源控制的一个显著目标领域（Hughes，1995：3）。

提供个人社会服务的资金安排主要受到以下三项因素的影响：私有化，特别是通过引入外包和竞争性招标；服务提供和购买的市场化；使用财务审计作为质量保障程序的促进因素。

经济因素

多年来，政府一直被福利服务的资金问题所困扰，这个时间远远超过一些肤浅的回顾性观点所认为的从 2000 年开始。传统观点认为，1945 年至 20 世纪 70 年代中期，福利国家开始扩张，从 70 年代中期开始，福利国家陷入危机。这场危机可以被视为有两个相互关联的方面：第一个是资金短缺，第二个是严重的高失业率问题。1974 年至 1979 年，工党政府执政。1975 年，工党政府面临经济萧条危机，失业人口有近 100 万人。在 1975 年 4 月的预算中，工党政府决定不增加公共开支、不利用通货膨胀刺激经济，以创造新的就业机会。这一决定背离了《贝弗里奇报告》的一项基本原则，即社会保障体系——保障人们的收入安全——应该与有偿就业的积极方面共存，并给予支持（Lowe，1993：1）。经济中的资金短缺与失业率上升息息相关，并成为后来的保守党政府（1979~1997 年）和工党政府（1997 年以后）的一个痛点。政府希望在生产性劳动力相对于失业和其他受抚养年轻人、老年人数量下降的情况下，找到一些方法来应对社会保障所需金额持续增多的情况。

但自 20 世纪 70 年代之前，福利服务的资金问题一直未能解决。1968 年，维克·乔治（Vic George）在他对社会保障的经典分析中指出：

最近经济未能以与预期增长和公共支出同步的速度增长，这再次凸显了国家在社会供给中的作用。（George，1968：235）

在此之前的 10 年，关于政府财政和税收政策应在多大程度上鼓励人们为自己的社会保障福利和养老金提供私人储备，曾有过公开辩论（Seldon，1960，转引自 George，1968：236）。理查德·蒂特玛斯在被布莱恩（Brian）称为有史以来最有影响力的论文（1976a：iii）中提到，自 20 世纪 20 年代以来，努力制定社会政策和社会服务政策以保证人们的生存需要，与制定公平的税收和其他制度来支付这些服务费用之间，存在持续紧张的关系（Titmuss，1976a：49–53）。

因此，甚至在福利国家建立之前，关于应该提供哪些福利服务的问题，被应该如何支付这些服务费用的问题在形式上替代，就不足为奇了。重要的是要记住，自 20 世纪 70 年代初以来，英国和其他西欧国家已经摆脱了国家是福利唯一保障者的观念。这对谁为服务付费、我们认为谁应该付费、在哪些方面以及如何为这些服务付费的问题有着巨大的影响。欧盟和美国政治家之间的互动，促进了福利服务的多元化融资方式的发展，以及国家作为某些服务的唯一甚至主要提供者的重要程度的下降。

人口因素

第一章论述了影响社会政策的主要人口变化因素。这里值得强调的是那些严重影响服务资金的因素。主要的转变是：20 世纪 80 年代之前从社会工作者主要为 1969 年《儿童和青少年法》中被认为有麻烦或有风险的儿童工作，转变为越来越多地为老年人、残疾人和在家庭与社区环境中有精神健康问题的人工作。活到八九十岁的人越来越多，这也导致照顾此年龄段的老人需要耗费更多精力，他们往往在健康、行动能力和对他人的依赖方面有更明显的问题。

　　然而，虽然一些作为社会服务对象的成年人相对贫穷，但很大一部分是拥有储蓄、职业或其他私人养老金的房主。虽然社会服务对象的典型特征可能在社会阶层、种族和富裕程度方面有很大差异，但在一个地区内也常常存在显著差异，这使得有关资源分配或是资源把关和配给的决策更加复杂。

财务审计对质量保障的贡献

　　绩效框架中固有的管理手段和专业社会工作议程之间存在冲突，并且类似的冲突也存在于财务责任和专业服务责任之间。麦克·鲍尔（Michael Power）认为，在英格兰、北爱尔兰、苏格兰、威尔士和美国，对资金、服务提供、技术和管理等多种类型审计的巨大扩张，具有不可否认的好处，但也可能有不太为人所知的成本（Power，1997）。

　　财务审计过程的一个关键特征是聘请专家，这些专家以小组的形式对特定机构和服务进行检查，该过程增强了外部机构（如审计署，见 Adams，1998a：55-57）的控制性。但对财务专业知识相对匮乏的管理人员来说，接受财务审计这些活动是令人生畏的，即使是审计人员也可能不了解具体服务的相关知识（Power，1997：78）。

社区照顾：控制收入支出

　　自 20 世纪 60 年代以来，发展社区照顾（例如精神健康）的一个主要理由是可以通过节省医院开支而带来潜在收益。能够抑制精神分裂症等疾病症状的药物的开发，使发展社区照顾成为可能。1959 年和 1983 年的《精神健康法》等立法促进了这一趋势的发展。长期节省的费用相当可观。1991～1992 年和 1996～1997 年间，精神病患者的长期住院床位减少了近 50%，从 29000 多张减少到 15000 张以下（Office for National Statistics，1999，Table 8.13：142）。

考虑到社区照顾成本节约成为普遍趋势，关于其成本方面的书籍往往也受到这种主流观点的驱动，这并不奇怪。因此，泰勒（Taylor）和维加斯（Vigars）从这样的前提出发，认为：

> 需求是无限的，通过提高照顾的责任承担和标准：在一个社会不以衰退代替增长的情况下，就准备或能够支出的资源而言，资源是有限的。人们有充足的理由说明，我们在照顾上的花费比我们应该做的要少得多⋯⋯在减轻痛苦方面，让钱花得有价值与提供照顾本身一样重要。（Taylor and Vigars，1993：57）

根据对老年人和残疾人服务的研究，地方政府应对契约文化中预算压力的一个后果是，以牺牲质量为代价降低了成本（Unwin，2001）。

社区照顾：市场和准市场

根据 1990 年《国民医疗服务和社区照顾法》，购买服务的模式旨在反映市场在自由经济中进行的商品供给，附带条件是要接受政府管理，无论是与其他部门（如卫生服务部门）联合，还是单独作为社会服务部门或其他部门进行管理。因此，这个福利服务供给市场被称为"准市场"。

在个人社会服务中引入准市场的一个结果是，必须建立符合政府要求和指导方针的财务管理制度。这种系统需要在两个层次上运作，订立和管理按区块购买服务的合同，例如为一组服务对象或服务使用者购买服务，以及为单个客户购买服务以提供个人照顾服务。

在这些不同级别上产生的多个合同使社会服务部门有必要开发用于监测支出的系统，并确保整个年度财政的现金流与可用预算保持同步。同时，还需要提供服务提供者和服务使用者，以及在适当情况下与其照顾者沟通的渠道。服务提供者的多样性并不能保证服务质量的提高。相反，可能导致"供应的不确定性、质量的变化和高监测成本"（Mares，1996：47）。

在一些地区，预算已经下放到工作人员手中，由他们负责评估人们的需求、管理照顾服务和创建照顾服务包。因此，部门、团体，或在某些情况下的服务对象群体，如残疾人，被指定为成本中心，即持有自己的预算。这种下放预算的政策与政府在其他领域的政策是一致的，例如让学校的管理者和校长负责学校的属地管理，从而负责学校预算。与此同时，在资源有限且不允许持续协商额外资金的情况下，这种制度实际上迫使工作人员确定其成本、分配资源，并确定应满足哪些客户需求的优先次序，而不是侧重于评估需求，并依赖从其他地方获取的资金来满足已确定的需求。

这说明了一种方式，即管理层加强地方财政职责的方法是，利用财政控制授权来加强对地方政策和行为的控制，而不是失去对下放预算的控制。财政是在政治上加强对地方管理人员和社会服务从业人员问责的一个便利的关键点（Power，1997）。对于中央政府来说，通过财政手段控制服务是相对容易实现的。在这种情况下，它通过特定的手段将资助基金与特定目标的实现联系起来。例如，早在 20 世纪 80 年代，政府范围内的管理活动就已存在，如财务管理新方案（Financial Management Initiative，FMI）和雷纳评审（Ascher，1987，169）。有的通过将中央政府对地方当局的资助与对特定服务的拨款挂钩来保持财政控制。

私有化：外包和竞争性招标

20 世纪 80 年代，保守党政府将私有化引入公共服务的部分动机是削减成本，但另一个动机无疑反映了一种意识形态上的承诺，即破坏公共服务领域独立管理的权力基础。例如，在卫生服务领域，在 80 年代，以激发财政活力为名采取了一些私有化举措，包括提高付费床位的比例、关闭被认为不盈利的医院以及出售其他住宿制机构的卫生设施（Ascher，1987：169）。其结果之一是减少了公共部门管理人员对供给的垄断。

鉴于在评估投标的相对价值时要考虑的因素有很多，自强制竞争性招标建立之初，竞争性招标合同的财务评估安排往往就很复杂（Ascher，1987：150-152）。

在市场经济中，合同不是一个中立的概念。它们的经济理论是建立在对其局限性的认识上的，即合同的执行能力。合同本身的性质差异导致使用合同的结果也不同。判断它是否已实现其目标的标准是至关重要的。几乎不可避免的是，至少有一个标准会用经济或金融术语来表示。除了合同应以报价或低于报价交付的财务要求之外，经济效益被广泛用来指：

> 购买者为了给提供服务的组织（以及为其工作的人）一定的奖励，尽可能地降低它的优先级列表。（Barker et al.，1997：83）

在社区照顾中，管理者通常负责选择一个潜在的服务提供者，并就哪些服务需要付费和提供，协商签订一个服务协议。协议的签署及其随后的监测和审查，是持续的管理责任（Mares，1996：44）。

服务收费

向人们收取服务费的方法

国家和地方政府不断寻求，从人们那里收回治理和提供服务成本的方法。税收是最明显的实现方式。税收可以是直接向个人征收的，像对工资、薪金或养老金征收增值税（Value added tax，VAT）。也可以是间接的，像对商品或服务的生产者征收的增值税，并在购买时计入其成本。税收可能是累进的，也就是说，随着收入的增加，税率会越来越高，就像所得税一样。或者是递减的，包括统一税率的收费，比如增值税，这意味着人们无论收入或财富如何，都要缴纳相同的税。那些认为税收制度的一个功能应该是减少收入和财富不平等的人通常支持累进税制。个人统一费率收费的递减问题通过退税得到了粗略的解决。获得退税款需经过经济状况调查，可以将其作为租赁住房全额付款的一部分，或者与其他社会保障和福利的领取挂钩。根据 1988 年《地方政府财政法》（Local Government Finance Act 1988），国内税率被人头税取代，这是大规模抗议的主题。随后根据 1992 年《地方政府财政法》被市政税取代。对社区照顾服务的收费，如上门送餐和家政服务收费，是随意进行的。这导致收费方式不均衡，这种做法本身就是一种歧视。工党政府将家庭服务收费标准化的意图，会对地方预算和相关服务的资金产生直接影响。

服务的个人接受者应该支付多少实际服务费用或支付全部费用的问题，早在福利国家建立之前就已经存在，并且总是引起争论和争议。值得注意的是，不同机构和不同地方政府的做法不同。虽然老年人不会为通过国民医疗服务体系提供的服务付费，但社会服务部提供的家庭照顾等服务可能会收费。收费水平因机构而异。此外，尽管对个人需求的评估和财务评估是相互联系的，但地方政府的做法却大相径庭。在一些情况下，需求评估和财务评估是综合活动，而在另一些情况下，社会工作人员评估需求，非社会工作人员进行单独的财务评估（Bradley and Manthorpe，1997：48）。评估服务对象和护理人员费用方法的复杂性和多样性，可能会增加这些方法不断变化的趋势。布兰德利和曼索普（Bradley and Manthorpe，1997：12）从切特温德和里奇（Chetwynd and Ritchie，1996）对英格兰和威尔士五个不同地区的调查说明了这一点，他们发现每个地区都有不同的收费计算方式，并且每个地区的计算方式在过去三年中至少改变了一次。

为服务付费：从经济状况调查到财务评估

在英国福利服务的历史上，"经济状况调查"这一术语通常与污名化有关，这至少与 1834 年《济贫法修正案》的济贫院审查一样古老，秉持在确定"减少有资格"的受助者之后给予户外救济原则。其目的是将福利水平设定在一个身体健康的人能挣到的最低工资以下，以阻止乞讨者乞讨。

20 世纪 90 年代，社区照顾财务评估的目的是评估接受服务的人应支付多少费用。那些管理个人财务评估的人可能会声称，这样做的目的是确保记录个人的所有支出，并申报所有可用的福利。然而，

> 财务评估是一把双刃剑。一方面，服务使用者可能会从评估过程中发现，他们可以从养老金或保险计划中获得更高水平的现有福利或收入。另一方面，他们可能会被要求将这笔额外收入用于支付服务费用。（Mares，1996：129）

此外，评估过程涉及填写一份表格，这对于老年人来说，会让人想起国家援助和其他福利资格审核的经济状况调查。该表格提出了一些问题，有些人认为这些问题侵犯了他们的隐私，涉及所有形式的储蓄和养老金及其他来源的收入。既要尽可能多地满足服务对象未满足的需求，又要满足机构的要求——接受服务的人的付费贡献要抵销照顾服务包的全部成本，两者很难协调一致。毕竟，由此产生的净费用必须与其他照顾服务包的净费用加在一起，纳入有限的年度预算总额，这意味着所提供的服务必须按照国家或地方准则确定优先次序和配给额度。正如佩妮·马雷什（Penny Mares）所说：

> 预算限制意味着一线员工必须通过平衡"需要什么"和"可以实现什么"来规划照顾服务包。预算持有人可能会要求您确定哪些照顾需求是"必须"满足的，哪些是"需要的"。（Mares，1996：126）

处理债务

自 20 世纪 80 年代以来，个人和家庭的债务负担大幅增加。穷人所经历的一些债务问题是由他们的福利无法支付生活费用而带来的。在英国的一些地区——伦敦、爱丁堡和英格兰南部的城镇——租赁和购买生活住房的成本飙升。与此同时，金融公司、银行和房屋互助协会越来越愿意向人们提供贷款。

政府部门、地方机构和个人在不同的地方以不同的方式追踪债务人。债务追讨程序可能涉及雇用法警，或专门负责收款的私营公司。社会工作者很可能会与因其他问题导致负债的服务对象打交道。

通过重新分配实际现金来改善人们的境况是解决金融排斥问题的一个积极战略。伊利市的债务偿还计划（Debt Redemption Initiative，DRI）受到了专家（如当地公民咨询局的理财顾问）的推荐，此计划是从人们手中购买债务，为他们还债，但他们要偿还给债务偿还计划的账户。这种贷款的一个条件是他们必须加入当地信用社（Drakeford and Sachdev，2001）。

委托他人来处理人们的财务问题

评估的背景是基于政策和管理问题，这些问题往往超出了从业者的能力影响范围。接受服务的人和他们的照顾者往往比从业者更强烈地感受到收费政策的消极影响，收费政策超出了他们的控制，而不断上涨的收费可能很少或根本没有考虑到接受服务者的支付能力，他们对此感到愤怒和沮丧（Chetwynd and Ritchie，1996：16）。收费政策和做法的复杂性可能会增加接受服务的人遭受财务滥用的风险。

如果这个人的精神被认为受到了很大伤害，则可由其亲属或朋友通过律师取得授权书，代其处理有关款项。然而，更常见的是通过福利机构来实施，以管理个人的社会保障资产和收入。

这种程序存在几个方面的问题。没有足够严格的规定，即没有判断一个人何时不再有能力管理财务的标准。因此，即使是情况相似，不同的专业人员也可能做出不同的判断。不同地区关于一个人代表另一个人处理个人财务的政策和做法各不相同。甘兰（Langan）和梅厄斯（Means）调查了 27 个地方政府，发现当一个人被指定为一个患有阿尔茨海默病的服务对象管理财务时，不同地方政府在与其合作的程序方面有很大的不同（Langan and Means，1996）。

布拉德利和曼索普（Bradley and Manthorpe，1997：64-65）描述的程序是，一个人根据 1987 年《社会保障（索赔和支付）条例》[Social Security（Claims and Payments）Regulations 1987]第 33 条向福利机构申请，为一个被认为无法管理自己财务的人管理财务。这样的程序似乎过于宽松，受制于申请人的性格和其他因素的无常变化，而不是纯粹基于客观因素运作。

实践受更微妙的因素影响而与被认为无力管理自己财务的人共事的做法变得复杂。赋予个人权力的社会工作原则和被任命者制度之间存在矛盾，后者涉及剥夺个人的权利和选择机会。有时，此人居住在私人住宅区，此地的负责人成为被委托人。或者地方政府可能成为被委托人并因这项管理服务而向此人收费。有争议的是，在这种情况下，应任命另一个独立的人——其角色可能类似于以前儿童保育中的诉讼监护人——以确保该人的最佳利益得到保障。

对社会工作者的启示

案例

萨米拉（Samira）是 J 夫人的社工，J 夫人是一位患有早期阿尔茨海默病的女性，住在一家养老院，她的女儿 P 女士身体残疾，住在家里，有各种社区照顾服务，并面临拖欠租金的困难。J 夫人说她女儿想要得到她的钱。女儿说她需要委托书，因为她不相信她妈妈会照看好自己的钱。

萨米拉应该如何应对这种情况？

1. 有必要了解养老院如何处理居民权利和确保其财务管理之间的矛盾。还需要澄清地方政府如何资助社区照顾服务。萨米拉意识到，针对这些政策采取不同的方法会对实践产生不同的影响。她知道，邻近地方政府不同的评估和经济状况调查程序，会导致对社区照顾服务收取不同的费用。与旨在满足服务对象需求和最大限度提高他们生活质量的人一起完成专业工作可能无法实现，或者可能与在实用性、功能性或成本驱动基础上执行的财政政策、程序和实践决策发生冲突。

2. 萨米拉从 P 女士拖欠租金和其他债务问题开始着手。她联系了房东和地方政府，发现问题还不是很严重，但如果有传票的话可能会很严重。萨米拉与一位财务顾问和一位福利权利专家还有 P 女士一起制订了一个债务管理计划。P 女士承认，现在压力减轻了，她以前担心她母亲的钱，是因为自身的利益而不是她母亲的利益。萨米拉向 P 女士建议，如果她申请搬到两英里外的邻近地方政府辖区，她需支付的家庭照顾服务的费用将会大大减少。P 女士选择留在原地。

3. 萨米拉意识到，由于非社会工作人员处理了 P 女士的财务委托和需求评估问题，因此给她带来了持续的问题。萨米拉认为，需求评估是复杂的，包括风险评估的各个方面，这意味着一定程度的主观判断会影响到个人财务等领域；因此，财务评估与社会工作需求评估作为一个整体不能分开。萨米拉与一名福利权利专家讨论了地方政府之间收费政策差异的不公平性，这位专家以 P 女士的案例为基础，形成了一个判例，并向申诉专员提出了申诉。看来这个系统有一定的自由裁量权，因为 P 女士负担不起，她的费用被降低。

4. 萨米拉意识到,虽然 J 夫人将来可能无法控制自己的个人财务,但目前解除这种控制会侵犯她的权利。养老院的工作人员一致认为,J 夫人应该能够决定如何使用她的钱。

本章总结

本章回顾了地方政府为服务筹资和收费的政策与实践方面的内容。不同政府在政策和做法上的差异对实践的影响显现出来,对接受服务的人及其照料者产生了严重影响。

延伸阅读

Bradley, G. and Manthorpe, J. (1997) *Dilemmas of Financial Assessment*, Venture Press, Birmingham.

Chetwynd, M. and Ritchie, J. (1996) *The Cost of Care: The Impact of Charging Policy on the Lives of Disabled People*, Joseph Rowntree Foundation, York.

Langan J. and Means R. (1996) ' Financial Management and Elderly People with Dementia in the UK: As Much a Question of Confusion as Abuse?' *Ageing and Society*, (16): 287-314.

Rowe, J., Davies, K., Baburaj, V. and Sinha, R. (1993) "F. A. D. E. The Financial Affairs of Dementing Elders and Who is the Attorney?" *Journal of Elder Abuse and Neglect*, 5(2): 73-79.

National Audit Office (1994) Looking After the Financial Affairs of People with Mental Incapacity, National Audit Office, London.

第十一章　谁控制社会服务？

社会工作者为了赋权案主，让其可以掌控自己的生活，会选择与案主一同努力。然而，这在本质上是矛盾的，因为这意味着给予赋权的专业社会工作者具有控制力。许多旨在为人们提供选择和权利的举措都是以类似的方式承诺的。对于社会工作实践者来说，探索这些以及其他类似的问题和悖论是很重要的，它们是在推动社会工作实践中提出的。本章通过人们所接受的那些服务和他们的照顾者，来研究影响社会工作者增进服务控制的各种议题。

背景和关键因素

谁在控制个人社会服务性质和供给的关键性决策？更重要的是，究竟谁应该决定这些服务：政治家、公务员、专业人士还是那些接受服务的人？在实践中，当掌权者试图为那些在历史上相对弱势的人实现他们的赋权愿景时，就会出现一些争论和困境。加强民主控制的正式目标，以及公众与服务于民主控制的议会之间的联系，可能与提供最佳价值的服务（质量高但价格便宜的服务）不一致（Rickford，2000）。地方资讯机关在评论工党政府的社会服务现代化方案时指出，中央政府制定的标准和绩效指标，与赋予地方政府回应当地人民的自由裁量权之间存在矛盾（Local Government Information Unit，1999）。

新工党和利益相关者社会：权力悖论

1997 年和 2001 年工党执政时的英国首相托尼·布莱尔提倡，工党政府将通过旨在实现社会融合和消除文化依赖的社会政策来解决社会排斥问题（Levitas，1998），这导致福利成本上升到令人无法接受的水平。这些政策的核心是公民在社会中拥有合法和有意义的利益。这意味着有权参与地方政府事务，并在行使权利、履行义务和承担责任方面拥有选择权。工党政府政策的另一个要素是利益相关者社会的概念。这就承认在决策制定中需要有各种各样的人和利益的代表。保守党政府已经承认照顾者和服务使用者在接受社区照顾服务方面的特殊情况和需求。1995 年《照顾者（认可和服务）法》赋予照顾者自行评估需求的权利。

残疾人运动，是改变专业人士垄断权力局面的另一个重要举措。现有文献对残疾的医学和社会模式进行了比较和对比（Oliver，1990）。重要的是要认识到残疾人自己给这一实践领域带来的新视角。1999 年，《福利改革法》获得议会通过，该法案引入了对残疾人进行的经济状况调查，并废除了目前大家都知道的丧失工作能力福利。这一法案的通过引起了许多相关残疾群体的抗议。这类行动的意义在于，表明某些领域接受服务的人在多大程度上掌握了控制权。

然而，很难想象在一个特定的社会政策领域中，所有利益相关方的愿望都能够得到满足。在人们从依赖走向独立的情况下，一个人的赋权很可能导致另一个人被剥夺权利。在家庭和社区等环境中，所有人之间都达成共识不太可能，因此任何政策、实践决定或倡议都不会取悦或满足所有人。

更为复杂的是，工党政府希望在地方政府的运作中实现重大改革，这其中存在内在的矛盾。工党政府在白皮书《现代地方政府：与人民保持联系》（*Modern Local Government：In Touch with the*

People）中阐明了其目标，即社区领导力应该位于现代地方政府的核心地位（Department of the Environment，Transport and the Regions，1998）。上述白皮书提出，地方政府应具有自由权和相应的扩展权，以便与各种公共、私人、志愿组织和团体合作，为地方问题寻求恰当的解决方案。

一方面，赋予公民参与利益相关者的权利不会引起任何复杂问题。但是白皮书（Department of the Environment，Transport and the Regions，1998）让地方政府官员和专业人员掌握权力，其中指出：

> 社区领导力是现代地方政府的核心。议会是最适合全面了解当地社区需求和处理优先事项的组织，并领导工作以全面满足这些需求和处理优先事项……需要在地方和国家层面采取协调一致的行动来解决可持续发展、社会排斥、犯罪、教育和培训等问题。（DETR，1998，paras 8.1-2）

另一方面，中央政府需要与地方政府采取强有力的一致行动的声明，使公民（无论其权力如何）作为利益相关者做出对其自身有意义的贡献变得困难。

地方参与：关于赋权的观点

赋权是一个主要与实践相关的术语，因为它缺乏一个成熟的理论立场、话语、模式、途径或实践体系。政治家、公务员、公共服务管理人员和地方政府的专业人员，包括社会工作者，都有责任提供个人社会服务。工党政府（1997 年起）在白皮书《现代地方政府：与人民保持联系》（*Modern Local Government：In Touch with the People*）中指出，地方政府的核心应该是社区领导，这意味着公民对积极参与有着浓厚的兴趣。接受这些服务的人、他们的照顾者、朋友、亲戚也对这些服务的性质感兴趣（DETR，

1998）。根据 2000 年《照顾标准法》成立的全国照顾标准委员会要求服务使用者积极参与，这鼓励了政策制定者致力于增强服务使用者权能的观点。问题是，这些利益是否仅仅是发表意见的权利，或者在某些情况下，如在做出政策决定之前征求意见的权利。

许多社会工作文献采用了被删减的或被视为理所当然的赋权概念，来指代人们参与、咨询他们的程序，而不是通过他们的参与，在个人、组织、社会和政治领域实现转型性变革。使用者参与的概念主要限于健康和照顾服务（Adams，1997）。例如，在学校，与传统情况一样，学生参与学校管理的人数仍然很少（Adams，1991：213）。英国和美国的囚犯们试图更多地参与监狱管理，但没有成功（Adams，1994）。对政府豪言壮语的严峻考验是，那些开始集体发出强烈要求的使用者是否得到重视。为那些顺从且易于操纵的服务对象提供发言权要容易得多，他们不会就服务中的缺点提出尴尬的问题。除了被广泛认为是专业问题的残疾和心理健康领域，自我倡导对社会服务来说仍然是边缘性的，这反而强化了他们与主流的差异和排斥。除此之外，向参与抗议活动的服务对象赋权方面进展甚微（Adams，1998b）。

许多关于社会工作赋权的文献在含义上都是中性的、无阶级的、非政治化的、无能力歧视和年龄歧视的。关于赋权的文献倾向于代表一个线性连续体的活动，从个人到集体活动，或从自我到他人。因此，它再现了主导现实的特征，在促进赋权的过程中这些特征会受到挑战。克拉克（Clarke）和斯图尔特（Stewart）的方法可以避免这些困难的出现，他们提出了三种赋权模式：

（1）作为顾客在服务市场上行使个人选择权的人；

（2）拥有法定公民权利和政治权利的公民；

（3）社区作为新民主结构和进程的焦点（Clarke and Stewart，1992：22）。

这很有帮助，因为它提供了一个框架。从这个框架中可以批判性地看待一系列可能的倡议，包括前文提到的倡议。消费者和公民都被视为拥有决策权与选择自由的人，但这些自由都是由拥有更广泛权力的政府机构赋予他们的。这是大多数地方现实情况的真实写照。可以说，责任是由"持有执照"的人行使的，就像是来自真正的权力持有者一样。例如，在个人社会服务中，残疾群体将能够直接与潜在的服务提供者谈判，而不是通过专业人员和机构提出他们的需求。

第三种模式有些不同。它聚焦社区，并提供了独立于现有的地方政府机构而赋予人们权利的可能性。赫斯特（Hirst）提供了一些实际的想法，即他所谓的结社民主如何实现人们"自下而上"赋权的理想，"限制国家行政管理的范围，而不减少社会供给"（Hirst，1994：12）。他的思想复兴了罗伯特·欧文在新拉纳克的社会实验中提倡的自我管理社区的原则，以及皮埃尔-约瑟夫·蒲鲁东的分权、联邦国家的概念，这一概念根植于当地工匠在互惠经济中的合作生产（Adams，1996b：221）。赫斯特没有详细说明如何缩小概念与现有结构和政治进程之间的差距。然而，他对政治的重新定义是有用的，因为这些定义包括了参与政治行动的各种组织的概念，其中一些组织将以当地为基础，而另一些则反映了服务对象在更广泛的地理基础上的共同利益（Cochrane，1996：205）。

政策制定者或专业人士的公民赋权本质上是矛盾的，始终是居高临下的。然而，我们不应该低估那些赋予自己权利并说出自己观点和经验的人的力量。例如，残疾人和有心理健康问题的人，通过"幸存者大声说"团体，越来越多地为自己争取了权利。立法为此提供了合法的空间来影响地方政府。1999年《地方政府法》引入了"最佳价值"原则，通过要求更明确的目标、衡量绩效和结果的具体标准、社区公民——包括接受服务的人——参与评估服务质量，以及资源利用的效率，来加强地方政府的问责制。

改变赋权观念

赋权策略是在各种不同的视角和理论结构的背景下发展起来的，这些视角和理论结构可能并不明显，但体现了为行动提供信息的假设。

首先，可以采取行动的激进立场范围很广：女权主义、马克思主义和其他社会主义立场以及其他激进观点。其次，有许多参与性方法或多或少地与社会民主和自由主义立场相关联。最后，在健康和个人社会服务领域，无论如何，都有一些组织和团体关注特定类别的案主或服务对象，例如患者协会（Patients' Association），一系列被称为残疾人运动的组织，"幸存者大声说"等自我倡导团体和心聆（MIND）等志愿组织。这些组织倾向于借鉴各种与个人权利和社会正义相关的观点。

英国明显缺乏一个论坛，让所有个人社会服务的贡献者在关于赋权理念和实践的辩论中享有平等的权益。自20世纪80年代以来，赋权已成为英国卫生和社会服务专业人员普遍关注的一个问题，得到了专业机构，如社会工作者教育与培训中央委员会（Central Council for Education and Training Social Work，CCETSW）的大力支持。讽刺的是，在社区照顾等领域，还得到了卫生部关于实践的官方指导（参见 DH/SSI，1991a，for instance）。这些发展主要是在缺乏有理论基础的文献的情况下发生的，或者是因没有政治、政策、专业和公共辩论舞台而发生的，这些辩论涉及被视为赋予权力和剥夺权力的概念与做法。政府部长和公务员、卫生和社会服务监察局的专业人员、社会服务和社会工作部门的高级管理人员、社会工作和缓刑工作的从业人员以及相关领域的其他专业人员都支持增强人们权能和提高人们参与度的想法。但接受服务的人或他们的照顾者很少参与发展这些想法。他们已经被下列这些人和事管制了：制定指导方针的官员；在案主、服务使用者和护理人员的参与下与受过高等教育的专业人员磋商；维护自身权益的高学历的研究人员和评论员。

其中一些成果声称与服务使用者的经历和观点有关，甚至根源于此（Bereseford and Croft，1993；Croft and Beresford，1995），而另一些则没有。虽然在残疾等领域，患有残疾的学者、研究人员、教师和作家做出了一些显著的贡献，但一个关键问题是，专业人员或残疾人的话语是不是最重要的，或者需要这些人群的话语是最重要的。

在一本开创性的书中，就方法论和内容而言，社会学家托马斯·马蒂森（Thomas Mathiesen）批判性地反思了他在斯堪的纳维亚囚犯权利运动中的工作。他指出，对囚犯集体抗议活动目标的威胁，甚至对活动本身存在的威胁，不仅直接来自当局的直接对抗，而且一旦知道囚犯的全部要求，当局就会从侧面包抄。这是他强调宣言"未完成"的主要原因，囚犯宣言必然在根本上是不完整的。

改变公民身份的概念：我们怎么称呼案主？

人们做出了许多努力来澄清公民在特定政治体制中应发挥的作用。重要的是要认识到，指导实践的思想不是一成不变的，而是社会建构的。公民身份的概念随着使用它的人的观点的改变而改变。露丝·李斯特（Ruth Lister）探讨了公民身份应附带哪些权利的问题和困境。有偿的工作、无偿家务劳动、育儿这些都算吗（Lister，1997：178-182）？

同样，接受社会工作和社会服务的人的概念与根植于这个人的本来的概念不同。这不仅仅是玩文字游戏。对于公众中的个人成员身份缺乏共识的一个迹象是，用于描述这个人的术语具有多样性，尤其是在接受服务时。在卫生和社会服务中，赋权概念存在问题的证据是，缺乏一个令人满意的词来指代服务的接受者，至少在英文中是这样。特别是考虑到这样一个事实：当他们接触到这些服务时，他们可能会被赋权。这表明服务接受者状况的复杂性。在英国，像"案主"这样被认为是可以接受的、没有问题的术语，被"使用者"和"服务使用者"这样的术语从中心位置上移走了，这个现象显然没有受到专业机构的任何批评。与此同时，一些机构开始使用"消费者"和"客户"等术语。在某些情况下，可能会使用"公民"或"利益相关者"等词。

当人们被他们认为不合适或有辱人格的词语指代时，他们会感到被冒犯。有些人认为"案主"意味着接受治疗或干预。其他人认为，"消费者"一词意味着接受商品和服务，而不能确定它们的性质。"使用者"一词可能意味着被动，对某些人来说，意味着与物质的使用和滥用有关。

反思性和赋权

赋权是一个反思性的过程，它全面影响被赋权的人和与其互动的人。反思性是指以对话的方式监控自己的感受和行动，创造性地利用自我与外部现实的互动来维持甚至改变社会关系的过程。在某种程度上，与抗议相关的赋权包括自下而上的运动，它提供了一种挑战上层强制要求的手段（Adams，1991）。当然，反思活动不能避免其他领域固有的分歧。因此，它可能有助于上层的这种过分要求，以及遏制个人和社会冲突，或导致矛盾激化和变革性活动（Cox，1997：15）。反思性是一种强大的方法论，因为它提供了一种对这种二分法立场进行自我反思的方法，将自我、群体、组织和社区的各个领域整合在一起（Adams，1996b）。

转变政策和实践

虽然关于赋权的文献和实践中运用的理论观点包括各种马克思主义、激进主义、女权主义、无政府主义和生态观点，但它们同样关注我们所说的变革性政治、政策和实践。莉娜·多米内利（Lena Dominelli）越来越强烈地主张一种反压迫的实践方法（Dominelli and McLeod，1989；Dominelli，1997），这种方法承认理论多样性，不受单一理论方法的驱动。当然，在任何特定的情况下，了解这种策略是基于理想主义还是实用主义将是有益的。此外，在后现代观点所强调的多样性和解构的背后，存在着持久和普遍的分歧和不平等，这体现在赋权和抗议领域的许多关于性别歧视、年龄歧视、残疾歧视和阶级属性的文献中。例如，奥克兰（Auckland）指出，如果更多地关注妇女提出的抗议的替代策略的建议，以及实际上对毯子和食物的需要，反对扩建伦敦北部 M11 高速公路的运动将会更成功（Auckland，1997：10）。同样，奥克兰评论说，群体和社区可以通过抗议被赋权，但实际上这种赋权在特定的团体或社区中有不同的分配（Auckland，1997：11）。

倡议实例

1997 年工党政府上台后，出版了一份指南，建议通过让儿童和青年参与决策和提供地方服务的方式，促进成年人和儿童参与地方政府服务。该指南列举了 50 多个此类计划的例子（Willow，1997）。

雷迪奇引入了社区团体作为改善区议会咨询和反馈的手段。通过让当地社区成员参与地方议会制订社区计划，人们能够展示公民领导力（Local Government Information Unit，1997a）。在伦敦纽汉自治市，议会使用焦点小组作为扩大咨询范围的有力手段（Local Government Information Unit，1998）。公民小组由布拉德福德、伊斯特利、霍尔顿、柯克利斯、南安普顿和约克郡的议会设立，作为加强与个人、团体和组织机构协商的手段（Local Government Information Unit，1997b）。"能力建设"一词是指为当地社区的人们提供培训、技能和资源，以开发他们的潜力，在城市重建过程中发挥更积极和有意义的作用（Local Government Information Unit，1997c）。

2000 年《地方政府法》要求地方议会在采用不同的地方政府模式之前必须征求当地人的意见，如选择威斯敏斯特风格的内阁市长，"政治上的"市长要与一位有权力的议会经理或首席执行官一同工作，以及精简现有委员会的结构。市长可以由议员选举产生，也可以由人民直接选举产生。选民可以通过提交一份由 5% 的选民签署的请愿书，迫使议会就市长的选举进行全民公投。议会必须向中央政府提供民主改革计划，展示如何征求当地人的意见，并鼓励他们继续参与。在常设会议、公民委员会、本地连锁商店和摊位，所有议会服务都可以使用，而当地论坛是尝试这一民主方法的典型方式。可以通过以学校为基础的活动和关于青年民主主题的会议，让年轻人参与进来。

确保人们参与所获得的服务质量

评估接受服务的人在多大程度上以赋权的方式参与，最明显的方法是评估使用者直接对其服务的形成、提供和质量保障所做出的贡献程度。在这些领域，开发更多服务对象或服务使用者参与实践的做法并不简单。实践者朝着这个目标走得越远，可能遇到的障碍和困境就越多。

如果我们以服务对象在质量保障中的角色为例，自相矛盾的是，从服务对象的角度看，服务对象参与最困难的领域恰恰是最关键的领域，即对服务的错误、问题和缺点进行批判性评论的领域。在这一方面，从业者应该关注四个关键领域：服务对象的举报；个人或团体的投诉；撰写独立调查报告；抗议或其他直接行动。

举报

工党政府热衷于鼓励举报，并支持诺兰委员会（Nolan，1995）

将举报作为扩大公共生活问责制的手段。各种组织，例如就业权利研究所（Institute of Empoloyment Rights）和慈善组织公众工作关注，已经通过增加举报人的合法权利来保护举报人，并取得了一些成绩。英国社会工作者协会为希望采取行动制止对服务对象的剥削，发布了指南，并提醒管理层和同事注意这种情况（BASW，1997）。

值得注意的是，一项对英国所有社会服务部门的调查发现，在 1999 年，只有三分之一的部门制定了关于检举举报的团体政策，而在团体政策制定的五分之四的案例中，这一举措是由其他部门发起的（Holihead，2000：20）。另外值得注意的是，卫生和社会服务部门服务的购买者和提供者之间的合同有时包含保密条款。这可能会使情况变复杂，尽管他们试图通过组织中的合法渠道取得进展，但从业者和服务对象都意识到服务提供中存在的缺陷并没有得到解决。

投诉

《公民宪章》和其他类似的宪章试图增加人们投诉的权利和获得特定服务的权利。一些地方政府追求增强人们作为服务消费者的权利的目标，为人们提供参与协商的机会，并在决策过程中表达他们的意愿（Elcock，1993：168）。其他国家则分散提供社会服务，例如，通过在当地社区安排社会工作者和其他社会服务人员（例如提供社区照顾的人员）（Hadley and Hatch，1981）。一些批评家认为消费主义和权力下放回避了有关公民参与的关键问题（Bereseford and Croft，1993）。从某种意义上说，它们被认为是象征性的，因为它们可以在不影响管理人员和专业人员对服务性质和服务提供的现有权利的情况下实施。

过去十年中，投诉程序一直是政策制定者、政治家、管理者和专业人士详细审查的对象。1990 年《国民医疗服务和社区照顾法》要求每个社会服务部门都要有一个投诉程序。继 1989 年《儿童法》之后，引入了分阶段投诉程序，从没有正式程序的非正式投诉到更正式的程序，并由一个有独立主席的投诉工作小组进行审查。政府为一般的社会服务部门（Department of Health and Social Services Inspectorate，1991b）和与服务对象有第一次接触的工作人员，特别是接待员和话务员（Department of Health and Social Services Inspectorate，1991c）发布了指南。全国消费者委员会等组织公布了与建立和运行投诉程序相关的实际问题的详细指南（National Consumer Council and National Institute for Social Work，1988）。患者协会（Patients' Association）还发布了关于使用国民医疗服务体系投诉程序的患者指南。许多地方政府公布了自己的指南，供想要投诉的人使用，包括社会服务机构的服务对象。尽管如此，诺曼·沃纳（Norman Warner）关于照顾者全国协会的研究表明，44%的照顾者不知道如何投诉服务（Warner，1994：40），这是一个令人沮丧的发现，因为该样本在任何情况下都偏向于更了解情况的照顾者（Warner，1994：11）。

投诉程序的优点在于为投诉人提供支持。在最好的情况下，它们是透明的和可获得的，赋予投诉人权利，而不是加强专业防御，以抵御外部对服务的批判性审查。但投诉人必须做好准备，因为有些投诉程序非常正式、冗长，因此对不习惯与组织谈判的人来说是一种挑战。

问询和调查

我们看到了媒体对关于卫生和社会服务不足的许多调查报道。在实践中会发生各种各样的情况，因此需要进行正式问询或调查。有时部门官员会在内部进行调查。对一个更重要的问题进行更广泛的调查可能会需要正式任命调查员，就像在克莱维德案中发生的那样。最终，在经过十多次调查之后，克莱维德案的情形引起了司法调查，在该调查中，可以要求证人接收传票作证。进一步沿着独立的方向，尽管不是政治权利，但来自大众媒体的研究人员或记者提供了各种报告。

民众抗议

在公共服务领域，几乎没有空间来讨论那些难以相处、具有挑战性的服务对象。那是因为，从根本上说，服务对象参与系统，就像所谓的赋予服务对象权利的承诺一样，是不情愿的，也没有被热情地接受。这样的人比循规蹈矩的人或冷漠的人更容易被认为是难以相处的或不正常的，因此得到的优质服务也更少。原因之一是对接受服务的人的抵制和抗议缺乏适当的关注，这与英国占主导地位的政治、政策和社会文化相吻合，与质疑或拒绝现实主导权的人相比，英国政府更容易奖励服从或顺从现实的人。

社会服务监察局不是由服务对象的看法驱动，而是由政策声明和部长驱动的，主要涉及教育、培训和研究等领域的相关利益。社会服务监察局的工作基础是内部制定的标准、作为预期服务质量的说明。鼓励地方政府将它们用于自己的服务审查和评估。这些标准主要来自专业和政治方面的考虑，而不是由案主、服务使用者和照顾者首先提出的。

多重证据表明，案主的看法和观点没有得到足够的重视或充分的考虑。这些问题需要认真对待，而不是忽视或做出惩罚性的回应。判断赋予公民权利的措施是否有效的关键标准是，他们的愿望和偏好是否被纳入服务开发、组织、管理和提供的整个过程中，以及他们的愿望和偏好是否在管理者与从业者就他们所接受的服务所做的决定中得到反映。

对社会工作者的启示

上述讨论意味着，作为从业者，我们应该：

- 对我们的雇佣者要求更高；
- 不愿接受次优等级的服务；

- 不愿充当现状的守护者；
- 在我们为案主赋权的努力中更有主见；
- 对接受服务但希望投诉的人给予更多支持；
- 愿意接受人们集体抗议的合法性。

本章总结

本章考察了与实现公民参与社会服务的理想相关的问题。政府制定赋权政策的努力，如社会工作者的赋权实践，遇到了一个悖论，即政治家或专业人员增强人们权能是矛盾的。群体的经验，例如抗议者的经验，无论是关于残疾还是环境问题都表明，他们的自我赋权的经验需要参与并合作。

延伸阅读

Beresford, P. and Croft, S. (1993) *Citizen Involvement: A Practice Guide for Change*, Macmillan, London-now Palgrave.

King, D. and Stoker, G. (eds)(1996) *Rethinking Local Democracy, ESRC and Macmillan*, Basingstoke-now Palgrave.

Rees, S. (1991) *Achieving Power: Practice and Policy in Social Welfare*, London, Allen & Unwin.

第十二章　未来趋势

自 1979 年保守党政府上台以来，社会政策的政治重心已转向右翼。关于国家应该提供多少福利的假设在新右翼保守党政府期间进行了修改，而在 1997 年新工党上台时并未恢复。此假设可以延续多久是个问题，鉴于现在工党已经在 2001 年 6 月再次取得压倒性胜利，开始其第二个任期，并明确承诺要投资教育和卫生等公共服务领域，并致力于消除儿童贫困。

提供一个基准来衡量国家的"社会健康"的方法是参考一个具有指示性的事件，它汇集了本书所涵盖的政策的大部分或所有方面。1981 年和 2001 年的城市骚乱提供了一个适当的焦点。

1981 年以来社会状况发生了怎样的变化？

当这本书准备在 2001 年夏天出版时，奥尔德姆、罗克代尔和布拉德福德爆发了骚乱，就像 1981 年在布里克斯顿、托克斯提斯和其他城市地区发生的那样。

1981 年的布里克斯顿

1981 年，斯卡曼（Scarman）勋爵报告了伴随骚乱而来的贫困、城市贫困和种族歧视，尤其是警察的种族歧视（Scarman，1981）。从当代的调查报告中，我们可以收集证据，以确定在这些骚乱浪潮之间的 20 年里，社会政策在多大程度上改善了社会状况。

在 1981 年的布里克斯顿，"整个行政区尤其是布里克斯顿的住房供应总体上存在相当大的压力"（Scarman，1981：5），主要问题是住房短缺，而等待登记的家庭有 1.8 万户，其中 37%是黑人。NDH 的一项调查证实，10%的家庭（12000 户家庭）住房过度拥挤，并且大量空置房屋中存在明显的非法占用现象。超过 2 万套住宅被地方政府认为不适合居住，或至少缺乏一项基本设施。将近80%的人口居住在租来的住所中（Scarman，1981：5）。

缺少休闲娱乐设施，尤其是缺少年轻人的休闲娱乐设施。年轻人和那些拥有专业和技术的人群正在离开布里克斯顿，斯卡曼指出，"就像许多其他内城地区一样"，1971 年至 1981 年，布里克斯顿人口减少了 20%（Scarman，1981：7）。

> 那里的地方当局照料的儿童数量惊人（占 18 岁或以下人口的 2.3%），单亲家庭的发生率为六分之一，是全国平均水平的两倍。（Scarman，1981：7）

人口中的黑人比例很高，低收入家庭、幼儿和老年人口的数量比例失调。与白人儿童相比，黑人儿童在学校的表现不佳（Scarman，1981：9）。来自少数族裔群体的年轻人在离开学校时面临高失业率，19 岁以下的年轻黑人男性的失业率为 55%（Scarman，1981：10）。全区精神疾病发生率、身体和智力残疾发生率均高于全国平均水平。1979/1980 年的社会服务人均支出为 117.39英镑，是英格兰最高的，是伦敦其他行政区平均水平的两倍。同一时期，当地卫生机构的人均支出为 243 英镑，也是英格兰最高的，其他伦敦内城卫生机构的人均支出为 230 英镑（Scarman，1981：7）。

有证据表明，就业歧视是"一个相当重要的因素"（Scarman，1981：10）。

但是基于种族原因的歧视和敌对行为不限于就业领域。有证据表明，这种情况不仅发生在学校儿童之间和街头，毫无疑问，还发生在一些地方政府提供的服务中，主要是住房方面。（Scarman，1981：11）

斯卡曼观察到：

布里克斯顿的许多年轻人是在不稳定的社会和经济条件下以及贫困的物质环境中出生和长大的。他们拥有我们物质主义社会鼓励的欲望和期望。与此同时，他们中的许多人未能在教育上取得成功，离开学校后面临严峻的失业问题。（Scarman，1981：11）

斯卡曼评论说，1981年夏天发生在英格兰其他地区的许多骚乱——特别是在绍索尔、托克斯泰斯（利物浦）、莫斯赛德（曼彻斯特）和西米德兰兹——与布里克斯顿有着相似的特征：

少数族裔人口多、失业率高、经济下滑、物质环境恶化、住房糟糕、便利设施缺乏、家庭破裂等社会问题，高犯罪率和重警力。（Scarman，1981：12）

2001 年的布拉德福德

在2001年7月布拉德福德发生社区间骚乱后，人们发现了一份赫尔曼·乌斯利（Herman Ouseley）勋爵在大约两个月前编写的报告。这份报告以预言的方式提出了一系列问题，特别是：如何改善社区的分裂，如何保障公民合理的生活质量。该报告的分析不像斯卡曼调查那样基于外部经验证据，但它借鉴了当地人的经验，并认为这对政策制定者、政治家和从业者（包括社会工作者）提出了挑战。在社区支离破碎和不同文化的民族社区之间关系恶化的明显证据面前，关于发展反歧视、反贫困、充分就业、改善健康、改善住房、有效的刑事和少年司法以及模范儿童和家庭政策的言论似乎无关紧要。

布拉德福德区的种族审查机构是由布拉德福德愿景机构成立的。该机构是一个由主要的地方组织组成的庞大团体，包括布拉德福德议会、警察、卫生机构、当地企业、志愿团体和宗教团体，旨在确保当地机构和服务履行 2000 年《种族关系（修正）法》[Race Relations （Amendment） Act 2000] 规定的义务，并回答了以下问题："为什么布拉德福德地区会出现社会、文化、种族和宗教方面的社区分裂。"（Ouseley, 2001）审查的目的是在不重复现有报告和未完成建议的情况下，就如何结束种族歧视、改善种族和社区关系以及促进机会均等提供建议。审核小组的 12 名成员中，大多数是黑人成员，其中 7 名是女性和年轻人，2 名是布拉德福德学校的学生。

该报告确定了该地区的优势和积极特征，包括群体文化、当地商业、休闲设施、体育设施、社区组织和伙伴关系中的多样性（Ouseley, 2001：9）。然而，也发现了许多问题。

● 该地区的负面形象导致中产阶级的"白人大迁移"，以及更富裕的锡克教徒和印度教徒的迁移，他们迁到更喜欢的街区，"留下相对贫穷的白人底层阶级和少数族裔社区的底层阶级"（Ouseley, 2001：9）。

● 领导力不足、自封的社区领袖"与当权派关键人物结盟……（以）通过恐惧、无知和威胁维持控制和隔离的现状"（Ouseley, 2001：10）。

● 分裂（Ouseley, 2001：10）和冲突（Ouseley, 2001：13），因为不同的社区试图通过避免与他人接触来保护自己的身份和文化。

● 冲突的警务处理风格会引起怨恨并延续刻板印象，通过管理层推动反种族主义政策，"自上而下"推动，而普通官员仍然害怕被称为"种族主义者"，如果他们处理黑人和亚裔罪犯，他们的职业前景会受到损害（Ouseley，2001：11）。

- 劳动力市场和工作场所的种族歧视限制了少数族裔的平等机会（Ouseley，2001：12）。

- 社区在种族、民族和宗教方面的两极分化，对年轻人的教育产生了不利影响（Ouseley，2001：13）。

- 由于害怕骚扰和暴力犯罪而产生的歧视和自我隔离。

- 缺乏缓解年轻人无聊感和让他们聚在一起参加多元文化活动的设施。

- 较少与少数族裔社区就教育问题进行协商和参与。

- 排斥公民，特别是年轻人、女性，尤其是亚洲女性，他们被排除在满足其需求的政策和方案决策之外（Ouseley，2001：11）。

该报告发表后，尤其是2001年7月布拉德福德骚乱之后，布拉德福德愿景的首席执行官马丁·加拉特（Martin Garratt）宣布制定布拉德福德人民方案，以响应报告的主要建议，促进社会和文化融合以及良好的种族关系。具体做法是：在小学和中学开展公民教育，以确保所有学生了解多样性和尊重他人；创建多元化的学习和生活中心，以共享资源和鼓励发展；构建一个工作场所行为胜任力框架，从而确保各组织意识到社会、文化和宗教社区的多样性；在所有捐款援助和公共财政投资合同中增加平等和多样性条件（Garratt，2001：4）。

斯卡曼和乌斯利的报告说明了自20世纪80年代以来发生的重大变化。像20年前一样，分裂和社区间冲突的社会问题困扰着内城。虽然对种族主义和歧视的担忧仍然存在，但关于如何减少这些歧视的争论已经从全球性和普遍性的劝告转变为旨在促进平等和颂扬多样性的具体倡议。

这里还有两个问题需要解决：政府政策能否给人们的生活状况带来显著的改善；这对社会工作有什么影响。

政府政策能给人民的生活状况带来改善吗？

工党政府能否改变上述布里克斯顿和布拉德福德等地区的状况是一个很难回答的问题。事实上，在 1981 年城市骚乱发生的 20 年后，此类事件仍在重演，尽管发生在不同的城镇，但种族多样性和城市发展落后的许多社会条件是相似的。一方面，积极的观点认为，被赋权了的公民可以发挥更多潜力，因为他们的需求得到了更充分的满足；另一方面，悲观的观点是，现有政策有继续排斥和污名化的风险。

毫无疑问，自 1998 年以来，工党政府将社会政策的重点放在如何使贫困社区重生的战略问题上。社会排斥部于 2000 年发布《咨询框架》（Social Exclusion Unit，2000b：94-100），其中重申了在社区重建中建立"有效的方法"并达成"最佳价值"策略的意图。它以 18 份政策行动小组报告的主要建议为基础制定了战略（见表 12-1）。

表 12-1　政策行动小组报告中的建议摘要

1	工作	贫困地区失业人员，特别是少数族裔失业人员面临的困境问题，需要通过更好地与长期失业人员接触并向他们提供支持来解决；劳动力市场中的反种族主义战略；雇主更多地参与制订当地就业计划；消除不利于工作的因素；让地方机构参与为失业人员的服务（Policy Action Team 1, DfEE，1999a）
2	技能	贫困地区的人们在获取现代劳动力市场技能方面遇到的比例失调问题，可以通过提供更多的"第一级"规定帮助人们重新学习来解决；在地化经营的"社区学习中心"；新的学习和技能委员会优先考虑贫困地区所需的技能（Policy Action Team 2, DfEE，1999b）

续表

3	商业	贫困地区的振兴有赖于小企业服务局（Small Business Service, SBS）的领导和支持，以及政府对企业和自营职业的资助来促进企业发展（Policy Action Team 3, HM Treasury, 2000）
4	邻里管理	邻里管理应以核心原则为基础；链接本地服务以满足本地需求；通过一个开创者计划来测试不同的实现模式（Policy Action Team 4, 2000）
5	住房管理	贫困问题可以通过高质量的就地住房管理来解决：租户更多地参与住房的自我管理；更灵活的出租政策；更多地使用看管人员；反歧视服务（Policy Action Team 5, DETR, 1999a）
6	邻里监督	一个专门的邻里监督小组将有助于减少犯罪、混乱和增强对犯罪的恐惧；与警方密切合作，促进与警方达成一致的高标准（Policy Action Team 6, Home Office, 2000）
7	不受欢迎的住宅	与其他服务相联系，并有少数族裔社区的参与，构建覆盖业主和租客的全面住房策略，将改善区域和地方住房规划；积极的住房管理政策；提高租房政策的灵活性，以鼓励社会住房的社会融合；选择性拆除（Policy Action Team 7, DETR, 1999b）
8	反社会行为	内政部、犯罪与治安部门协同负责解决全国和地方的反社会行为；社区公约将制定行为标准；种族主义犯罪和骚扰将受到优先关注（Policy Action Team 8, SEU, 2000e）
9	社区自助	新的小型社区团体的捐款将由新的社区资源基金提供；福利制度将会得到改变，以鼓励志愿服务；与当地社区合作的机构的经验将通过社区特许证章/社区投资者奖来提高；将引入邻里捐赠基金；在增加对当地社区能力建设的资助时，将特别关注少数族裔群体（Policy Action Team 9, Home Office, 1999）
10	艺术和体育	将加强艺术和体育对社区重建的贡献；将特别关注促进社会包容的活动（Policy Action Team 10, DCMS, 1999）

续表

11	学校补充	要减少弱势学校的学生成绩不佳的情况，每周至少要为学生提供三小时的学习支持；通过延长学校开放时间来加强对学生学习的支持；建立"学校+"团队并增加相关活动；通过"在地学校的家庭支持中心网络"提供一系列支持服务；加强"学校+"领域的教师培训；教育标准局和地方教育局（Local Education Authority, LEA）将检查重点放在社区活动上；为弱势学校提供足够的资金（Policy Action Team 11, DfEE, 2000）
12	青年人	从危机干预到预防的转变；完善现有服务并创造新的服务；让年轻人参与设计和提供服务（Policy Action Team 12, DfEE, 2000a）
13	商店	努力阻止贫困地区商店的减少，措施包括针对当地社区需求的更积极的社区规划；制定本地零售策略；加强商业和金融支持；减少税收和其他抑制因素；优先采取措施保护零售商免受犯罪侵害，包括种族主义犯罪（Policy Action Team 13, DH, 1999g）
14	金融服务	政策行动小组的报告认为，获得金融服务将使人们的生活更轻松，并为他们省钱。通过发展邮局、信用合作社、租赁保险计划、改革社会基金和扩大获得金融咨询和信息的渠道，来使150万没有用金融服务的低收入家庭获得这类服务的机会（Policy Action Team 14, HM Treasury, 1999）
15	信息技术	信息与通信技术（Information and Communication Technologies, ICT）将在每个社区公开提供；"当地公司"将鼓励接入信息与通信技术；获得资金的渠道将更加合理（Policy Action Team 15, 2000）
16	课程学习	将解决资金提供和同行培训方面的问题，以鼓励更多当地居民成为当地社区领导人和社会企业家；将监督国家培训，以确保从业人员和专业人员改善彼此之间的关系，以及加强与当地社区协作的工作实践（Policy Action Team 16, SEU, 2000g）
17	在地加入地方组织	将在新的社区规划框架内建立地方战略伙伴关系；社区重建会被提上地方政府改革的议程（Policy Action Team 17, DETR, 2000a）

18	更优质的信息	当地的社区统计数据将由国家统计局（Office for National Statistics，ONS）收集，将相关数据纳入连贯的跨政府政策，并由一个部长级小组监督，该小组将为国家社区重建战略的制定提供信息（Policy Action Team 18，SEU，2000f）

少数族裔

社会排斥部提出了解决少数族裔权利剥夺问题的建议：

解决劳动力市场中的种族歧视问题；让少数族裔社区的人更多地参与政策和服务的设计与提供；实施有针对性的方案；打击种族主义犯罪；增加少数族裔人们的信息。（Social Exclusion Unit，2000b：102）

无论工党政府是否采纳这些建议，这些建议是否足以解决目前普遍存在的种族歧视问题，以及影响少数族裔的不成比例的贫困问题，仍然是一个值得商榷的问题。一个问题是不能充分了解这种歧视和剥夺的程度。社会排斥部评论：

关于少数族裔群体的数据严重缺乏。但少数族裔背景的人似乎被过度剥夺了权利。他们比其他人更有可能生活在贫困地区、失业、低收入、住房条件差、健康状况差以及成为犯罪的受害者。（Social Exclusion Unit，2000b：101）

社会保障：贫困和严重不平等现象会显著减少吗？

自从朗特里（Rowntree）进行第一次贫困调查（1901年）以及全国保险和养老金措施被首次立法以来，贫困人员类别没有发生显著变化。他们包括：长期失业或患病的成年人、残障人士、老年人、贫困家庭（家庭援助）、贫困儿童。

从社会保障体系建立至今出现的问题中，我们能学到什么？未来的社会保障政策需要解决贫困问题，防止太多的人在没有足够的需要下受益。总的来说，社会保障制度的困难更多地与穷人没有获得他们有权得到的福利有关。

我们可以使用约翰·迪奇（Ditch，1998：276）提出的六个有用的原则，作为关于理想的社会保障条款的一般性陈述的基础：

- 供应应足以满足个人、住户和家庭的需要；

- 福利应更全面，因为减少综合福利和更多地依赖安全网的供应，会增加人们感到的污名化和不接受他们理应享有的福利的可能性；

- 刑事司法、就业、卫生和住房等不同领域的福利应保持一致；有类似情况的人应以类似的方式处理；

- 社会保障制度应该对个人的情况做出灵活的反应，而不是个人必须满足该制度的僵化要求；

- 福利应该易于理解、获取、申请和管理；福利应该是灵活的，能够在短时间内对个人不断变化的情况，有时是危机做出反应；

- 福利不应该在性别、年龄、种族、宗教、居住地、残疾或性取向等方面对人有所歧视。

就业：能否恢复充分就业？

社会排斥部相信"促进贫困地区的企业发展"是振兴这些地区的关键。政策行动第三小组建议：

> 小企业服务局应有明确的职责，通过利用所有可用的支持并提供明确的指导来促进这些领域的企业和商业发展；政府应鼓励采取新举措，为企业活动提供资金并促进个体经营。（Social Exclusion Unit，2000b：94）

然而，如何实现充分就业的问题（见第三章）仍然没有定论。

医疗保健：国民健康状况会得到改善吗？

卫生服务未能达到绩效目标的情况有据可查。工党政府政策的重点是增加对私人医疗保健的投资（通过私人融资倡议和公私合营），并鼓励私人医疗保险。但是，贫困家庭的患病率和死亡率仍然很高。即使政府向获得税收抵免的工薪家庭提供免费的学校晚餐，或者适度增加其他福利或健康教育措施，也很难想象这些措施并未显著减少儿童和年轻人之间日益严重的卫生和医疗保健服务的不平等，这会影响他们的学习和未来的生活质量。

因此，主要的问题是，政府能否依靠公共和私人资金之间的伙伴关系来解决国民医疗服务体系和医疗保健中明显的不足问题。

为儿童、家庭和社区照顾提供的社会服务

目前正在提高个人社会服务所要求的绩效目标，但没有提供必要的资源来满足所确定的需要。如果个人社会服务和社会工作要实现其目标，就应该有足够的资源和普遍性，贯穿整个生命历程，为所有人服务（就像半个多世纪前那样），而不是像"消防队"一样，为一些所谓的"悲伤、疯狂、坏、贫穷或不称职"的人提供污名化的服务。

少年司法

少年司法政策将在多大程度上遏制青少年犯罪？工党的中央政策是惩罚性监禁和基于社区的判决加上针对个人的计划的混合体，旨在纠正认知缺陷和犯罪行为（请参阅第七章）。关键问题是，这些应对犯罪的措施是否会与导致青年犯罪的因素联系起来，特别是那些存在罪犯的社会环境中的因素。

对社会工作者有什么启示?

最后，我们分析未来可能影响社会工作者的社会政策变化所产生的关键问题。总的问题是，未来会有什么样的社会工作？这提出了进一步的问题：它将在多大程度上被泛欧洲或全球的社会工作愿景所渗透；会有一个社会工作专业吗；或者社会工作会成为其他更大的专业集群的一个附属部分吗；比如医疗保健；社会工作者在未来从事的活动会与他们现在执行的任务有很大不同吗？

社会服务和社会工作的未来是怎么样的？

被称为社会服务部门的组织正在经历彻底的变革。在英国，有些与其他部门如住房部门合并，或被冠以新的头衔如环境和公共保护部门，远离了社会关怀和社会工作。在一些实践领域，如社区照顾，社会服务已成为卫生服务的合作伙伴。到 2002 年 4 月，教育和社会服务方面将并入新的综合儿童部门。在家庭工作、少年司法和心理健康工作中，工作人员的作用和责任往往体现在职位描述和招聘广告中。

1999 年《健康法》鼓励社会保健和卫生机构尝试联合提供与合并预算。在服务薄弱的地区，部长可以进行干预，指导卫生机构和社会服务部门成立新的保健信托机构，对国民医疗服务体系负责。理论上，这将有利于加强社区照顾中卫生和社会照顾的配合，为需要医疗和社会支持的老年人工作。然而，在实践中，它可能会导致老年服务和社区护理在与备受瞩目的医学与外科手术争夺稀缺资源的竞争中，处于较弱的优先地位。另一个可能性是，由于家庭、儿童、心理健康问题患者和残疾人的服务的多样性被分散，并分配给新创建的独立提供服务的信托机构，西博姆努力实现的通用服务的统一性将丧失。

如果没有进行干预，一些关键的社会工作服务将根据对个人、亲属、朋友或其他人的风险程度的评估进行优先排序。诸如治疗和个案工作等术语已被风险管理、资源管理、配给、把关、个人保护和社会控制等术语取代。

无论在何种立法、组织和专业背景下，社会工作都可能继续为服务对象提供一种有别于其他卫生和社会服务部门（包括社会照顾）的服务。与社会照顾工作者和机构不同，社会工作者在根据儿童保育、心理健康和刑事司法方面的立法行使权利和履行义务时，可能会继续承担法定责任。这些是如果社会工作今天被废除，明天可能会被重新启用的实际原因。具体而言，社会工作的职责和权利，特别是在儿童保育、刑事司法和心理健康方面，可能会继续构成社会工作作为一种职业的独特性的基础。社会工作可能会扩展到就业、指导和咨询工作等新领域。2001 年 10 月，社会关怀委员会（General Social Care Council，GSCC）取代社会工作者教育与培训中央委员会，并提出了社会工作者注册安排以及为社会工作者引入三年资格课程的建议。这反映了与特定服务对象群体（例如儿童保育和心理健康）合作的社会工作服务，有可能成为地方政府社会服务部门目前在更广泛的社会照顾职能中开展的一项专门活动。因此，社会工作作为一种职业，将不断发生变化。

在一些工作领域，如社区照顾和少年司法领域，其趋势可能是创造新的专业人员——"社区照顾从业者"和"少年司法工作者"。共同的责任使联合工作变得适当，协作和团队合作将变得更加广泛。

有一种风险，即契约文化有可能导致开发的是最便宜的服务，而不是最有价值的服务，由朱莉娅·昂温（Julia Unwin）主持的国王基金调查，其报告得出的结论是，需要采取紧急行动来完善护理人员的地位、形象、培训门槛和财务奖励政策，包括每年至少增加 7 亿英镑的社会服务支出（Unwin，2001）。

本章总结

本章阐述了影响社会政策和社会工作未来的主要因素。回顾了本书所研究的政府在不同政策领域的当前的目标，以及服务满足案主需求的可能性。同时研究了相关内容对社会工作未来发展的一些主要影响，以及在持续存在的贫困、城市衰败、不平等、分裂和种族主义等社会问题的背景下，开展社会工作的影响。

延伸阅读

Giddens, A. (1998) *The Third Way: The Renewal of Social Democracy*, Polity Press, Cambridge.

Lewis, G., Gewirtz, S. and Clarke, J. (eds) (2000) *Rethinking Social Policy*, Open University, Buckingham with Sage, London.

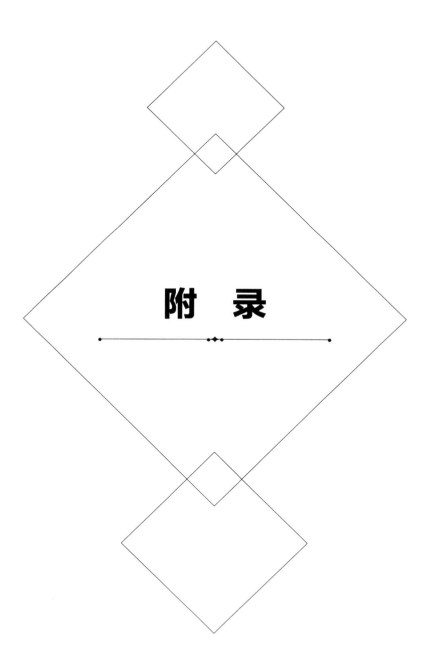

附　录

附录一　缩写词

英国警察局长协会 ACPO Association of Chief Police Officers

社区行动部 ACU Active Community Unit

注意力缺陷多动障碍 ADHD Attention Deficit Hyperactivity Disorder

地区卫生局 AHA Area Health Authority

艾滋病 AIDS Acquired Immune Deficiency Syndrome

（英国）被正式认可的社会工作者 ASW Approved Social Worker
　（England）

移民拘留者保释中心 BID Bail for Immigration Detainees

商务联系网 BL Business Links

英国工业联合会 CBI Confederation of British Industry

郡议会 CC County Council

强制竞争性招标 CCT Compulsory Competitive Tendering

社区发展项目 CDP Community Development Project

经济政策研究中心 CEPR Centre for Economic Policy Research

社区金融倡议 CFI Community Finance Initiative

社区教育之家（有前提的）CHE Community Home with Education
　（on the premises）

健康促进委员会 CHI Commission for Health Improvement

核裁军运动 CND Campaign for Nuclear Disarmament

慈善组织会社 COS Charity Organisation Society

照顾计划模式 CPA Care Programme Approach

政策研究中心 CPS Centre for Policy Studies

种族平等委员会 CRE Commission for Racial Equality

1995 年《照顾者（认可和服务）法》C（RS）A Carers（Recognition and Service）Act 1995

儿童抚养机构 CSA Child Support Agency

1970 年《慢性病和残疾人法》CSDPA Chronically Sick and Disabled Persons Act 1970

社会公正委员会（1994 年发布《博瑞报告》）CSJ Commission on Social Justice（led to Borrie Report 1994）

文化、媒体和体育部 DCMS Department for Culture, Media and Sport

教育和科学部 DES Department of Education and Science

环境、交通运输和区域部 DETR Department of the Environment, Transport and the Regions

教育与就业部 DfEE Department for Education and Employment

卫生部 DH Department of Health

地区卫生部门 DHA District Health Authority

卫生和社会事务部 DHSS Department of Health and Social Security

地区管理团队 DMT District Management Team

1958 年《残疾人（就业）法》DPEA Disabled Persons（Employment）Act 1958

1986 年《残疾人（服务、咨询和代表）法》DP（SCR）A Disabled Persons（Services, Consultation and Representation）Act 1986

残疾人权利委员会委员 DRC Disability Rights Commissioner

直接服务组织 DSO Direct Service Organisation

社会保障部 DSS Department of Social Security

贸易与工业部 DTI Department of Trade and Industry

药物治疗与检测法令 DTTO Drug Treatment and Testing Order

欧洲共同体 EC European Community

欧洲经济共同体 EEC European Economic Community

社会照顾电子图书馆 ELSC Electronic Library for Social Care

欧洲货币联盟 EMU European Monetary Union

机会平等委员会 EOC Equal Opportunities Commission

教育优先区 EPA Educational Priority Area

经济与社会研究委员会 ESRC Economic and Social Research Council

欧盟 EU European Union

家庭健康服务管理局 FHSA Family Health Service Authority

家庭收入补助 FIS Family Income Supplement

1996 年《家庭法》FLA Family Law Act 1996

财务管理新方案 FMI Financial Management Initiative

家庭保健局 FPC Family Practitioner Committee

金融服务管理局 FSA Financial Services Authority

国内生产总值 GDP Gross Domestic Product

政府一般性支出 GGE General Government Expenditure

大伦敦市议会 GLC Greater London Council

英国医学总会 GMC General Medical Council

国民生产总值 GNP Gross National Product

全科医生 GP General Practitioner

社会关怀委员会 GSCC General Social Care Council

健康教育局 HEA Health Education Authority

艾滋病病毒 HIV Human Immuno-deficiency Virus

财政部 HMT HM Treasury

1968 年《健康服务和公共卫生法》HSPHA Health Services and Pub-
lic Health Act 1968

信息与通信技术 ICT Information and Communication Technology

改善与发展局 IdeA Improvement and Development Agency

经济事务研究所 IEA Institute for Economic Affairs

财政研究所 IFS Institute for Fiscal Studies

政府间组织 IGO intergovernmental organisation

国际战略研究所 IISS International Institute for Strategic Studies

国际劳工组织 ILO International Labour Organisation

公共政策研究所 IPPR Institute for Public Policy Research

产业关系服务 IRS Industrial Relations Service

收入补助 IS Income Support

失业津贴 JSA Jobseekers' Allowance

1970 年《地方政府社会服务法》 LASSA Local Authority Social Services Act 1970

地方教育局 LEA Local Education Authority

本地交易所交易计划 LETS Local Exchange Trading Schemes

地方政府协会 LGA Local Government Association

地方政府信息部门 LGIU Local Government Information Unit

低收入委员会 LPC Low Pay Commission

低收入单位 LPU Low Pay Unit

质量保障管理行动计划 MAP Management Action Plan（under Quality Protects）

大都市辖自治市议会 MBC Metropolitan Borough Council

1959 年/1983 年《精神健康法》 MHA Mental Health Act 1959 or 1983

苏格兰精神健康官员 MHO Mental Health Officer（Scotland）

卫生部 MoH Ministry of Health

议会成员 MP Member of Parliament

哌甲酯（利他林） MPH methylphenidate（ritalin）

1948 年《国家救助法》 NAA National Assistance Act 1948

全国少年司法协会 NAYJ National Association for Youth Justice

全国缓刑官协会 NAPO National Association of Probation Officers

全国儿童之家 NCH National Children Homes

全国质量保证委员会 NCQA National Commission for Quality Assurance

对再生的新承诺 NCR New Commitment to Regeneration

全国照顾标准委员会 NCSC National Care Standards Commission

社区新政 NDC New Deal for Communities

残疾人新政 NDDP New Deal for Disabled People

全国经济发展委员会 NEDC National Economic Development Council

全国经济开发局 NEDO National Economic Development Office

新的社会需求目标（北爱尔兰）New TSN New Targeting Social Need
（Initiative）（Northern Ireland）

非政府组织 NGO Nongovernmental Organisation

国民医疗服务体系 NHS National Health Service

1977 年《国民医疗服务法》NHSA National Health Services Act 1977

1990 年《国民医疗服务和社区照顾法》NHSCCA National Health
Service and Community Care Act 1990

国民医疗服务管理执行官 NHSME National Health Service Management Executive

全国防止虐待儿童协会 NSPCC National Society for the Prevention of
Cruelty to Children

经济合作与发展组织 OECD Organisation for Economic Co-operation
and Development

教育标准局 Ofsted Office for Standards in Education

国家统计局 ONS Office for National Statistics

1984 年《警察和刑事证据法》PCEA Police and Criminal Evidence
Act 1984

绩效评估框架 PAF Performance Assessment Framework

政策行动小组 PAT Policy Action Team （of SEU）

优先房地产项目 PEP Priority Estates Project

私人融资 PFI Private Finance Initiative

绩效评估指标 PI Performance Indicator

绩效与创新部门 PIU Performance and Innovation Unit

初级卫生保健 PHC Primary Health Care

缓刑官 PO Probation Officer

公私合作模式 PPP Public Private Partnership

绩效工资 PRP Performance Related Pay

公共部门融资缺口 PSBR Public Sector Borrowing Requirement

促进社会包容（北爱尔兰）PSI Promoting Social Inclusion （Northern Ireland）

缓刑服务官 PSO Probation Service Officer

"质量保障" 计划 QP Quality Protects （programme）

区域发展机构 RDA Regional Development Agency

区域卫生局 RHA Regional Health Authority

1984 年《户籍法》RHA Registerd Homes Act 1984

难民法律中心 RLC Refugee Legal Centre

社会住房机构 RSL Registered Social Landlord

补充福利 SB Supplementary Benefit

1976 年《补充福利法》SBA Supplementary Benefits Act 1976

小企业服务局 SBS Small Business Service

社会关怀小组 SCG Social Care Group

社会关怀地区 SCR Social Care Regions

社会排斥部 SEU Social Exclusion Unit

单一更新预算 SRB Single Regeneration Budget

社会服务监察局 SSI Social Services Inspectorate

苏格兰社会包容工作网络 SSIN Scottish Social Inclusion Network

训练及企业协会 TEC Training and Enterprise Council

全面质量管理 TQM Total Quality Management

城市联盟 UA Urban Alliance

英国 UK United Kingdom

联合国 UN United Nations

联合国 难民事务高级专员公署 UNHCR United Nations High Commis-
sioner for Refugees

苏联 USSR Union of Soviet Socialist Republics

增值税 VAT Value Added Tax

工薪家庭税收抵免 WFTC Working Families Tax Credit

世界卫生组织 WHO World Health Organization

少年司法委员会 YJB Youth Justice Board

少年犯拘留所 YOI Young Offender Institution

青少年犯罪特别工作组 YOT Youth Offending Team

附录二　关键年份的法律

1834 年　《济贫法修正案》　Poor Law Amendment Act

1882 年　《已婚妇女财产法》　Married Women's Property Act

1908 年　《儿童法》　Children Act

1911 年　《国家保险法》　National Insurance Act

1920 年　《危险药品法》　Dangerous Drugs Act

1926 年　《儿童收养法》　Adoption of Children Act

1933 年　《儿童和青少年法》　Children and Young Persons Act

1934 年　《失业法》　Unemployment Act

1944 年　《残疾人（就业）法》　Disabled Persons（Employment）Act

1946 年　《国家保险法》　National Insurance Act

1948 年　《国家救助法》　National Assistance Act

1948 年　《儿童法》　Children Act

1948 年　《世界人权宣言》　The United Nations Universal Declaration of Human Rights

1958 年　《残疾人（就业）法》　Disabled Persons（Employment）Act

1959 年　《精神健康法》　Mental Health Act

1963 年　《儿童和青少年法》　Children and Young Persons Act Health Services and Public

1968 年　《健康服务和公共卫生法》　Health Services and Publit

Health Act

1968 年 《社会工作（苏格兰）法》 Social Work（Scotland）Act

1969 年 《儿童和青少法》 Children and Young Persons Act

1970 年 《慢性病和残疾人法》 Chronically sick and Disabled Persons Act

1970 年 《法律改革杂项规定法》 Law Reform Miscellaneous Provisions Act

1970 年 《地方政府社会服务法》 Local Authority Social Services Act

1971 年 《移民法》 Immigration Act

1971 年 《药物滥用法》 Misuse of Drugs Act

1972 年 《地方政府法》 Local Government Act

1973 年 《婚姻诉讼法》 Matrimonial Causes Act

1973 年 《刑事法院权力法》 Powers of Criminal Courts Act

1975 年 《儿童福利法》 Child Benefit Act

1975 年 《社会保障福利金法》 Social Security Benefit Act

1975 年 《性别歧视法》 Sex Discrimination Act

1976 年 《收养法》 Adoption Act

1976 年 《种族关系法》 Race Relations Act

1976 年 《补充福利法》 Supplementary Benefits Act

1977 年 《国民医疗服务法》 National Health Services Act

1977 年 《租赁法》 Rent Act

1977 年 《保护免遭驱逐法》 Protection from Eviction Act

1978 年 《国内诉讼和地方法院法》 Domestic Proceedings and Magistrates'Courts Act

1980 年 《儿童法》 Children Act

1980 年 《户籍法》 Registered Homes Act

1982 年 《刑事司法法》 Criminal Justice Act

1983 年　《健康和社会服务及社会保障裁决法》　Health and Social Services and Social Security Adjudications Act

1983 年　《精神健康法》　Mental Health Act

1984 年　《警察和刑事证据法》　Police and Criminal Evidence Act

1984 年　《卫生和社会保障法》　Health and Social Security Act

1984 年　《公共卫生（传染病控制）法》　Public Health（Control of Disease）Act

1984 年　《户籍法》　Registered Homes Act

1985 年　《房东和承租人法》　Landlord and Tenant Act

1985 年　《住房法》　Housing Act

1985 年　《公共秩序法》　Public Order Act

1985 年　《犯罪起诉法》　Prosecution of Offences Act

1986 年　《社会保障法》　Social Security Act

1986 年　《残疾人（服务、咨询和代表）法》　Disabled Persons（Service，Consultation and Representation）Act

1988 年　《刑事司法法》　Criminal Justice Act

1988 年　《住房法》　Housing Act

1988 年　《地方政府财政法》　Local Government Finance Act

1988 年　《社会保障法》　Social Security Act

1989 年　《儿童法》　Children Act

1990 年　《国民医疗服务和社区照顾法》　National Health Service and Community Care Act

1991 年　《儿童抚养法》　Child Support Act

1991 年　《刑事司法法》　Criminal Justice Act

1991 年　《刑事诉讼（不适用于精神错乱和不当辩护）法》　Criminal Procedure（Insanity and Unfitness to Plead）Act

1992 年　《教育（学校）法》　Education（Schools）Act

1992 年　《地方政府财政法》　Local Government Finance Act

1993 年 《缓刑服务法》 Probation Services Act

1993 年 《庇护和移民上诉法》 Asylum and Lmmigration Appeals Act

1994 年 《刑事司法和公共秩序法》 Criminal Justice and Public Order Act

1995 年 《照顾者（认可和服务）法》 Carers（Recognition and Services）Act

1995 年 《苏格兰儿童法》 Children（Scotland）Act

1995 年 《儿童抚养法》 Child Support Act

1995 年 《刑事伤害赔偿法》 Criminal Injuries Compensation Act

1995 年 《残障人歧视法》 Disability Discrimination Act

1995 年 《精神健康（社区病人）法》） Mental Health（Patients in the community）act

1996 年 《庇护和移民法》 Asylum and lmmigration Act

1996 年 《学校督导法》 School Inspections Act

1996 年 《社区照顾（直接支付）法》 Community Care（Direct Payments）Act

1996 年 《直接支付法》 Direct Payments Act

1996 年 《教育法》 Education Act

1996 年 《家庭法》 Family law Ac

1996 年 《住房法》 Housing Act

1996 年 《性犯罪法》 Sex Offenders' Act

1997 年 《住房（无家可归者）法》 The Housing（Homeless Persons）Act

1997 年 《防止骚扰法》 Protection from Harassment Act

1997 年 《刑事（审判）法》 Crime（Sentences）Act

1997 年 《警察法》 Police Act

1998 年 《犯罪与扰乱秩序法》 Crime and Disorder Act

1998 年　《人权法》　Human Rights Act

1998 年　《国家最低工资法》　National Minimum Wage Act

1998 年　《学校标准和框架法》　School Standards and Framework Act

1998 年　《社会保障法》　Social Security Act

1999 年　《健康法》　Health Act

1999 年　《接近正义法》　Access to Justice Act

1999 年　《地方政府法》　Local Government Act

1999 年　《儿童保护法》　Protection of Children Act

1999 年　《福利改革和养老金法》　Welfare Reform and Pensions Act

2000 年　《儿童抚养、抚恤金和社会保障法》　Child Support，Pensions and Social Security Aet

2000 年　《地方政府法》　Local Government Act

2000 年　《少年司法和刑事证据法》　Youth Justice and Criminal Evidence Act

2000 年　《照顾标准法》　Care Standards Act

2001 年　《刑事司法和警察法》　Criminal Justice and Police Act

附录三　政策及研究资源网址

Barnardo's	www.barnardos.org.uk
Children's Society	www.the-childrens-society.org.uk
Commission for Racial Equality	http://www.cre.gov.uk/
Daycare Trust	http://www.daycaretrust.org.uk
Department of the Environment,	
Transport and the Regions	http://www.detr.gov.uk
Department of Health	http://www.doh.gov.uk
EOC (Scotland)	http://www.scotland.gov.uk/inclusion/ssin09.htm
Electronic Library for	
Social Care	info@elsc.org.uk
Employment Service	http://www.employmentservice.gov.uk
Government Information and	
Departments	http://www.open.gov.uk
Government (London) Treasury	http://www/hm-treasury.gov.uk
Joseph Rowntree Foundation	http://www.jrf.org.uk/bookshop/
King's Fund, The	www.kingsfund.org.uk
Legislation in process	
	http://www.parliament.the-stationery-office.co.uk
Low Pay Commission	http://www.lowpay.gov.uk
Mental Health Foundation	www.mentalhealth.org.uk
NACRO Youth Crime Section	info@nacroycs.demon.co.uk
National Association for Youth Justice	www.nayj.org.uk
New Deal	http://www.newdeal.gov.uk
Northern Ireland Information Service	http://www.nio.gov.uk
New TSN and PSI (N. Ireland)	www.dfpni.gov.uk
NSPCC	http://www.nspcc.org.uk

OECD	www.oecd.org/publications
Policy Press	tpp@bristol.ac.uk
Scottish Office/Scottish Executive	http://www.scotland.gov.uk
Social Exclusion Unit (London)	
	www.cabinet_office.gov.uk/seu/index.htm
Visible Women Campaign	www.open.gov.uk/cre/crehome
Web Journal of Current Legal	
Issues No. 1	http://webjcli.ncl.ac.uk
Who Cares Trust	http://www.thewhocarestrust.org.uk

参考文献

Abel-Smith, B. and Townsend, P. (1965) *The Poor and the Poorest*, Bell & Son, London.

Adams, R. (1991) *Protests by Pupils: Empowerment, Schooling and the State*, Falmer, Brighton.

Adams, R. (1994) *Prison Riots in Britain and the USA*, Macmillan, Basingstoke – now Palgrave.

Adams, R. (1996a) *The Personal Social Services: Clients, Consumers or Citizens?* Addison Wesley Longman, Harlow.

Adams, R. (1996b) *Social Work and Empowerment*, BASW/Macmillan, Basingstoke – now Palgrave.

Adams, R. (1997) 'Empowerment, Marketisation and Social Work', in L. Bogdan (ed.) *Change in Social Work*, Arena, Aldershot, pp. 69–87.

Adams, R. (1998a) *Quality Social Work*, Macmillan, Basingstoke – now Palgrave.

Adams, R. (1998b) 'Empowerment and Protest', in L. Bogdan (ed.) *Challenging Discrimination in Social Work*, Ashgate, Aldershot.

Adams, R. (1998c) *The Abuses of Punishment*, Macmillan, Basingstoke – now Palgrave.

Adams, R., Dominelli, L. and Payne, M. (1998) 'Introduction', in R. Adams, L. Dominelli and M. Payne (eds) *Social Work: Themes, Issue and Critical Debates*, Macmillan, Basingstoke – now Palgrave, pp. xv–xviii.

Adams, A., Erath, P. and Shardlow, S. (eds) (2000) *Fundamentals of Social Work in Selected European Countries*, Russell House, Lyme Regis.

Alcock, P. (1996) *Social Policy in Britain: Themes and Issues*, Basingstoke, Macmillan – now Palgrave.

Alcock, P. (1997) *Understanding Poverty*, 2nd edn, Basingstoke, Macmillan – now Palgrave.

Alcock, P., Erskine, A. and May, M. (eds) (1998) *The Student's Companion to Social Policy*, Blackwell, Oxford.

Allen, I. (2001) *Stress Among Ward Sisters and Charge Nurses*, Policy Studies Institute, London.

Allsop, J. (1995) *Health Policy and the NHS: Towards 2000*, 2nd edn, Pearson, Harlow.

Altenstetter, C. and Björkman, J.W. (eds) (1997) *Health Policy Reform, National Variations and Globalization*, Macmillan, with International Political Science Association, London.

Amnesty (1994) *Prisoners without a Voice: Asylum-seekers Detained in the United Kingdom*, Amnesty International, London.

Anderson, E. (1990) *The Three Worlds of Welfare Capitalism*, Princeton University Press, Princeton.

Arnold, M. and Laskey, H. (1985) *Children of the Poor Clares: The Story of an Irish Orphanage*, Appletree Press, Belfast.

Ascher, K. (1987) *The Politics of Privatisation: Contracting Out in Public Services*, Macmillan, Basingstoke – now Palgrave.

Atkinson, M. and Elliott, L. (2000) 'UK Fails to Provide Path from School to Work', *The Guardian*, 11 February, p. 6.

Atkinson, R. and Durden, P. (1994) 'Housing Policy Since 1979: Developments and Prospects' in S. Savage, R. Atkinson and L. Robins (eds) *Public Policy in Britain*, Macmillan, Basingstoke – now Palgrave, pp. 182–202.

Auckland, R. (1997) 'Women and Protest', in C. Barker and M. Tyldesley (eds) *Third International Conference on Alternative Futures and Popular Protest*, Vol. 1, Manchester Metropolitan University, Manchester, pp. 1–12.

Audit Commission (1986) *Making a Reality of Community Care*, HMSO, London.

Audit Commission (1992) *The Community Revolution: Personal Social Services and Community Care*, HMSO, London.

Audit Commission (1996) *Misspent Youth. Young People and Crime*, Audit Commission, London.

Audit Commission (2000) *Another Country*, Audit Commission, London.

Awaih, J., Butt, S. and Dorn, H. (1990) 'The Last Place I Would Go: Black People and Drug Services in Britain', *Druglink*, Sept/Oct.

Awaih, J., Butt, S. and Dorn, H. (1992) *Race, Gender and Drug Services*, Research Monograph No. 6, Institute for the Study of Drug Dependence, London.

Bailey, R. and Williams, B. (2000) *Inter-agency Partnerships in Youth Justice: Implementing the Crime and Disorder Act 1998*, Social Service Monograph, Department of Sociological Studies, Sheffield University, Sheffield.

Bains Report (1972) *The New Local Authorities: Management and Structure*, HMSO, London.

Balding, J. (1998) *Young People and Illegal Drugs in 1998*, Schools Health Education Unit, London.

Baldock, J. and Ungerson, C. (1994) *Becoming Consumers of Community Care*, Joseph Rowntree Foundation, York.

Ball, C., Harris, R., Roberts, G. and Vernon, S. (1988) *The Law Report: Teaching and Assessment of Law in Social Work Education*, CCETSW, London.

Balogh, T. (1941) 'Work For All', *Picture Post*, 4 January, pp. 10–12.

Barker, K., Chalkley, M., Malcomson, J.M. and Montgomery, J. (1997) 'Contracting in the National Health Service: Legal and Economic Issues', in R. Flynn and G. Williams (eds) *Contracting For Health: Quasi-Markets and the National Health Service*, Oxford University Press, Oxford, pp. 82–97.

Barker, R., Jones, J., Saradjian, J. and Wardell, R. (1998) *Abuse in Early Years: Report of the Independent Inquiry into Shieldfield Nursery and Related Events*, Newcastle upon Tyne City Council, Newcastle upon Tyne.

Bateman, N. (2000) 'Making a Hard Life Harder', *Community Care*, 20–26 April, (1318):29.

Becker, S. (ed.) (1995) *Young Carers in Europe: An Exploratory Cross-national Study in Britain, France, Sweden and Germany*, Loughborough University, Loughborough.

Becker, S. and Aldridge, J. (1995) 'Young Carers in Britain', in S. Becker (1995), pp. 1–25.

Bereseford, P. and Croft, S. (1993) *Citizen Involvement: A Practical Guide for Change*, BASW/Macmillan, Basingstoke – now Palgrave.

Berridge, D. (1997) *Foster Care: A Research Review*, Stationery Office, London.

Berridge, D. and Broide, I. (1998) *Children's Homes Revisited*, Jessica Kingsley, London.

Bertoud, R., Brown, J.C. and Cooper, S. (1981) *Poverty and the Development of Anti-Poverty Policy in the UK*, Policy Studies Institute, London.

Beveridge, W. (1942) *Social Insurance and Allied Services*, Cmnd 6404, HMSO, London.

Beveridge, W. (1944) *Full Employment in a Free Society*, Allen & Unwin, London.

Bilton, K. (2000) 'Making Choices on Our Children's Future', *Professional Social Work*, October, p. 2.

Bird, L. (1999) *The Fundamental Facts*, Mental Health Foundation, London.

Björkman, J.W. and Altenstetter, C. (1997) 'Globalized Concepts and Localized Practice: Convergence in National Health Policy Reforms', in C. Altenstetter and J.W. Björkman (eds) *Health Policy Reform, National Variations and Globalization*, Macmillan, with International Political Science Association, London, pp. 1–16.

Blom-Cooper, L. (1985) *A Child in Trust: the Report of the Panel of Inquiry into the Circumstances Surrounding the Death of Jasmine Beckford*, London Borough of Brent, London.

Blom-Cooper, L., Murphy, E. and Hally, H. (1995) *The Falling Shadow*, South Devon Health-Care Trust, Torquay.

Bluglass, R. and Bowden, P. (1990) *Principles and Practice of Forensic Psychiatry*, Churchill Livingstone, Edinburgh.

Booth, C. (1889) *Life and Labour of the People in London* (17 volumes) Macmillan, Basingstoke – now Palgrave.

Bowlby, J. (1951) *Maternal Care and Mental Health*, World Health Organization, Geneva.

Bowlby, J. (1965) *Child Care and the Growth of Love*, Penguin, Harmondsworth.

Boyd, W.D. (1994) *A Preliminary Report on Homicide*, Steering Committee of the Confidential Inquiry into Homicides and Suicides by Mentally Ill People, London.

Boynton, Sir J. (1980) *Report of the Review of Rampton Hospital* (Chairman Sir John Boynton) Cmnd 8073, HMSO, London.

Bradley, G. and Manthorpe, J. (1997) *Dilemmas of Financial Assessment*, Venture Press, Birmingham.

Bradshaw, J. (1998) 'Lone Parents', in P. Alcock, A. Erskine and M. May (eds) pp. 263–269.

Brandon, D. (1993) *Advocacy: Power to People with Disabilities*, Venture Press, Birmingham.

Braye, S. and Preston-Shoot, M. (1990) 'On Teaching and Applying the Law in Social Work: It is not that simple', *British Journal of Social Work*, 20(4):333–353.

Brayne, H. and Martin, G. (1999) *Law for Social Workers*, Blackstone Press, London.

Brechin, A. (2000) 'Introducing Critical Practice', in A. Brechin, H. Brown and M.A. Eby (eds) *Critical Practice in Health and Social Care*, Sage, London, pp. 25–47.

Brindle, D. (1999) 'Despite the Red Nose Jollity', *The Guardian*, 13 March, p. 4.

British Association of Social Workers (BASW) (1995) *Statement: Mental Health (Patients in the Community) Act 1995*, BASW, Birmingham.

British Association of Social Workers (BASW) (1997) *Whistleblowers: Guidance for Social Services on Free Expressions of Staff Concerns*, BASW, Birmingham.

British Association of Social Workers Scotland (2000) *Response to the Consultation Paper on Modernising Social Work Services: Workforce Regulation and Education*, BASW Scotland, Edinburgh.

Brown, D. (1990) *Black People, Mental Health and the Courts*, NACRO, London.

Brown, E., Bullock, R., Hudson, C. and Little, M. (1998) *Making Residential Care Work: Structure and Culture in Children's Homes*, Ashgate, Aldershot.

Browne, K. (1995) 'Child Abuse: Defining, Understanding and Intervening', in K. Wilson and A. James (eds) *The Child Protection Handbook*, Baillière Tindall, London pp. 43–65.

Bullock, R., Little, M. and Millham, S. (1998) *Secure Treatment Outcomes*, Ashgate, Aldershot.

Burchardt, T., Hills, J. and Propper, C. (1999) *Private Policy and Public Welfare*, Joseph Rowntree Foundation, York.

Burden, T., Cooper, C. and Petrie, S. (2000) *Modernising Social Policy: Unravelling New Labour's Welfare Reforms*, Ashgate, Aldershot.

Burnett, R. (1996) *Fitting Supervision to Offenders: Assessment and Allocation Decisions in the Probation Service: Home Office Research Study 153*, Home Office, London.

Butler-Sloss, E., Right Honourable Lord Justice, DBE (1987) *Report of the Inquiry into Child Abuse in Cleveland*, Cm 412, HMSO, London.

Campbell, B. (1984) *Wigan Pier Revisited: Poverty and Politics in the 80s*, Virago, London.

Campbell, B. (1999) 'Second-class Citizens', *Community Care*, 7–13 October, (1293):14.

Cannan, C. and Warren, C. (eds) (1997) *Social Action with Children and Families: A Community Development Approach to Child and Family Welfare*, Routledge, London.

Cannan, C., Berry, L. and Lyons, K. (1992) *Social Work and Europe*, BASW/Macmillan, Basingstoke – now Palgrave.

Carlen, P. (1994) 'The Governance of Homelessness', *Critical Social Policy*, 14:18–33.

Carlen, P. and Tchaikovsky, C. (1996) 'Women's Imprisonment in England at the End of the Twentieth Century: Legitimacy, Realities and Utopias', in R. Matthews and P. Francis (eds) *Prisons 2000: An International Perspective on the Current State and Future of Imprisonment*, Macmillan, Basingstoke – now Palgrave, pp. 201–218.

Carling, A. (1991) *Social Division*, Verso, London.

Cavadino, P. and Bell, T. (1999) *Going Straight Home*, NACRO, London.

Cavadino, M. and Dignan, J. (1997) *The Penal System: An Introduction*, 2nd edn, Sage, London.

Central Advisory Council for Education (1967) *Children and Their Primary Schools: A Report of the Central Advisory Council for England* (Plowden Committee) HMSO, London.

Chadda, D. (2000) 'A Long Overdue Review', *Community Care*, 2–8 November, (1346):12.

Chapman, T. and Hough, M. (1998) *Evidence Based Practice: A Guide to Effective Practice*, Home Office, London.

Chetwynd, M. and Ritchie, J. (1996) *The Cost of Care: The Impact of Charging Policy on the Lives of Disabled People*, Joseph Rowntree Foundation, York.

Church Hill House Hospital Inquiry (1979) *Inquiry into Allegations Made in Respect of Church Hill House Hospital, Bracknell*, Berkshire Area Health Authority, Reading.

Church, J. and Summerfield, C. (1996) *Social Focus on Ethnic Minorities*, HMSO, London.

Clarke, M. and Stewart, J.D. (1992) 'Empowerment: A Theme for the 1990s', *Local Government Studies*, 18(2):18–26.

Clements, L. (1999) 'Screening Service Users', *Community Care*, 21–27 October, (1295):28.

Clothier, C., MacDonald, C.A. and Shaw, D.A. (1994) *The Allitt Inquiry, Independent Inquiry Relating to Deaths and Injuries on the Children's Ward at Grantham and Kesteven General Hospital During the Period February to April 1991*, HMSO, London.

Cochrane, A. (1996) 'From Theories to Practices: Looking for Local Democracy in Britain', in D. King and G. Stoker (eds) *Rethinking Local Democracy*, Macmillan, Basingstoke – now Palgrave, pp. 193–213.

Cohen, S. (2001) *Immigration Controls, the Family and the Welfare State*, Jessica Kingsley, London.

Commission for Racial Equality (1992) *Cautions v. Prosecutions'*, Commission for Racial Equality, London.

Commission of the European Communities (1993) *Employment in Europe*, Commission of the European Communities, Brussels.

Commission on Social Justice (1994) *Social Justice: Strategies for National Renewal: The Report of the Commission on Social Justice* (The Borrie Report), Vintage, Random House, London.

Committee of Inquiry (1992) *Report of the Committee of Inquiry into Complaints About Ashworth Hospital*, HMSO, London.

Community Care (2000) Editorial Comment, (1310):15.

Confidential Inquiry (1996) *Report of the Confidential Inquiry into Homicides and Suicides by Mentally Ill People*, Royal College of Psychiatrists, London.

Cooke, J. and Marshall, J. (1996) 'Homeless Women', in K. Abel, S. Buszewicz, S. Davison, S. Johnson and E. Staples (eds) *Planning Community Mental Health Services for Women*, Routledge, London.

Cookson, H. (1992) 'Alcohol Use and Offence Type in Young Offenders', *British Journal of Criminology*, 32(3):352–60.

Corner, L. (1997) Women's Participation in Decision-making and Leadership: A Global Perspective. Paper given at Conference on Women in Decisionmaking in Cooperatives held by Asian Women in Cooperative Development Forum (ACWF) and the International Co-operative Alliance Regional Office for Asia and the Pacific (ICAROAP) on 7–9 May at Tagatay City, Phillippines. Published as *Women in Decision-Making in Co-operatives: Report of a Regional Conference* by ACWF and ICAROAP.

Cosis Brown, H. (1998) *Social Work with Lesbian Women and Gay Men*, Macmillan, Basingstoke – now Palgrave.

Costhill Hospital Inquiry (1980) *Report of the Committee of Inquiry into Mental Handicap Services*, Oxfordshire Area Health Authority, Oxford.

Cox, L. (1997) 'Reflexivity, Social Transformation and Counter Culture', in C. Barker and M. Tyldesley (eds) *Third International Conference on Alternative Futures and Popular Protest*, Vol. 1, Manchester Metropolitan University, Manchester pp. 1–15.

Craig, G. (1998) 'The Privatization of Human Misery', *Critical Social Policy*, 18(1):51–76.

Craig, G. and Manthorpe, J. (1999a) 'Small but Imperfectly Formed', *Community Care*, 14–20 October, (1294):25.

Craig, G. and Manthorpe, J. (1999b) *Unfinished Business: Local Government Reorganisation and Social Services*, Policy Press, Bristol.

Creighton, S.J. (1995) 'Patterns and Outcomes', in K. Wilson and A. James (eds) *The Child Protection Handbook*, Baillière Tindall, London, pp. 5–26.

Crichton, J. (ed.) (1995) *Psychiatric Patient Violence: Risk and Response*, Duckworth, London.

Croft, S. and Beresford, P. (1995) 'Whose Empowerment? Equalising the Competing Discourses in Community Care', in R. Jacks (ed.) *Empowerment in Community Care*, Chapman Hall, London, pp. 59–73.

Crowley, A. (1998) *A Criminal Waste: A Study of Child Offenders Eligible for Secure Training Centres*, Children's Society, London.

Curtis, M., CBE (1946) *Report of the Care of Children Committee*, Cmnd 6922, HMSO, London.

Darlington Memorial Hospital Inquiry (1976) *Report of the Committee of Inquiry*, Northern Regional Health Authority, Newcastle upon Tyne.

Darvill, G. and Smale, G. (eds) (1990) *Partners in Empowerment: Networks of Innovation in Social Work*, NISW, London.

Davies, N., Lingham, R., Prior, C. and Sims, A. (1995) *Report of the Inquiry into the Circumstance Leading to the Death of Jonathan Newby (a volunteer worker) on 9 October 1993 in Oxford*, Oxfordshire Health Authority, Oxford.

Dean, H. (ed) (1999) *Begging Questions*, Policy Press, Bristol.

Dearden, C. and Becker, S. (2000) *Growing Up Caring: Vulnerability and Transition to Adulthood – Young Carer's Experiences*, National Youth Agency, Leicester.

Department for Culture, Media and Sport (DCMS) (1999) *Report of Policy Action Team 10: Arts and Sport*, DCMS London.

Department for Education and Employment (DfEE) (1988) *Learning to Succeed*, White Paper, Stationery Office, London.

Department for Education and Employment (DfEE) (1999a) *Report of Policy Action Team 1: Jobs for All*, TSO, London.

Department for Education and Employment (DfEE) (1999b) *Report of Policy Action Team 2: Skills for Neighbourhood Renewal – Local Solutions*, TSO, London.

Department for Education and Employment (2000) *Report of Policy Action Team 11: School Plus: Building Learning Communities: Improving the Educational Chances of Children and Young People from Disadvantaged Areas*, Department for Education and Employment, London.

Department for Education and Employment (DfEE) (2000a) *Report of Policy Action Team 12: Young People*, TSO, London.

Department of the Environment, Transport and the Regions (1998) *Modern Local Government: In Touch with the People*, White Paper, Cm 4014, Stationery Office, London.

Department of the Environment, Transport and the Regions (DETR) (1999a) *Report of Policy Action Team 5: Housing Management*, DETR, London.

Department of the Environment, Transport and the Regions (1999b) *Report of Policy Action Team 7: Unpopular Housing*, DETR, London.

Department of the Environment, Transport and the Regions (2000) *Quality and Choice: A Decent Home for All*, The Housing Green Paper, Summary, DETR, London.

Department of the Environment, Transport and the Regions (2000a) *Report of Policy Action Team 17: Joining It Up Locally*, DETR, London.

Department of Health (1989) *Caring for People: Community Care in the Next Decade and Beyond*, White Paper, Cmnd 849, HMSO, London.

Department of Health (1990) *Care in the Community, Making it Happen*, HMSO, London.

Department of Health (1992a) *The Health of the Nation – A Strategy for Health in England*, White Paper, Cmnd 1986, HMSO, London.

Department of Health (1992b) *Choosing with Care: The Report of the Committee of Inquiry into the Selection, Development and Management of Staff in Children's Homes*, HMSO, London.

Department of Health (1992c) *The Patient's Charter*, Department of Health, London

Department of Health (1998) *New Ambitions for our Country: A New Contract for Welfare*, Green Paper, Cm 3805, Stationery Office, London.

Department of Health (1998a) *Modernising Social Services*, White Paper, Cm 4169, Stationery Office, London.

Department of Health (1998b) *The Government's Response to the Children's Safeguards Review*, Cm 4105, HMSO, London.

Department of Health (1998c) *Partnership for Equality*, HMSO, London.

Department of Health (1999) *A New Contract for Welfare: Children's Rights and Parents' Responsibilities*, White Paper, Cm 4349, Stationery Office, London.

Department of Health (1999) *A New Contract for Welfare: Partnership in Pensions*, Green Paper, Cm 4179, Stationery Office, London.

Department of Health (1999a) *Regulating Private and Voluntary Healthcare: The Way Forward*, Department of Health, London.

Department of Health (1999b) *Children Looked After in England, 1998/99* Bulletin 1999/26 update 17 March 2000, Department of Health, London.

Department of Health (1999c) *Modern Social Services – A Commitment to Improve*, The 8th Annual Report of the Chief Inspector of Social Services 1998/1999, Department of Health, London.

Department of Health (1999d) *Caring About Carers: A National Strategy for Carers*, Stationery Office, London.

Department of Health (1999e) *A New Approach to Social Services Performance*, Consultation Document, Department of Health, London.

Department of Health (1999f) *Still Building Bridges*, Department of Health, London.

Department of Health (1999g) *Report of Policy Action Team 13: Improving Shopping Access for People living in Deprived Neighbourhoods*, Department of Health, London.

Department of Health, (2000a) *Protecting Children, Supporting Parents*, Green Paper, Department of Health, London.

Department of Health (2000b) *The Children Act Report 1995–1999*, Cm 4579, Stationery Office, London.

Department of Health (2000c) *Learning the Lessons – The Government's Response to Lost in Care: Report of the Tribunal of Inquiry into the Abuse of Children in Care in the Former County Council Areas of Gwynedd and Clwyd since 1974*, Stationery Office, London.

Department of Health (2000d) *The NHS Plan – A Plan for Investment. A Plan for Reform.* Cm 4818, Department of Health, London.

Department of Health (2001) *Better Care, Higher Standards – Guidance for 2001/02*, Department of Health, London.

Department of Health/Department of Education and Employment and Home Office (2000) *Framework for the Assessment of Children in Need and Their Families*, Stationery Office, London.

Department of Health, Home Office, Department for Education and Employment (1999) *Working Together to Safeguard Children: A Guide to Inter-Agency Working to Safeguard and Promote the Welfare of Children*, Stationery Office, London.

Department of Health and Social Security (1971) *Better Services for the Mentally Handicapped*, White Paper, HMSO, London.

Department of Health and Social Security (1980a) *Inequalities in Health: A Report of a Research Working Group*, (Chaired by Sir Douglas Black, known as the Black Report), DHSS, London.

Department of Health and Social Security (1980b) *Report of the Review of Rampton Hospital*, (Chairman Sir John Boynton), Cmnd 8073, HMSO, London.

Department of Health and Social Security (1981) *Care in Action* HMSO, London.

Department of Health and Social Security (1988) *Community Care: Agenda for Action*, (Griffiths Report), HMSO, London.

Department of Health/Social Services Inspectorate (1991a) *Care Management and Assessment: Practitioners' Guide*, HMSO, London.

Department of Health/Social Services Inspectorate (1991b) *The Right to Complain: Practice Guidance on Complaints Procedures in Social Services Departments*, HMSO, London.

Department of Health/Social Services Inspectorate (1991c) *Complaints About the Social Services Department: Ideas for Practice Booklet for Clerks, Receptionists and Telephonists*, HMSO, London.

Department of Health/Social Services Inspectorate (1999) *The Work of the Social Care Group*.

Dews, V. and Watts, J. (1995) *Review of Probation Officer Recruitment and Qualifying Training* (Dews Report), HMSO, London.

Dickens, Charles (1946) *Bleak House*, Thomas Nelson, London.

Dickinson, D. (1994) *Crime and Unemployment*, Department of Applied Economics, University of Cambridge, Cambridge.

Ditch, J. (1998) 'Income Protection and Social Security', in P. Alcock, A. Erskine and M. May (eds) *The Student's Companion to Social Policy*, Blackwell, Oxford, pp. 273–279.

Dodd, V. (2000) 'Malicious Racism in Youth Prison', *The Guardian*, 22 January, pp. 1–2

Dominelli, L. (1990) *Women and Community Action*, Venture Press, Birmingham.

Dominelli, L. (1997) *Sociology for Social Work*, Macmillan, Basingstoke – now Palgrave.

Dominelli, L. and McLeod, M. (1989) *Feminist Social Work*, Macmillan, Basingstoke – now Palgrave.

Donahue, J.D. (1989) *The Privatization Decision: Public Ends, Private Means*, Basic Books, New York.

Doré, G. and Jerrold, B. (1872) *London: A Pilgrimage*, Grant & Co., London.

Douglas, A. (1997) 'No Speech Therapy', Inside Community Care, *Community Care*, 22–28 May, (1173):11.

Doyal, L. (ed.) (1998) *Women and Health Services: An Agenda for Change*, Buckingham, Open University Press.

Drake, R.F. (1999) *Understanding Disability Policies*, Macmillan, Basingstoke – now Palgrave.

Drakeford, M. and Sachdev, D. (2001) 'Financial Exclusion and Debt Redemption', *Critical Social Policy*, 21(2): 209–230.

Durand, V. (1960) *Disturbances at the Carlton Approved School on 29th and 30th August 1959, Report of an Inquiry*, Cmnd, 937, HMSO, London.

Dutt, R. (1999) 'Placing Refugee Children', *Community Care*, 29 April–5 May, (1270):30.

Eaton, M. (1993) *Women After Prison*, Open University Press, Buckingham.

Elcock, H. (1993) 'Local Government', in D. Farnham and S. Horton (eds) *Managing the New Public Services'*, Macmillan, Basingstoke – now Palgrave, pp. 150–171.

Ensor, R.C.K. (1936) *England 1870–1914*, Clarendon Press, Oxford.

Equal Opportunities Commission (1990) *Women and Men in Britain*, Equal Opportunities Commission, London.

Equal Opportunities Commission (1993) *Women and Men in Society*, Equal Opportunities Commission, Manchester.

Fallon, P., Bluglass, R., Edwards, B. and Daniels, G. (1999) *Report of the Committee of Inquiry into the Personality Disorder Unit, Ashworth Special Hospital*, Cm 4194, Stationery Office, London.

Farmer, E. and Pollock, S. (1998) *Sexually Abused and Abusing Children in Substitute Care*, John Wiley & Sons/Department of Health, Chichester.

Farnham, D. (1993) 'Human Resources Management and Employee Relations', in D. Farnham and S. Horton (eds) *Managing the New Public Services*, Macmillan, Basingstoke – now Palgrave, pp. 99–124.

Farnham, D. and Horton, S. (1993a) 'The Political Economy of Public Sector Change', in D. Farnham and S. Horton (eds) *Managing the New Public Services'*, Macmillan, Basingstoke – now Palgrave, pp. 3–26.

Farnham, D. and Horton, S. (1993b) 'The New Public Service Managerialism: an Assessment', in D. Farnham and S. Horton (eds) *Managing the New Public Services'*, Macmillan, Basingstoke – now Palgrave, pp. 237–254.

Farrington, D.P., Gallagher, B., Morley, L., St Ledger, R.J. and West, D.J. (1986) 'Unemployment, School Leaving and Crime', *British Journal of Criminology*, 26: 335–356.

Fernando, S. (1991) *Mental Health, Race and Culture*, Macmillan, in association with MIND, London.

Ferri, E. and Smith, K. (1998) *Step-Parenting in the 1990s*, Family Policy Studies Centre and Joseph Rowntree Foundation, London.

Fetterman, D.M., Kaftarian, S.J. and Wandersman, A. (eds) (1996) *Empowerment Evaluation: Knowledge and Tools for Self-assessment and Accountability*, Sage, London.

Fleischmann, P. and Wigmore, J. (2000) *Nowhere Else to Go*, Mental Health Foundation, London.

Fletcher, H. (1999) 'Call for Resources for the Service', *NAPO News*, November, (114):1.

Flynn, R. and Williams, G. (eds) (1997) *Contracting for Health: Quasi-markets and the National Health Service*, Oxford University Press, Oxford.

Ford, J., Burrows, R., Wilcox, S., Cole, I. and Beatty, C. (1998) *Social Housing Rent Differentials and Processes of Social Exclusion*, Centre for Housing Policy, University of York, York.

Fox Harding, L. (1996) *Family, State and Social Policy*, Macmillan, Basingstoke – now Palgrave.

Fox Harding, L. (1997) *Perspectives in Child Care Policy*, Longman, Harlow.

Franklin, B. (ed.) (1995) *The Handbook of Children's Rights – Comparative Policy and Practice*, Routledge, London.

Franklin, B. (1999) *Hard Pressed, National Newspaper Reporting of Social Work and Social Services*, Community Care, London.

Franklin, B. (ed.) (2000) *Social Policy, The Media and Misrepresentation*, Routledge, London.

Fraser, D. (1984) *The Evolution of the British Welfare State*, 2nd edn, Macmillan, Basingstoke – now Palgrave.

Fratter, J. (1991) 'Parties in the Triangle', *Adoption and Fostering*, **15** (4):91–98.

Fryer, D. (1992) *The Psychological Effects of Unemployment*, British Psychological Society, Leicester.

Gaskell, E. (1970) *North and South*, Harmondsworth, Penguin.

George, M. (2000) 'Act of Cruelty', *The Guardian, Guardian Society*, 8 November, pp. 5–6.

George, V. (1968) *Social Security: Beveridge and After*, Routledge & Kegan Paul, London.

George, V. and Taylor-Gooby, P. (eds) (1996) *European Welfare Policy: Squaring the Welfare Circle*, Macmillan, Basingstoke – now Palgrave.

George, V. and Wilding, P. (1976) *Ideology and Social Welfare*, Routledge & Kegan Paul, London.

George, V. and Wilding, P. (1999) *British Society and Social Welfare: Towards a Sustainable Society*, Macmillan, Basingstoke – now Palgrave.

Giddens, A. (1998) *The Third Way: The Renewal of Social Democracy*, Polity Press, Cambridge.

Ginsburg, N. (1999) 'Housing', in R. M. Page and R. Silburn (eds) *British Social Welfare in the Twentieth Century*, Macmillan, Basingstoke – now Palgrave, pp. 223–46.

Glendinning, C. and Millar, J. (1992) *Women and Poverty in Britain in the 1990s*, Harvester Wheatsheaf, Hemel Hempstead.

Glennerster, H. and Hills, J. (1998a) 'Lifting the Lid on Pot Luck', *The Guardian, Guardian Society*, 22 April, pp. 2–3.

Glennerster, H. and Hills, J. (eds) (1998b) *The State of Welfare: The Economics of Social Spending*, 2nd edn, Oxford University Press, Oxford.

Goffman, E. (1961) *Asylums: Essays on the Social Situations of Mental Patients and Other Inmates*, Penguin, Harmondsworth.

Golding, P. and Middleton, S. (1982) *Images of Welfare: Press and Public Attitudes to Poverty*, Martin Robertson, Oxford.

Goldson, B. (ed.) (2000) *The New Youth Justice*, Russell House, Lyme Regis.

Goldson, B. and Peters, E. (2000) *Tough Justice*, Children's Society, London.

Gooding, C. (2000) 'Disability Discrimination Act: From Statute to Practice', *Critical Social Policy*, 20 (4): 533–549.

Gordon, D., Adelman, L., Ashworth, C. et al. (2000) *Poverty and Social Exclusion in Britain*, Joseph Rowntree Foundation, York.

Gould, M. (2001) 'Lives Trapped in Limbo', *The Guardian, Guardian Society*, 24 Jan, p. 7.

Graham, J. and Bowling, B. (1995) *Young People and Crime*, Home Office Research Study No. 145, Stationery Office, London.

Green, D. (2000) *An End to Welfare Rights*, Institute of Economic Affairs, London.

Green, H., Deacon, K., Iles, N. and Down, D. (1997) *Housing in England 1995/96*, Stationery Office, London.

Green, L. (2000) 'Anti-poverty Plans Lack Workers' Input', *Community Care*, 22–28 June, (1327): 10–11.

Green, L. (2000) 'Anti-Smacking Campaigners Vow to Continue Their Fight', *Community Care*, 27 April–3 May, (1319): 9.

Greenhalgh, C. and Gregory, H. (1997) 'Why Manufacturing Still Matters: Working with Structural Change', in J. Philpott (ed) *Working for Full Employment*, Routledge, London, pp. 96–108.

Griggs, A., Hogg, D. and Hunt, S. (2000) 'Our Friends in the North', *Community Care*, 4–10 May, (1320): 23.

Hadley, R. and Hatch, S. (1981) *Social Welfare and the Failure of the State*, Allen & Unwin, London.

Hall, S. (2001) 'Charge for Nursery Place Rises to £6000 a year', *The Guardian*, 5 Feb., p. 9.

Halmos, P. (1978) *The Personal and the Political: Social Work and Political Action*, Hutchinson, London.

Ham, C. (1985) *Health Policy in Britain*, Macmillan, Basingstoke – now Palgrave.

Hanmer, J. and Statham, D. (1999) *Women and Social Work: Towards Woman-centred Practice*, Macmillan, Basingstoke – now Palgrave.

Harris, R. (1995) 'Child Protection, Care and Welfare', in K. Wilson and A. James (eds) *The Child Protection Handbook*, Baillière Tindall, London, pp. 27–42.

Hasler, F. (1999) 'Excercising the Right to Freedom of Choice', *Professional Social Work*, June, pp. 6–7.

Hattenstone, S. (2001) 'Frankly, I'm Appalled', *The Guardian*, Friday Supplement, 2 Feb., pp. 8–9.

Head, A. (1995) 'The Work of the Guardian *Ad Litem*', in K. Wilson and A. James (eds) *The Child Protection Handbook*, Baillière Tindall, London, pp. 281–294.

Hewitt, P. (1993) *About Time*: The Revolution in Work and Family Life, IPPR/Rivers Oram, London.

Hewitt, P. (1997) Full Employment for Men and Women', in J. Philpott (ed) *Working for Full Employment*, Routledge, London, pp. 81–95.

Hill, M. (1993) *The Welfare State in Britain: A Political History Since 1945*, Edward Elgar, Aldershot.

Hills, D. and Child, C. (2000) *Leadership in Residential Child Care: Evaluating Qualification Training*, John Wiley & Sons, Chichester.

Hills, J. (1995) *Income and Wealth – The Latest Evidence*, Joseph Rowntree Foundation, York.

Hirst, P. (1994) *Associative Democracy: New Forms of Economic and Social Governance*, Polity Press, Oxford.

HM Government (1944) *Employment Policy*, White Paper, Cmnd 6527, HMSO, London.

HM Inspectorate of Probation (1995a) *Probation Orders with Additional Requirements. Report of a Thematic Inspection*, Home Office, London.

HM Inspectorate of Probation (1995b) *Dealing with Dangerous People: The Probation Service and Public Protection*, Home Office, London.

HM Inspectorate of Probation (1996) *Probation Services Working in Partnership: Increasing Impact and Value for Money. Report of a Thematic Inspection*, Home Office, London.

HM Inspectorate of Probation (1998) *Strategies for Effective Offender Supervision. Report of the "What Works" Project*, Home Office, London.

HM Prison Service (1999) *Annual Report and Accounts 1998 to March 1999*, Stationery Office, London.

HM Treasury (1999) *Report of Policy Action Team 14: Access to Financial Services*.

HM Treasury (2000) *Report of Policy Action Team 3: Enterprise and Social Exclusion*, Her Majesty's Treasury, London.

Holihead, M. (2000) 'Whistling the Same Tune', *Community Care*, 20–26 Jan., (1305): 20–21.

Holman, B. (2000) 'Think Local, Gordon', *Community Care*, 22–8 June, (1327): 22.

Home Office (1946) *Report of the Committee on the Care of Children* (Curtis Report) Cmnd 6922, HMSO, London.

Home Office (1965) *The Child, the Family and the Young Offender* (White Paper) Cmnd 2742, HMSO, London.

Home Office (1968) *Children in Trouble* (White Paper) Cmnd 3601, London, HMSO.

Home Office (1988) *Punishment, Custody and the Community*, Green Paper, Cm 424, HMSO, London.

Home Office (1990) *Provisions for the Mentally Disordered Offender*, Circular 66/90, HMSO, London.

Home Office (1990a) *Crime, Justice and Protecting the Public: The Government's Proposals for Legislation*, Cm 965, HMSO, London.

Home Office (1999) *Report of Policy Action Team 9: Community Self-Help*, Home Office, London.

Home Office (1999a) *Living Without Fear – An Integrated Approach to Tackling Violence Against Women*, Home Office and Women's Unit, London.

Home Office (2000) *Report of Policy Action Team 6: Neighbourhood Wardens*.

Home Office (2000a) *Policing and Reducing Crime Briefing Note 1/00*, Home Office, PRC Unit Publications, London.

Home Office (2001) *New Strategies to Address Youth Offending: The National Evaluation of the Pilot Youth Offending Teams*, RDS Occasional Paper No. 69, Home Office, London.

Homer, A. and Gilleard, C. (1975) 'Abuse of Elder People by their Carers', *British Medical Journal*, 301: 1359–1362.

Hood, R. and Shute, S. (2000) *The Parole System at Work: A Study of Risk Based Decision Making*, Home Office Research Study 202, Home Office, London.

Hope, M. and Chapman, T. (1998) *Evidence Based Practice: A Guide to Effective Practice*, London, Home Office.

House of Commons, (1992) *Report of the Inquiry into the Removal of Children from Orkney in February 1991*, House of Commons ([HC]; 195, 1992–1993).

Howarth, C., Kenway, P., Palmer, G. and Miorelli, R. (1998) *Monitoring Poverty and Social Exclusion: Labour's Inheritance*, New Policy Institute/Joseph Rowntree Foundation, York.

Huber, N. (2000) 'Made to Measure', *Community Care*, 18–24 May, (1322): 20.

Hughes, B. (1995) *Older People and Community Care: Critical Theory and Practice*, Open University Press, Buckingham.

Hugman, R. (1991) *Power in Caring Professions*, Macmillan, Basingstoke – now Palgrave.

Hunt, R. (2000) *Quality Protects Research Briefing 1: The Educational Performance of Children in Need and Children Looked After*, Department of Health, London.

Husbands, C. (1983) *Racial Exclusionism and the City*, Allen & Unwin, London.

International Labour Organisation (1995) *World Employment Report*, ILO, Geneva.

Jackson, S. and Thomas, N. (1999) *On the Move Again? What Works in Creating Stability for Looked After Children*, Barnardo's, Barkingside, Ilford.

Jacobs, B.D. (1992) *Fractured Cities Capitalism, Community and Empowerment in Britain and America*, Routledge London.

Jacobs, J. (1992) *Beveridge 1942–1992: Papers to Mark the 50th Anniversary of the Beveridge Report*, Whiting & Birch, London.

Jenkins, S. and Hill, M. (2000) *Poverty Among British Children: Chronic or Transitory*, Institute for Social and Economic Research, University of Essex, Colchester.

Joseph Rowntree Foundation (1995) *Inquiry into Income and Wealth*, Vol. 1, Joseph Rowntree Foundation, York.

Jupp, B. (1999) *Living Together: Community Life on Mixed Tenure Housing Estates*, Demos, London.

Kegley, C.W. Jr and Wittkopf, E.R. (1997) *World Politics: Trend and Transformation*, 6th edn, St Martin's Press, New York.

Kennedy, H. (1995) *Banged up, Beaten up, Cutting up: Report of the Howard League Commission of Inquiry into Violence in Penal Institutions for Teenagers under 18*, Howard League, London.

Kennett, P. and Marsh, A. (eds) (1999) *Homeless: Exploring the New Terrain*, Policy Press, Bristol.

Kent Area Health Authority (1977) *St Augustine's Hospital Committee of Inquiry: Report of Emergency Panel*, Kent Area Health Authority, Maidstone.

Kershaw, C. and Renshaw, G. (1997) *Reconviction Rates of Prisoners Discharged from Prison in 1993*, HMSO, London.

Keynes, J.M. (1961) first published 1935) *The General Theory of Employment Interest and Money*, Macmillan, Basingstoke – now Palgrave.

Kincaid, J.C. (1975) *Poverty and Equality in Britain: A Study of Social Security and Taxation*, Penguin, Harmondsworth.

Kincaid, S. (1973) *A New Approach to Homelessness and Allocations*, Shelter London.

King, D. and Stoker, G. (eds) (1996) *Rethinking Local Democracy*, Macmillan, Basingstoke – now Palgrave.

Kirkwood, A., QC. (1992) *The Leicestershire Inquiry. The Report of an Inquiry into Aspects of the Management of Children's Homes in Leicestershire between 1973 and 1986*, Leicestershire County Council, Leicester.

La Fontaine, J. (1994) *The Extent and Nature of Organised Ritual Abuse*, HMSO, London.

Lampard, R. (1994) 'An Examination of the Relationship Between Marital Dissolution and Unemployment', in D. Gallie, C. Marsh and C. Vogler (eds) *Social Change and the Experience of Unemployment*, Oxford University Press, Oxford.

Lane, M. and Walsh, T. (1995) 'Court Proceedings' in K. Wilson and A. James (eds) *The Child Protection Handbook*, Baillière Tindall, London, pp. 226–280.

Langan, J. and Means, R. (1996) 'Financial Management and Elderly People with Dementia in the UK: As Much a Question of Confusion as Abuse?' *Ageing and Society*, (16): 287–314.

Le Grand, J. (1982) *The Strategy of Equality*, Allen & Unwin London.

Leicester County Council (1985) *Report of an Independent Inquiry into the Provision and Co-ordination of Services to the Family of Carly Taylor by the Relevant Local Authorities and Health Services and by the Persons or Agencies to Leicestershire County Council and Leicester Area Health Authority Teaching*, Leicester County Council, Leicester.

Levin, E. and Webb, S. (1997) *Social Work and Community Care: Changing Roles and Tasks*, NISW, London.

Levitas, R. (1998) *The Inclusive Society? Social Exclusion and New Labour* Macmillan, Basingstoke – now Palgrave.

Levy, A. and Kahan, B. (1991) *The Pindown Experience and the Protection of Children: the Report of the Staffordshire Child Care Inquiry 1990*, Staffordshire County Council, Stafford.

Lewis, J. (1997) 'The Paradigm Shift in the Delivery of Public Services and the Crisis of Professionalism', in R. Adams (ed.) *Crisis in the Human Services, National and International Issues*, Policy Studies Research Centre, Lincoln pp. 67–74.

Lewis, J. (1999) 'Voluntary and Informal Welfare' in R.M. Page and R. Silburn (eds) *British Social Welfare in the Twentieth Century*, Macmillan, Basingstoke – now Palgrave, pp. 249–270.

Lewis, O. (1965) *The Children of Sánchez*, Penguin, Harmondsworth.

Lindblom, C.E. (1977) *Politics and Markets: The World's Political Economic Systems*, Basic Books, New York.

Lindsey, E. (2001) 'Willing and Able', *The Guardian*, 10 Jan., pp. 2–3.

Lister, R. (1997) *Citizenship: Feminist Perspectives*, Macmillan, Basingstoke – now Palgrave.

Lister, R. (2000) 'Strategies for Social Inclusion: Promoting Social Cohesion or Social Justice?', in P. Askonas and A. Stewart (eds) *Social Inclusion: Possibilities and Tensions*, Macmillan, Basingstoke – now Palgrave, pp. 37–54.

Local Government Association (2000) *The New Commitment to Regeneration*, LGA, London.

Local Government Information Unit (LGIU) (1997a) *Citizens' Panels: A New Approach to Citizen Consultation*, LGIU, London.

Local Government Information Unit (LGIU) (1997b) *Community Involvement: Neighbourhood Groups, Redditch Case Study*, LGIU, London.

Local Government Information Unit (LGIU) (1997c) *Capacity Building Programme for Urban Regeneration: Sandwell Case Study*, LGIU, London.

Local Government Information Unit (LGIU) (1998) *Use of Focus Groups in Local Government: Newham Case Study*, London, LGIU.

Local Government Information Unit (1999a) *The New Regional Development Agencies* LGIU/SEEDS, London.

Local Government Information Unit (1999b) *Social Services and the New Public Services Agenda*, LGIU, London.

London Borough of Greenwich (1987) *A Child in Mind: Protection of Children in a Responsible Society. The Report of the Commission of Inquiry into the*

Circumstances Surrounding the Death of Kimberley Carlile, London Borough of Greenwich and Greenwich Health Authority.

London Borough of Lambeth (1987) *Whose Child? The Report of the Panel Appointed to Inquiry into the Death of Tyra Henry*, London Borough of Lambeth.

Low Pay Commission (1998) *The National Minimum Wage: First Report of the Low Pay Commission*, Stationery Office, London.

Low Pay Commission (2000) *The National Minimum Wage: The Story so Far: Second Report of the Low Pay Commission*, Stationery Office, London.

Lowe, R. (1993) *The Welfare State in Britain Since 1945*, Macmillan, Basingstoke – now Palgrave.

Lyon, C.M. (1995) 'Child Protection and the Civil Law', in K. Wilson and A. James (eds) *The Child Protection Handbook*, Baillière Tindall, London, pp. 153–169.

Mack, J. and Lansley, S. (1985) *Poor Britain*, George Allen & Unwin, London.

McCarthy, M. (ed.) (1989) *The New Politics of Welfare: An Agenda for the 1990s?*, Macmillan, Basingstoke – now Palgrave.

McCreadie, C. (1991) *Elder Abuse: An Exploratory Study*, Age Concern, London.

McCurry, P. (1999) 'Courting New Roles', *Community Care*, 2–8 Sept., (1288): 22–23.

McGregor, C. (1999) 'Care and Control in Mental Health Social Work', *Professional Social Work*, May, pp. 4–5.

McGuire, J. (ed.) (1995) *What Works: Reducing Reoffending: Guidelines from Research and Practice*, John Wiley, Chichester.

McIvor, G. (ed.) (1996) *Working with Offenders*, Jessica Kingsley, London.

McKay, R. (2000a) 'Does Devolution Deliver?', *Community Care*, 10–16 February, (1308): 24–25.

McKay, R. (2000b) 'Are These Dangerous Liaisons?', *Community Care*, 11–17 May, (1321): 12.

McLean, S., Balloch, S. and Fisher, M. (1999) *Social Services Working Under Pressure*, National Institute for Social Work/Policy Press, London.

Macpherson, Sir William (1999) *The Stephen Lawrence Enquiry*, Stationery Office, London.

McVeigh, T. (2001) 'Soaring Cost of Childcare Hits Families', *The Guardian*, 4 Feb., p. 12.

Malin, N. (1994) *Implementing Community Care*, Open University Press, Buckingham.

Mares, P. (1996) *Business Skills for Care Management: A Guide to Costing, Contracting and Negotiating*, Age Concern, London.

Marlow, A. and Pearson, G. (1999) *Young People, Drugs and Community Safety*, Russell House, Lyme Regis.

Marshall, T.H. (1970) *Social Policy*, 3rd edn, Hutchinson, London.

Martell, R. (2000) 'No Champion for English Children', *Community Care*, 6–12 July, (1329): 10–11.

Mary Dendy Hospital Inquiry (1977) *Report of a Committee of Inquiry*, Mersey Regional Health Authority, Liverpool.

Mathiesen, T. (1974) *The Politics of Abolition*, Martin Robertson, Oxford.

Matthews, R. and Francis, P. (eds) (1996) *Prisons 2000: An International Perspective on the Current State and Future of Imprisonment*, Macmillan, Basingstoke – now Palgrave.

Maud Report (1967) *Report of Committee: The Management of Local Government*, HMSO, London.

Mayhew, H. and Binney, J. (1862) *The Criminal Prisons of London and Scenes of Prison Life*, Griffin, Bohn, London.

Means, R. and Smith, R.(1994) *Community Care: Policy and Practice* Macmillan, Basingstoke – now Palgrave.

Merton, Sutton and Wandsworth Area Health Authority (1975) *St Ebba's Hospital Inquiry Report*, Merton, Sutton and Wandsworth Area Health Authority.

Millham, S., Bullock, R. and Cherrett, P. (1975) *After Grace – Teeth! A Comparative Study of the Residential Experience of Boys in Approved Schools*, Human Context Books, London.

Millham, S., Bullock, R. and Hosie, K. (1978) *Locking Up Children: Secure Provision within the Child Care System*, Saxon House, Farnborough.

MIND (1999) *Creating Accepting Communities: Report of the Mind Inquiry into Social Exclusion and Mental Health Problems*, MIND, London.

Ministerial Group on the Family (1998) *Supporting Families: A Consultation Document*, Stationery Office, London.

Ministerial Group on the Family (1999) *Supporting Families: A Consultation Document*, Stationery Office, London.

Mishra, R. (1981) *Society and Social Policy: Theories and Practice of Welfare*, 2nd edn, Macmillan, Basingstoke – now Palgrave.

Mishra, R. (1984) *The Welfare State in Crisis: Social Thought and Social Change*, Harvester Wheatsheaf, Brighton.

Mishra, R. (1999) *Globalisation and the Welfare State*, Edward Elgar, Cheltenham.

Mjijen, M. (1996) 'Scare in the Community: Britain in Moral Panic', in T. Heller, J. Reynolds, R. Gomm. R. Muston and S. Pattison (eds) *Mental Health Matters: A Reader*, Macmillan with Open University, Basingstoke, pp. 143–156.

Morris, J. (1993) *Independent Lives? Community Care and Disabled People*, Macmillan, Basingstoke – now Palgrave.

Murie, A. (1998) 'Housing', in P. Alcock, A. Erskine and M. May (eds) *The Student's Companion to Social Policy*, Blackwell/Social Policy Association, Oxford, pp. 299–305.

Murray, C. (1994) *Underclass: The Crisis Deepens*, IEA Health Unit, West Sussex.

Myers, F. (1999) *Social Workers as Mental Health Officers*, Research Highlights 28, Jessica Kingsley, London.

National Association for the Care and Resettlement of Offenders (2000) *Some Facts About Young Offenders*, NACRO Youth Crime Section Factsheet, NACRO, London.

National Association for the Care and Resettlement of Offenders (2001) *Some Facts About Young People Who Offend*, Youth Crime Factsheet, NACRO, London.

National Association for Youth Justice (NAYJ) (2000) *Manifesto for Youth Justice*, Hampshire County Council, Winchester.

National Audit Office (1994) *Looking After the Financial Affairs of People with Mental Incapacity*, National Audit Office, London.

National Consumer Council and National Institute for Social Work (1988) *Open to Complaints: Guidelines for Social Services Complaints Procedures*, National Consumer Council, London.

National Health Service (1969) *Report of the Committee of Inquiry into Allegations of Ill-treatment of Patients and other Irregularities at the Ely Hospital, Cardiff*, Cmnd 3975, HMSO, London.

Newman, P. and Smith, A. (1997) *Social Focus on Families*, Stationery Office, London.

Nolan, Lord (1995) *First Report of the Committee on Standards in Public Life*, HMSO, London.

Oakley, A. (1999) People's Ways of Knowing: Gender and Methodology, in B. Mayal and S. Oliver (eds) *Critical Issues in Social Research*, Oxford University Press, Oxford.

O'Connor, D., Pollitt, P., Brook, C., Reiss, B. and Roth, M. (1991) 'Does Early Intervention Reduce the Number of Elderly People with Dementia Admitted to Institutions for Long Term Care?', *British Medical Journal*,13 April,302:871–874.

Office for National Statistics (1998) *Social Trends 28*, Stationery Office, London.

Office for National Statistics (1999) *Social Trends 29*, Stationery Office, London.

Oldfield, M. (1993) 'Assessing the Impact of Community Service: lost opportunities and the politics of punishment', in D. Whitfield and D. Scott (eds) *Paying Back Twenty Years of Community Service*, Waterside Press, Winchester.

Oliver, M. (1990) *The Politics of Disablement: Critical Texts in Social Work and the Welfare State*, Macmillan, Basingstoke – now Palgrave.

Oliver, M. (1998) 'Disabled People', in P. Alcock, A. Erskine and M. May (eds) *The Student's Companion to Social Policy*, Blackwell, Oxford, pp. 257–262.

Oppenheim, C. and Harker, L. (1996) *Poverty: The Facts*, CPAG, London.

Orwell, G. (1940) *Down and Out in Paris and London*, Penguin, Harmondsworth

Orwell, G. (1967) *The Road to Wigan Pier*, Penguin, Harmondsworth.

Ouseley, Sir H. (2001) *Community Pride Not Prejudice – Making Diversity Work in Bradford*, Bradford Vision, Bradford.

Owens, P., Carrier, J. and Horder, J. (eds) (1995) *Interprofessional Issues in Community and Primary Health Care*, Macmillan, Basingstoke – now Palgrave.

Page, R.M. and Silburn, R. (1999) *British Social Welfare in the Twentieth Century*, Macmillan, Basingstoke – now Palgrave.

Palmer, S. (2000) 'Rights the UK Won't Give', *The Guardian*, 22 Nov., p. 21.

Parker, H., Bakx, K. and Newcombe, R. (1988) *Living with Heroin*. Open University Press, Milton Keynes.

Parker, J. (1975) *Social Policy and Citizenship*, Macmillan, Basingstoke – now Palgrave.

Parsloe, P. (ed.) (1996) *Pathways to Empowerment*, Venture Press, Birmingham.

Parton, N. (1991) *Governing the Family: Child Care, Child Protection and the State*, Macmillan, Basingstoke – now Palgrave.

Parton, N. (ed.) (1997) *Child Protection and Family Support: Tensions, Contradictions and Possibilities*, Routledge, London.

Patients' Association (undated) *NHS Complaints Procedures: A Guide for Patients*, Patients' Association, London.

Payne, M. (2000a) *Anti-bureaucratic Social Work*, Venture, Birmingham.

Payne, M. (2000b) *Teamwork in Multiprofessional Care*, Macmillan, Basingstoke – now Palgrave.

Peay, J. (1995) 'Mental Disorders and Violence: the Lessons of the Inquiries', *Criminal Justice Matters*, Autumn, (21): 21–22.

Peay, J. (1997) 'Mentally Disordered Offenders' in M. Maguire, R. Morgan, and R. Reiner (eds) *Oxford Handbook of Criminology*, Clarendon Press, Oxford.

Pearson, G. (1975) *The Deviant Imagination: Psychiatry, Social Work and Social Change*, Macmillan, Basingstoke – now Palgrave.

Pearson, G. and Patel, K. (1998) 'Drugs, Deprivation and Ethnicity: Outreach Among Asian Drug Users in a Northern English City', *Journal of Drug Issues*, 28 (1): 199–224.

Petrie, S. and James, A. L. (1995) 'Partnership with Parents', in K. Wilson and A. James (eds) *The Child Protection Handbook*, Baillière Tindall, London, pp. 313–333.

Phillipson, C., Biggs, S. and Kingston, P. (1995) *Elder Abuse in Perspective*, Open University Press, Buckingham.

Philo, G., Henderson, L. and McLaughlin, G. (1993) *Mass Media Representation of Mental Health/Illness; Report for Health Education Board for Scotland*, Glasgow University Media Group, Glasgow.

Philpott, J. (1997) 'Looking Forward to Full Employment', in J. Philpott (ed.) *Working for Full Employment*, Routledge, London, pp. 1–29.

Piachaud, D. (1997) 'A Price Worth Paying? The Costs of Unemployment', in J. Philpott (ed.) *Working for Full Employment*, Routledge, London, pp. 49–62.

Piachaud, D. (2000) 'Sickly Youth' article based on address to UK Public Health Association Annual Forum in Harrogate, on Partnership, Participation and Power, *The Guardian*, 29 March, p. 7.

Pierson, C. (1992) *Beyond the Welfare State*, Polity Press, Cambridge.

Pleace, N., Jones, A. and England, J. (2000) *Access to General Practice for People Sleeping Rough*, Centre for Housing Policy, University of York, York.

Porporino, F.J. (1995) 'Intervention in Corrections: Is "Cognitive" Programming an Answer or Just a Passing Fashion?', State of Corrections Proceedings of the 125th ACA Congress of Corrections, Cincinnati, 1995, Cincinnati, USA.

Powell, M. (2000) 'New Labour and the Third Way in the British Welfare State: A New and Distinctive Approach', *Critical Social Policy*, 20(1): 39–60.

Power, A. (1999) *Estates on the Edge: The Social Construction of Mass Housing in Northern Europe*, Macmillan, Basingstoke – now Palgrave.

Power, M. (1997) *The Audit Society: Rituals of Verification*, Oxford University Press, Oxford.

Priestly, M. (1999) *Disability Politics and Community Care*, Jessica Kingsley, London.

Prison Reform Trust (1999) *A Fiscal and Economic Analysis of the Crime (Sentences) Act*, Prison Reform Trust, London.

Ramon, S. (ed.) (1991) *Beyond Community Care: Normalisation and Integration Work*, Macmillan/MIND, London.

Ratcliffe, P. (2000) 'Is the Assertion of Minority Identity Compatible with the Idea of a Socially Inclusive Society?', in P. Askonas and A. Stewart (eds) *Social Inclusion: Possibilities and Tensions*, Macmillan, Basingstoke – now Palgrave, pp. 169–185.

Raynsford, N. (1989) 'Housing', in M. McCarthy (ed.) *The New Politics of Welfare: An Agenda for the 1990s*, Macmillan, Basingstoke – now Palgrave, pp. 82–103.

Read, J. and Reynolds, J. (eds) (1996) *Speaking Our Minds: An Anthology*, Macmillan, Basingstoke – now Palgrave.

Redcliffe-Maud, Lord (1969) (chairman) *Royal Commission on Local Government in England 1966–69*, Vol. 1 (Report), Cmnd 4040, HMSO, London.

Rees, S. (1991) *Achieving Power: Practice and Policy in Social Welfare*, Allen & Unwin, Sydney.

Regional Trends 33 (1998) Stationery Office, London.

Report of the Committee on Children and Young Persons (1960) (Ingleby Report) Cmnd 1191 London, HMSO.

Revans, L. (2000) 'Commission Seeks to Add to its Remit', *Community Care*, 14–20 September, (1340): 12.

Rickford, F. (1999) 'Stressed Out', *Community Care*, 26 Aug–1 Sept., (1287):22–23.

Rickford, F. (2000) 'The Best Way of Driving Quality?', *Community Care*, 7–13. Dec., (1351): 20–21.

Ritchie, J. (1990) *Thirty Families: Their Living Standards in Unemployment*, Department of Social Security Research Report No. 1, HMSO, London.

Ritchie, J.H., Dick, D. and Lingham, R. (1994) *The Report of the Inquiry into the Care and Treatment of Christopher Clunis*, (The Ritchie Report) HMSO, London.

Robbins, D. (ed.) (1993) *Community Care: Findings from Department of Health Funded Research 1988–1992*, HMSO, London.

Roberts, K. (1995) *Youth and Employment in Modern Britain*, Oxford University Press, Oxford.

Robinson, D. (1995) *The Impact of Cognitive Skills Training on Post-Release Recidivism Among Canadian Federal Offenders*, Correctional Service of Canada, Ottawa.

Ross, R.R. and Fabiano, E. (1985) *Time to Think: A Cognitive Model of Delinquency Prevention and Offender Rehabilitation*, Institute of Social Sciences and Arts Inc., Johnson City, Tennessee.

Rowe, J., Davies, K., Baburaj, V. and Sinha, R. (1993) 'F.A.D.E. The Financial Affairs of Dementing Elders and Who is the Attorney?', *Journal of Elder Abuse and Neglect*, 5(2): 73–79.

Rowntree, B.S. (1901) *Poverty: A Study of Town Life*, Macmillan, Basingstoke – now Palgrave.

Rowntree, B.S. (1941) *Poverty and Progress*, Longmans, Green, London.

Rowntree, B.S. and Lavers, G.R. (1951) *Poverty and the Welfare State: A Third Social Survey of York dealing only with Economic Questions*, Longmans, Green, London.

Rubery, J. (1997) 'What do Women Want from Full Employment?' in J. Philpott (ed.) *Working for Full Employment*, Routledge, London, pp. 63–80.

Rugg, J. (1996) *Opening Doors: Helping People on Low Income Secure Private Rented Accommodation*, Centre for Housing Policy, University of York, York.

Rugg, J. (1997) *Closing Doors? Access Schemes and the Recent Housing Changes*, Centre for Housing Policy, University of York, York.

Sandhill Park Hospital Inquiry (1981) *Member Enquiry into Sandhill Park Hospital, Interim and Final Reports*, Somerset Area Health Authority, Taunton.

Savage, S., Atkinson, R. and Robins, L. (eds) (1994) *Public Policy in Britain*, Macmillan, Basingstoke – now Palgrave.

Sayce, L. (1995) 'Response to Violence: A Framework for Fair Treatment', in J. Crichton (ed.) *Psychiatric Patient Violence: Risk and Response*, Duckworth, London, pp. 127–50.

Scarman, The Rt Hon. Lord (1981) *The Brixton Disorders 10–12 April 1981*, Cmnd 8427, HMSO, London.

Schaffer, H. (1990) *Making Decisions About Children*, Blackwell, Oxford.

Scottish Executive (2000) *The Same as You? Review of Services for People with Learning Difficulties*, Scottish Executive, Edinburgh.

Scottish Home and Health Department/Scottish Education Department (1964) *Children and Young Persons: Scotland* (Kilbrandon Report), Cmnd 2306, HMSO, Edinburgh.

Scottish Office (1998) *Social Exclusion in Scotland*, Consultation Paper, Scottish Office, Edinburgh.

Scottish Office (2000) *Social Inclusion: Opening the Door to a Better Scotland*, Scottish Office, Edinburgh.

Secretary of State for Health (1998) *Modernising Social Services: Promoting Independence, Improving Protection, Raising Standards*, Cm 4169, Stationery Office, London.

Secretary of State for Social Security and Minister for Welfare Reform (1998) *New Ambitions for Our Country: A New Contract for Welfare*, Green Paper, Cm 3805, Stationery Office, London.

Secretary of State for Social Services (1974) *Report of the Committee of Inquiry into the Care and Supervision Provided in Relation to Maria Colwell*, HMSO, London.

Seebohm, F. (1968) *Report of the Committee on Local Authority and Allied Personal Social Services* (Seebohm Report), Cmnd 3703, HMSO, London.

Seldon, A. (1960) *Pensions for Prosperity*, Institute of Economic Affairs, London.

SeQueria, R. (1997) 'Size Does Matter', Inside Community Care, *Community Care*, 24–30 April: 8.

Servian, R. (1996) *Theorising Empowerment: Individual Power and Community Care*, Policy Press, Bristol.

Shelter (1999) *From Pillar to Post: Failing to Meeting the Support and Housing Needs of Vulnerable People*, Shelter, London.

Shelter (2000a) *Shelterline: One Year On*, Shelter, London.

Shelter (2000b) *Latest News*, Shelter, London.

Sheppard, M. (1995) *Care Management and the New Social Work: A Critical Analysis*, Whiting & Birch, London.

Sherrard, M. (1978) *Report of the Committee of Inquiry into Normansfield Hospital*, Cmnd 7357, HMSO, London.

Sinclair, I. and Gibbs, I. (1998) *Children's Homes: A Study in Diversity*, John Wiley & Sons, Chichester.

Sinclair, I., Parker, R., Leat, D. and Williams, J. (1990) *The Kaleidoscope of Care: A Review of Research on Welfare Provision for Elderly People*, NISW HMSO, London.

Slack, K.M. (1966) *Social Administration and the Citizen*, Michael Joseph, London.

Smith, A., Griffin, R., Hill, C. and Symmonds, T. (1998) *Social Focus on the Unemployed*, Stationery Office, London.

Smith, C. (2001) 'Trust and Confidence: Possibilities for Social Work in "High Modernity"', *British Journal of Social Work*, 31 (2): 287–305.

Smith, J., Gilford, S. and O'Sullivan, A. (1998) *The Family Background of Homeless Young People*, Family Policy Studies Centre/Joseph Rowntree Foundation, London.

Smith, K. (1995) 'Social Work and Resettlement, *Journal of Social Work Practice*, 9 (1): 53–62.

Social Care News (2000) 'The NHS Plan and You', Aug., pp. 3–4.

Social Exclusion Unit (1998a) *Bringing Britain Together: A National Strategy for Neighbourhood Renewal*, Cm 4045, The Stationery Office, London.

Social Exclusion Unit (1998b) *Rough Sleeping*, TSO, London.

Social Exclusion Unit (1998c) *Truancy and School Exclusion*, TSO, London.

Social Exclusion Unit (1999a) *Teenage Pregnancy*, TSO, London.

Social Exclusion Unit (1999b) *Bridging the Gap: New Opportunitites for 16–18-year-olds not in Education, Employment or Training*, TSO, London.

Social Exclusion Unit (2000a) *Minority Ethnic Issues in Social Exclusion and Neighbourhood Renewal: A Guide to the Work of the Social Exclusion Unit and the Policy Action Teams so far*, The Cabinet Office, London.

Social Exclusion Unit (2000b) *National Strategy for Neighborhood Renewal: A Framework for Consultation*, The Cabinet Office, London.

Social Exclusion Unit (2000c) *National Strategy for Neighborhood Renewal: A Framework for Consultation: Executive Summary*, The Cabinet Office, London.

Social Exclusion Unit (2000d) *National Strategy for Neighborhood Renewal. Policy Action Team Report Summaries: A Compendium*, The Cabinet Office, London.

Social Exclusion Unit (2000e) *Report of Policy Action Team 8: Anti-Social Behaviour*, TSO, London.

Social Exclusion Unit (2000f) *Report of Policy Action Team 18: Better Information*, TSO, London.

Social Exclusion Unit (2000g) *Report of Policy Action Team 16: Learning Lessons*, TSO, London.

Social Services Inspectorate (1992) *Confronting Elder Abuse* London, HMSO.

Social Services Inspectorate (1993) *No Longer Afraid: The Safeguard of Older People in Domestic Settings* London, HMSO.

Social Services Inspectorate (1998) *Social Services Facing the Future: The Seventh Annual Report of the Chief Inspector, Social Services Inspectorate*, Department of Health, London.

Social Services Inspectorate (2000a) *Social Services in Wales 1998–1999*, The Report of the Chief Inspector of the SSI for Wales, Stationery Office, Cardiff.

Sontag, S. (1991) *AIDS and its Metaphors*, Penguin, Harmondsworth.

South Ockendon Hospital Inquiry (1974) *Report of the Committee of Inquiry into South Ockendon Hospital*, H.C.124, HMSO, London.

Spurgeon, P. (2000) 'Implications of Policy Development for the Nursing Profession', in D. Hennessy and P. Spurgeon (eds) *Health Policy and Nursing: Influence, Development and Impact*, Macmillan, Basingstoke – now Palgrave, pp. 190–200.

St Augustine's Hospital Enquiry (1976) *Report of a Committee of Enquiry St Augustine's Hospital, Chatham, Canterbury*, South East Thames Regional Health Authority, Croydon.

St Mary's Hospital (1979) *Report of the Inquiry Relating to St Mary's Hospital* (Stannington Inquiry), Gateshead Area Health Authority, Gateshead.

Standing Inquiry Panel (1985) *Report of the Standing Inquiry Panel into the Case of Reuben Carthy*, Nottinghamshire County Council, Nottingham.

Stedman Jones, G. (1976) *Outcast London: A Study in the Relationship Between Classes in Victorian Society*, Penguin, Harmondsworth.

Stein, M. and Carey, K. (1986) *Leaving Care*, Blackwell, Oxford.

Stevenson, O. (1998) 'Law and Social Work Education: A Commentary on the Law Report', *Issues in Social Work Education*, 8(1): 37–45.

Stone, E. (1997) *Women and Housing*, Shelter, London.

Surrey Area Health Authority (1980) *Report of the Committee of Inquiry into Standards of Care at Brookwood Hospital*, (Chairman C. Beaumont), West Surrey/North East Hampshire Health District, Woking.

Sutherland, D. (2001) 'Abolishing Care Charges', *Professional Social Work*, January, p. 5.

Sutherland, Professor, Sir S. (1999) *With Respect to Old Age: Long Term Care – Rights and Responsibilities, Report of the Royal Commission on Long Term Care for the Elderly*, Stationery Office, London.

Tarling, R. (1993) *Analysing Offending: Data, Models and Interpretation*, HMSO, London.

Taylor, D. (1996) *Critical Social Policy*, Sage, London.

Taylor, M. (2000) 'The Devolution Blues', *Community Care*, 6–12 April, (1316): 14.

Taylor, M. and Vigars, C. (1993) *Management and Delivery of Social Care*, Longman, Harlow.

Taylor-Gooby, P. (1981) 'The New Right and Social Policy', *Critical Social Policy* **1**(1): 18–31.

Taylor-Gooby, P. (1996) 'The United Kingdom: Radical Departures and Political Consensus', in V. George and P. Taylor-Gooby (eds) *European Welfare Policy: Squaring the Welfare Circle*, Macmillan, Basingstoke – now Palgrave, pp. 95–116.

Taylor-Gooby, P. and Dale, J. (1981) *Social Theory and Social Welfare*, Edward Arnold, London.

Thomas, M., Walker, A., Wilmot, A. and Bennett, N. (1998) *Living in Britain: Results from the 1996 General Household Survey*, Stationery Office, London.

Thompson, A. (1999) 'Cinderella Service', *Community Care*, 9–15 December, (1302): 20–21.

Thompson, A. and Hirst, J. (1999) 'We've Seen the Future', *Community Care*, 28 October–3 November, (1296): 22–23.

Thompson, N. (1998) *Promoting Equality: Challenging Discrimination and Oppression in the Human Services*, Macmillan, London – now Palgrave.

Titmuss, R.M. (1976a) *Essays on 'The Welfare State'*, 3rd edn, George Allen & Unwin, London.

Titmuss, R.M. (1976b) *Commitment to Welfare*, 2nd edn, Allen & Unwin, London.

Townsend, P. (1979) *Poverty in the United Kingdom: A Survey of Household Resources and Standards of Living*, Penguin, Harmondsworth.

Travis, A. (2000) 'Racist Probation Service Shocks Inspectors', *The Guardian*, 23 June, p. 9.

Travis, A. (2001a) 'Jails Chief Threatens to Resign', *The Guardian*, 6 Feb., p. 1.

Travis, A. (2001b) 'Technical Rebuffs for 30% of Asylum Seekers', *The Guardian*, 26 Jan., p. 9.

Triseliotis, J. and Russell, J. (1984) *Hard to Place: The Outcome of Adoption and Residential Care*, Heinemann, London.

Triseliotis, J., Shireman, J. and Hundleby, M. (1997) *Adoption: Theory, Policy and Practice*, Cassell, London.

Troke, A. (1994) 'Financial Abuse', *Action on Elder Abuse Bulletin*, 8 Nov/Dec London, Action on Elder Abuse, p. 3.

TUC (1994) *Black Workers in the Labour Market*, Trades Union Congress, London.

TUC (1995a) *The TUC Charter on Race and Social Security*, Trades Union Congress, London.

TUC (1995b) *Black and Betrayed*, Trades Union Congress, London.

Tyler, A. (1995) (rev. edn) *Street Drugs*, Coronet Books, Hodder & Stoughton, London.

Ungerson, C. (1987) *Policy is Personal: Sex, Gender and Informal Care*, Tavistock, London.

Unwin, J. (2001) *Future Imperfect?*, The King's Fund, London.

Utting, Sir W. (1991) *Children in the Public Care: A Review of Residential Child Care*, HMSO, London.

Utting, Sir W. (1997) *People Like Us: The Report of the Review of the Safeguards for Children Living Away from Home* (The Utting Report) Stationery Office, London.

Vaughn, P.J. and Badger, D. (1995) *Working with the Mentally Disordered Offender in the Community*, Chapman & Hall, London.

Vertovec, S. (ed.) (1999) *Migration and Social Cohesion*, Edward Elgar, Cheltenham.

Vidal, J. (1999) 'The Endless Diaspora', *The Guardian*, 2 April, p. 19.

von Hayek, F. (1944) *The Road to Serfdom*, Routledge & Kegan Paul, London.

von Hayek, F. (1960) *The Constitution of Liberty*, Routledge & Kegan Paul, London.

Wade, J., Biehal, N. with Clayden, J. and Stein, M. (1998) *Going Missing: Young People Absent from Care*, John Wiley & Sons, Chichester.

Walker, A. and Walker, C. (1997) *Britain Divided*, CPAG, London.

Wallcraft, J. (1996) 'Becoming Fully Ourselves', in Jim Read and Jill Reynolds (eds) *Speaking Our Minds: An Anthology*, Macmillan, Basingstoke – now Palgrave, pp. 191–196.

Ward, L. (2001) 'MPs Attack Emergency Loans to Poor', *The Guardian*, 4 April, p. 10.

Warlingham Park Hospital Inquiry (1976) *Report of the Committee of Inquiry*, Croydon Area Health Authority, Croydon.

Warner, N. (1994) *Community Care: Just a Fairy Tale?*, Carers National Association, London.

Waterhouse, Sir R. (2000) *Lost in Care: Report of the Tribunal of Inquiry into the Abuse of Children in Care in the former County Council Areas of Gwynedd and Clwyd since 1974*, HC 201, Stationery Office, London.

Watson, S. and Doyal, L. (eds) (1998) *Engendering Social Policy*, Buckingham, Open University Press.

Webb, S. (2001) 'Some Considerations on the Validity of Evidence-based Practice in Social Work', *British Journal of Social Work*, 31 (1): 57–79.

Wellard, S. (2000) 'Leeds Delivers Services to Refugees', *Community Care*, 13–19 May, (1272): 8–9.

Wertheimer, A. (ed.) (1991) *A Chance to Speak Out: Consulting Service Users and Carers about Community Care*, London, King's Fund Centre.

West, D.J. and Farrington, D.P. (1977) *The Delinquent Way of Life*, Heinemann, London.

Whitaker, D., Archer, L. and Hicks, L. (1998) *Working in Children's Homes: Challenges and Complexities*, John Wiley & Sons, Chichester.

Who Cares Trust (1999) *Right to Read Project*, General Information Leaflet, Who Cares Trust, London.

Williams, J. (1995) 'Child Protection and the Criminal Justice System', in K. Wilson and A. James (eds) *The Child Protection Handbook*, Baillière Tindall, London, pp. 295–308.

Williams, V. and Robinson, C. (2000) *In Their Own Right: The Carers Act and Carers of People with Learning Disabilities*, Policy Press, Bristol.

Willmott, P. and Young, M. (1960) *Family and Class in a London Suburb*, Routledge & Kegan Paul, London.

Willow, C. (1997) *Hear! Hear!* Local Government Information Unit (LGIU), London.

Wilson, G. (1994) 'Abuse of Elderly Men and Women Among Clients of a Community Psychogeriatric Service', *British Journal of Social Work*, (24): 681–700.

Winchester, R. (2000) 'Government Meets Adoption Wish-List', *Community Care*, 13–19 July, (1330): 8–9.

Winn, L. (ed.) (1992) *Power to the People: The Key to Responsive Services in Health and Social Care*, King's Fund, London.

Winterton Hospital Inquiry (1979) *Report to Durham Area Health Authority*, Durham Area Health Authority, Durham.

Wolfensberger, W. (1972) *The Principle of Normalisation in Human Services*, National Institute of Mental Retardation, Toronto.

Wolfensberger, W. (1982) 'Social Role Valorisation: A proposed new term for the principle of normalisation', *Mental Retardation*, 21 (6): 234–249.

World Health Organization (1946) *Constitution: Basic Documents*, World Health Organization, Geneva.

Worrall, A. (1997) *Punishment in the Community: the Future of Criminal Justice*, Longman, Harlow.

Young, J. (1999) *The Exclusive Society*, Sage, London.

Zamble, E. and Porporino, F.J. (1988) *Coping, Behaviour and Adaptation in Prison Inmates*. Springer-Verlag, Secaucus, N.J.

索　引

图书在版编目（CIP）数据

社会工作中的社会政策／（英）罗伯特·亚当斯
（Robert Adams）著；张海译. -- 北京：社会科学文献
出版社，2024.6
（华东政法大学社会工作译库）
书名原文：Social Policy for Social Work
ISBN 978-7-5228-2442-0

Ⅰ.①社…　Ⅱ.①罗…②张…　Ⅲ.①社会政策-关
系-社会工作-研究　Ⅳ.①C916

中国国家版本馆 CIP 数据核字（2023）第 165070 号

·华东政法大学社会工作译库·
社会工作中的社会政策

著　　者／〔英〕罗伯特·亚当斯（Robert Adams）
译　　者／张　海

出 版 人／冀祥德
责任编辑／胡庆英
责任印制／王京美

出　　版／社会科学文献出版社·群学分社（010）59367002
　　　　　　地址：北京市北三环中路甲 29 号院华龙大厦　邮编：100029
　　　　　　网址：www.ssap.com.cn
发　　行／社会科学文献出版社（010）59367028
印　　装／三河市龙林印务有限公司

规　　格／开　本：787mm×1092mm　1/16
　　　　　　印　张：19.75　字　数：252 千字
版　　次／2024 年 6 月第 1 版　2024 年 6 月第 1 次印刷
书　　号／ISBN 978-7-5228-2442-0
著作权合同
登 记 号／图字 01-2022-4483 号
定　　价／128.00 元

读者服务电话：4008918866